KB272770

즐거운지식 23

이슈로 풀어본 중국의 어제와 오늘

● 공봉진 지음

이담 Books

머리말

오늘날 중국의 세계적 지위는 'G2(중국＋미국)'나 '차이메리카(Chimerica, China＋America)'라는 용어에서 알 수 있다. 중국이 세계를 이끌어 가는 패권국가, 신흥강국으로 표현되고 있다. 이제는 중국이 과거의 잠자는 사자가 아니라, 세계의 정치와 경제의 꼭대기와 중심부에 올라가려는 용으로 비유된다. 하지만 중국 내 인권문제, 민족문제, 지적소유권 등의 문제는 중국이 아직까지 세계의 패권국가가 되기에는 부족하다는 주장도 제기되기도 한다.

중요한 사실은 중국이 1978년 개혁개방을 천명한 이래로 약 30년 만에 세계의 경제 강대국으로 성장하였다는 것이고, 경제체제의 변화와 더불어 정치체제의 변화가 조금씩 일어나고 있다는 점이다. 또한 중국인들의 인권에 대한 인식의 변화, 사회계층의 분화 등은 '중국특색의 민주주의'가 형성될 것으로 조심스럽게 전망할 수 있다.

중국은 애국주의와 중화민족주의라는 기치를 구호로 삼고, 2020년 전면적 소강사회를 건설하기 위해 정치·경제·사회 전 분야를 개혁하려 한다.

이 책은 1949년 이래의 현대중국에 대한 소개와 21세기 중국의 정치·경제·민족·사회·환경·외교 등의 기초적인 지식과 중요한 이슈를 정리하였다. 여기서 말하는 현대중국은 1949년 10월 1일 중국 건국일을 기점으로 한 그 이후를 가리키며, '신중국'이라 부르기도 한다.

오늘날 현대중국을 이해하기 위해서는 먼저 중국에 대한 선입견과 편견을 제거해야 한다. 특히 자신이 알고 있는 일반적인 중국에 관한 내용이 모두 '맞다'라는 생각을 갖게 되면 오히려 중국을 이해하는 데 어려움이 따르게 되고, 또 중국에 대한 새로운 사실을 받아들이기가 쉽지 않게 될 것이다.

먼저 제1장에서는 현대중국을 이해하는 데 필요한 주요 용어, 제2장에서는 중국의 자연지리와 인문지리 등 중국개황을 소개하였으며, 제3장부터 제7장까지는 중국의 정치, 경제, 민족, 사회, 외교를 소개하였다.

제3장에서는 호금도의 주요 사상과 포스트 호금도를 소개하였고, 중국정치를 이해하는 데 있어 중요한 주요 지도자의 이론과 사상, 주요 사건 및 사상해방 등을 정리하였다. 제4장에서는 1978년 개혁개방천명 이후의 중국경제발전 과정, '2020 전면적 소강사회 건설'을 위한 중국정부의 여러 정책을 정리하였다. 제5장에서는 중국 민족, 민족식별, 신중화민족주의, 애국주의 및 중국 내 민족갈등을 정리하였다. 제6장에서는 중국사회 변화와 계층문제·실업문제·사농문제·도농문제·환경문제 등 여러 사회문제를 정리하였다. 제7장에서는 중국의 외교정책, 양안관계, 영토분쟁, 한중관계 등을 정리하였다.

마지막으로 이 책이 출판되도록 도와준 한국학술정보(주), 실무를 맡으신 권성용님과 안선넝님께 삼사느린다.

2009. 9. 18.

墨兒중국연구소에서 墨兒 공봉진

현대중국 접근 방법

경제성장으로 인해 정치 경제 사회 민족 등의 방면에서 나타나는 여러 가지 문제점
해결
방법
현상 연구(해석학, 문화지리학 등), 현지조사
법률 연구, 제도변화 연구 / 민족연구
대상 : 현대 중국
시점 : 현재
연구자
시각
현 중국이 처한 상황과 변화예측
분석
해석
정치
경제
사회
민족
대외관계
사회
제도, 법률
현상, 정부의 대책

청 말 이후 서구의 nation의 개념이 들어오면서 한족중심의 민족주의 형성
1912년 중화민국 건국
중국공산당의 민족정책
193,40년대의 중국역사책 저술
: 한족중심의 역사관과 세계관 형성

정치
1949년 직후의 중국상황 이해.
주요 인물 : 모택동, 주은래, 유소기, 주덕, 팽덕회, 화국봉, 등소평, 진운, 조자양, 호요방, 이붕, 강택민, 교석, 주용기, 호금도 등
정치적 세대 구분
반우파전개과정
대약진, 인민공사 등의 경제적 실패로 인한 정치적 변화
문혁기간의 정치적 변화 / 문혁 이후- 개혁개방천명 정치적 변화
1989년 6.4천안문 사건 발생원인과 그 이후의 정치적 변화. 상해방 출현
모사상, 등소평사상, 강택민의 7.1담화, 호금도의 화해사회와 과학적발전관

경제
5개년 계획에 대한 이해 / 11차 5개년 규획
1978년 12월 11기 3중 전회에서 경제개혁개방 천명.
대외개방추이 : 점 -> 선 -> 면 -> 전방위
1992년 남순강화 전후 / 2001년 WTO가입 전후의 경제 변화
서부대개발, 동북진흥정책, 중부굴기 등의 중장기 경제계획

1949년 10월1일 중화인민공화국 건국

1949년 이전
중국공산당 창당(1921.7)
대장정(1934-1935)
남경대학살(1937.1938)
항일전쟁(1937-)
국내전(1946-)

1958 호구제도
한중수교
강택민의 3개 대표

1953 1957 1966 1976 1978 1989 1992 1997 2000 2001 2004 2006 2007 2008

민족식별
반우파전개과정
문화대혁명
모택동사망
개혁개방천명
6.4천안문사건
남순강화
등소평사망
서부대개발
WTO가입
동북진흥정책
중부굴기
과학적발전관
북경올림픽

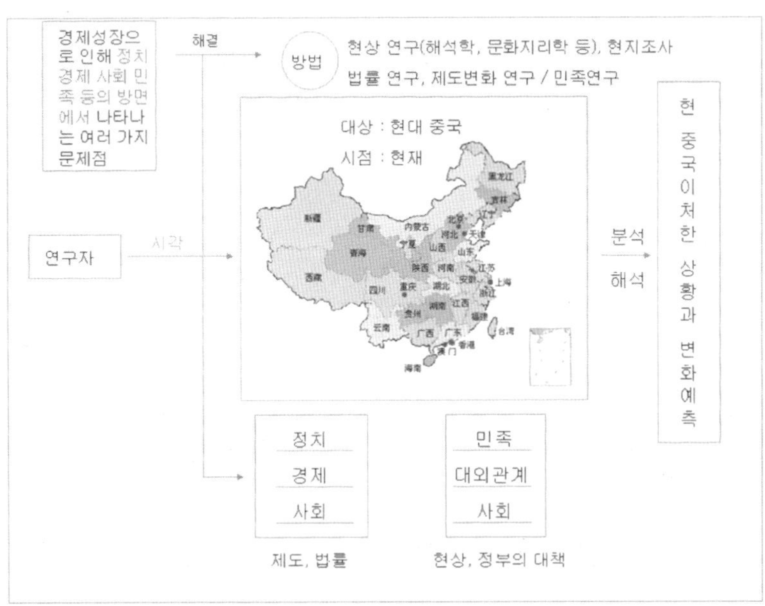

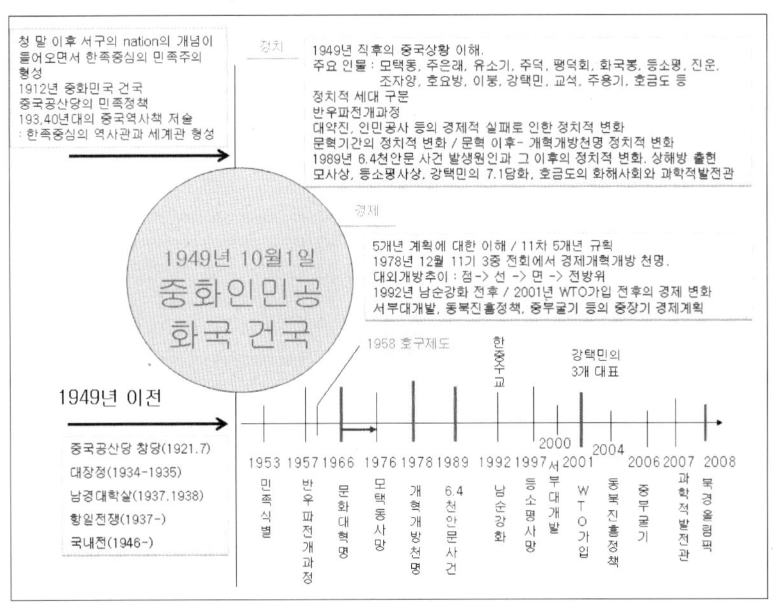

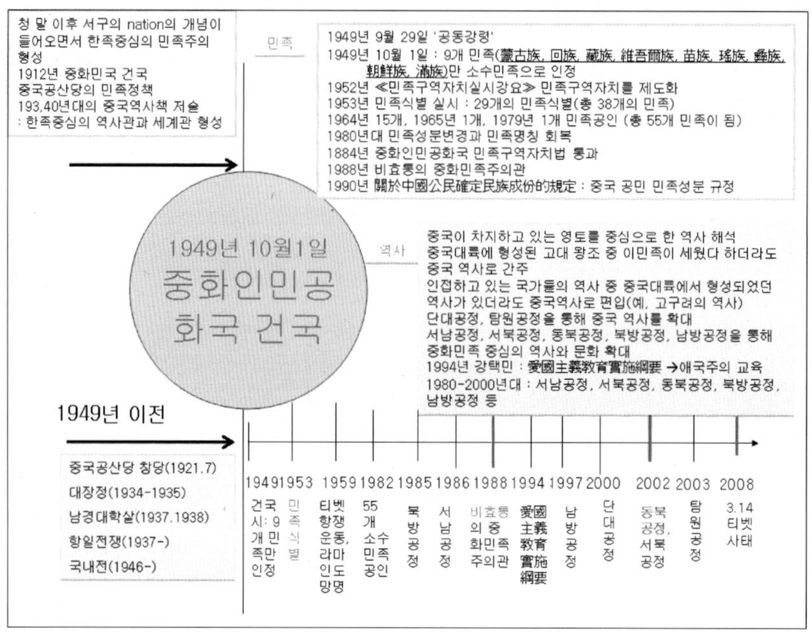

청 말 이후 서구의 nation의 개념이 들어오면서 한족중심의 민족주의 형성
1912년 중화민국 건국
중국공산당의 민족정책
193,40년대의 중국역사책 저술
: 한족중심의 역사관과 세계관 형성

1949년 10월1일 중화인민공화국 건국

1949년 이전

중국공산당 창당(1921.7)
대장정(1934-1935)
남경대학살(1937.1938)
항일전쟁(1937-)
국내전(1946-)

민족
1949년 9월 29일 '공동강령'
1949년 10월 1일 : 9개 민족(蒙古族, 回族, 藏族, 維吾爾族, 苗族, 瑤族, 彜族, 朝鮮族, 滿族)만 소수민족으로 인정
1952년 ≪민족구역자치실시강요≫ 민족구역자치를 제도화
1953년 민족식별 실시 : 29개의 민족식별 (총 38개의 민족)
1964년 15개, 1965년 1개, 1979년 1개 민족공인 (총 55개 민족이 됨)
1980년대 민족성분변경과 민족명칭 회복
1884년 중화인민공화국 민족구역자치법 통과
1988년 비효통의 중화민족주의관
1990년 關於中國公民確定民族成份的規定 : 중국 공민 민족성분 규정

역사
중국이 차지하고 있는 영토를 중심으로 한 역사 해석
중국대륙에 형성된 고대 왕조 중 이민족이 세웠다 하더라도 중국 역사로 간주
인접하고 있는 국가들의 역사 중 중국대륙에서 형성되었던 역사가 있더라도 중국역사로 편입(예, 고구려의 역사)
단대공정, 탐원공정을 통해 중국 역사를 확대
서남공정, 서북공정, 동북공정, 북방공정, 남방공정을 통해 중화민족 중심의 역사와 문화 확대
1994년 강택민 : 愛國主義敎育實施綱要 →애국주의 교육
1980-2000년대 : 서남공정, 서북공정, 동북공정, 북방공정, 남방공정 등

1949 1953 1959 1982 1985 1986 1988 1994 1997 2000 2002 2003 2008
건국시: 9개 민족만 인정
민족식별
티벳항쟁운동, 라마 인도 망명
55개 소수민족 공인
북방공정
서남공정
비효통의 중화민족주의관
愛國主義敎育實施綱要
남방공정
단대공정
동북공정, 서북공정
탐원공정
3.14 티벳사태

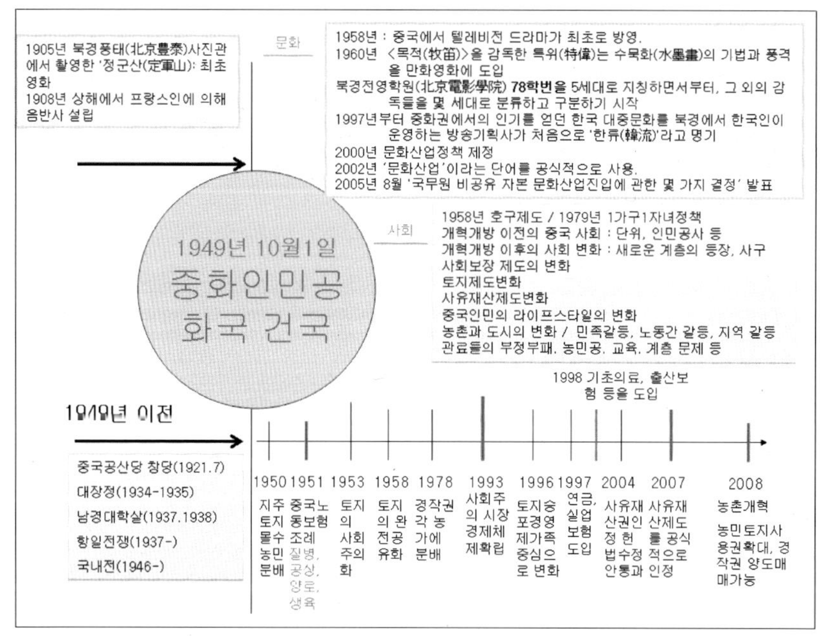

1905년 북경풍태(北京豊泰)사진관에서 촬영한 '정군산(定軍山): 최초 영화
1908년 상해에서 프랑스인에 의해 옴반사 설립

1949년 10월1일 중화인민공화국 건국

1949년 이전

중국공산당 창당(1921.7)
대장정(1934-1935)
남경대학살(1937.1938)
항일전쟁(1937-)
국내전(1946-)

문화
1958년 : 중국에서 텔레비전 드라마가 최초로 방영.
1960년 <목적(牧笛)>을 감독한 특위(特偉)는 수묵화(水墨畵)의 기법과 풍격을 만화영화에 도입
북경전영학원(北京電影學院) 78학번을 5세대로 지칭하면서부터, 그 외의 감독들을 몇 세대로 분류하고 구분하기 시작
1997부터 중화권에서의 인기를 얻던 한국 대중문화를 북경에서 한국인이 운영하는 방송기획사가 처음으로 '한류(韓流)'라고 명기
2000년 문화산업정책 제정
2002년 '문화산업'이라는 단어를 공식적으로 사용.
2005년 8월 '국무원 비공유 자본 문화산업진입에 관한 몇 가지 결정' 발표

사회
1958년 호구제도 / 1979년 1가구1자녀정책
개혁개방 이전의 중국 사회 : 단위, 인민공사 등
개혁개방 이후의 사회 변화 : 새로운 계층의 등장, 사구
사회보장 제도의 변화
토지제도변화
사유재산제도변화
중국인민의 라이프스타일의 변화
농촌과 도시의 변화 / 민족갈등, 노동간 갈등, 지역 갈등
관료들의 부정부패. 농민공. 교육. 계층 문제 등

1998 기초의료, 출산보험 등을 도입

1950 1951 1953 1958 1978 1993 1996 1997 2004 2007 2008
지주토지몰수 농민분배
중국노동보험조례 질병, 공상, 양로, 생육
토지의 사회주의화
토지의 완전공유화
경작권 각 농가에 분배
사회주의 시장경제체제확립
토지승포경영 제가족 중심으로 변화
연금, 실업보험 도입
사유재산권인 정헌 법수정 안통과
사유재산제도를 공식적으로 인정
농촌개혁 농민토지사용권확대, 경작권 양도매매가능

1. 중국 성급(省級) 행정구역도

  중국에는 성급 행정구역이 33개(대만 포함할 경우 34개)가 있다. 33개는 4개의 직할시, 5개의 민족자치구, 22개의 성, 2개의 특별행정구이다. 중국에서는 대만을 하나의 성(省)으로 간주하고 있어서 많은 책에서는 22개의 성이 아닌 23개의 성으로 소개하고 있다.

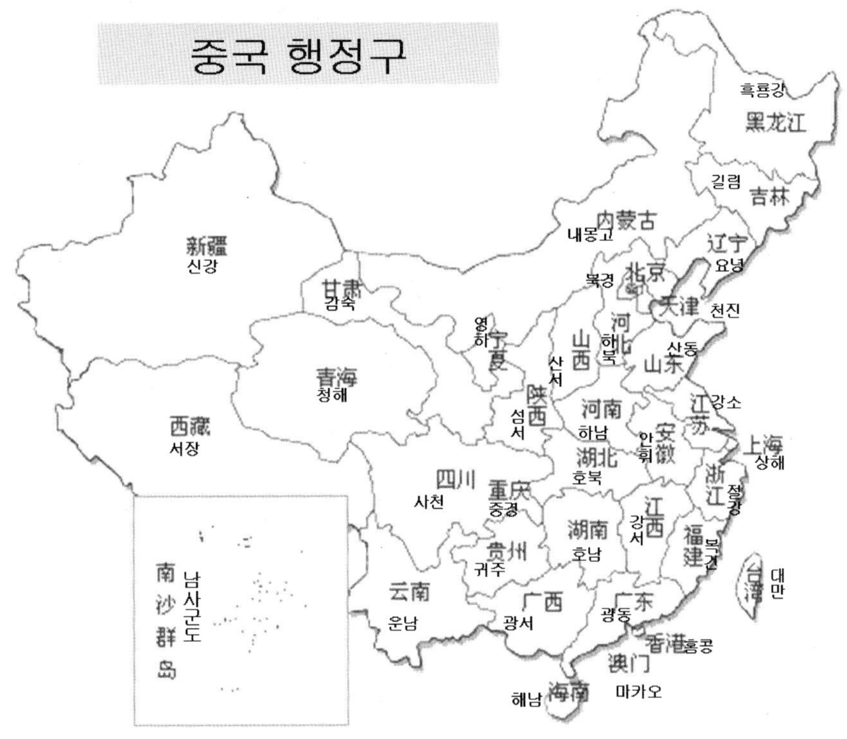

2. 중국 소수민족 분포도[1]

   중국은 한족(漢族)과 55개 소수민족으로 이루어진 다민족국가이지만, 오늘날 중국정부는 단일민족의 의미가 담겨 있는 '중화민족' 혹은 '중국민족'을 강조한다. 특히 1988년 비효통의 중화민족론이 제기된 이후 중국정부는 새로운 의미로서의 중화민족을 강조하고 있다. 중국에서는 건국 이래로 한족과 소수민족이 서로 동화와 융합을 거쳐 하나의 단일화된 민족체인 중화민족이 생겨났다고 강조하지만, 그 내면에는 여전히 한족이 중심이다.

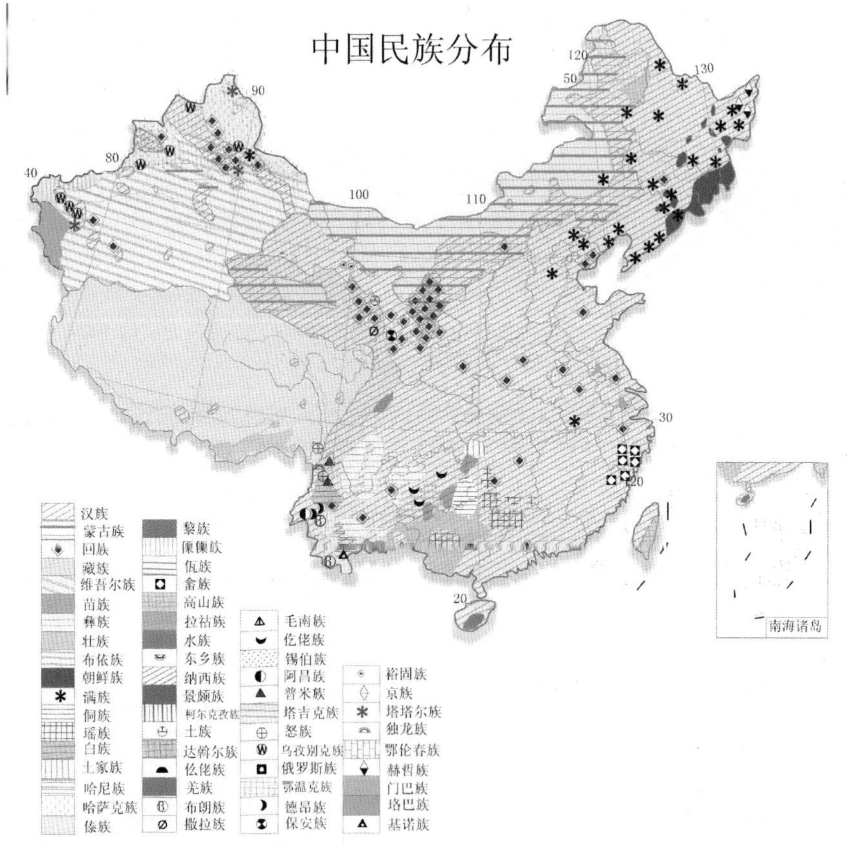

---

1) http://www.9tour.cn/Wiki_Map/City3/26032/1/ (검색일: 2009.8.25.)

3. 중국공산당 기구도

중국공산당
전국대표대회
중앙기율검사위원회
당 중앙위원회
중앙군사위원회
중앙정치국
정치국상무위원회
중앙서기처
직속기구
영도소조위원회
(의사기구)
사무기구
파견기구
(派出機構)
공작부분, 사무기구
(工作部分, 辦事機構)
재경영도소조
(財經領導小組)
대대공작영도소조
(對臺工作領導小組)
외사공작영도소조
(外事工作領導小組)
농촌공작영도소조
(農村工作領導小組)
과기공작영도소조
(科技工作領導小組)
당건공작영도소조
(黨建工作領導小組)
선전공작영도소조
(宣傳工作領導小組)
당사영도소조
(黨史領導小組)
등
중앙당교(中央黨校)
인민일보(人民日報)
중앙당사연구실
(中央黨史研究室)
중앙문헌연구실
(中央文獻研究室)
중앙편역국(中央編譯局)
구시잡지사(求是雜誌社)
대형기업공작위원회
(大型企業工作委員會)
금융공작위원회
(金融工作委員會)
국가기관공작위원회
(國家機關工作委員會)
직속기관공작위원회
(直屬機關工作委員會)
중앙판공청
(中央辦公廳)
중앙조직부
(中央組織部)
중앙선전부
(中央宣傳部)
중앙대외연락부
(中央對外連絡部)
중앙통전부
(中央統戰部)
중앙정책연구실
(中央政策研究室)
중앙정법위원회
(中央政法委員會)
중앙대만공작판공실
(中央臺灣工作辦公室)
중앙대외선전판공실
(中央對外宣傳辦公室)

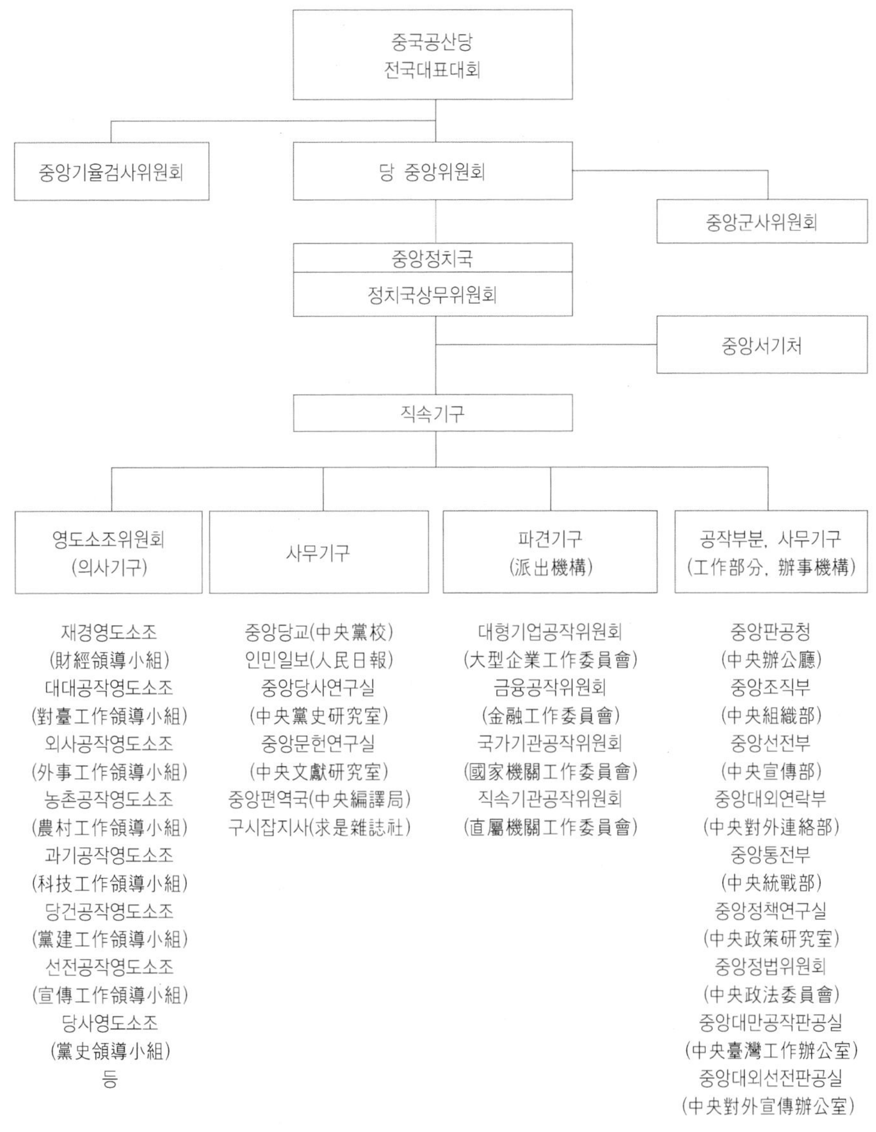

4. 티벳과 신강위구르자치구[2)]

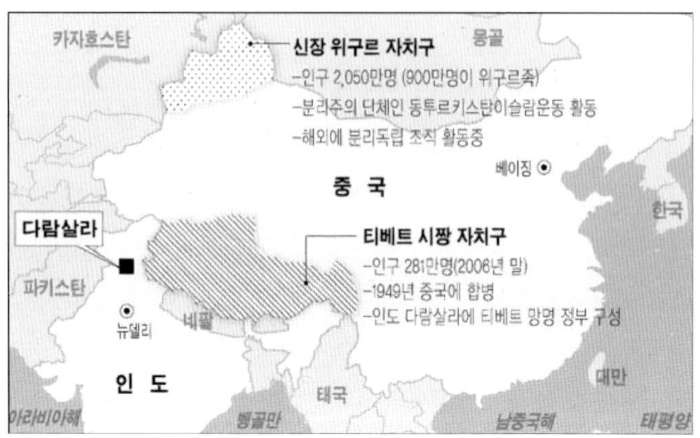

2008년 3월 티벳 민족주의운동[3)]

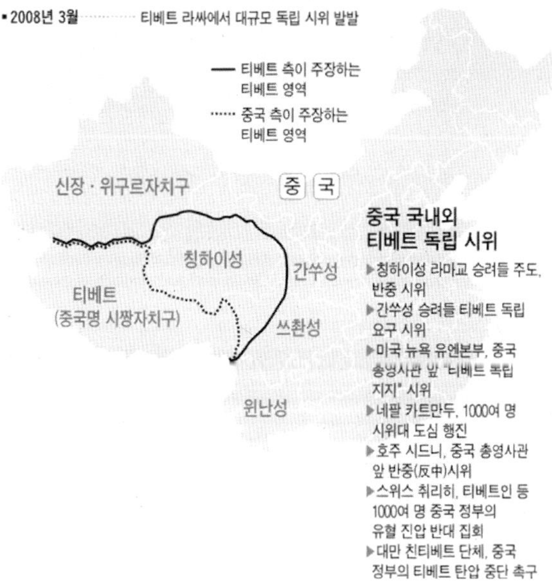

---

2) http://media.daum.net/foreign/asia/view.html?cateid=1042&newsid=20080314224905513&cp= hankooki 한국일보, "티베트 독립시위 유혈사태"(검색일: 2008. 3.18.)

3) http://article.joins.com/article/article.asp?Total_ID=3076509 중앙일보, "중국의 60년 지배 실패로 티베트 쌓인 분노 터진 것"(검색일: 2008.3.26.)

현대중국을 이해하기 위한 주요 용어

제1장에서는 '현대중국'을 쉽게 이해할 수 있도록 주요 용어를 설명하였다. 특히 주요 논문이나 저서 및 대중매체에서 자주 접하게 되는 주요 용어를 소개하였다.

용어를 소개하기에 앞서 '현대중국'이란 무엇인지 먼저 언급하고자 한다. '현대중국'이란 1949년 10월 1일 중화인민공화국 건국 이후를 가리키는 용어로서 때로는 '신중국'이라 부른다. '현대중국'과 반대되는 용어로는 '구중국'으로서 중국 건국 이전을 가리킨다. 한국에서는 '중국'이라는 용어를 무의식적으로 고대부터 현재까지 적용시킨다. 그러다보니 중국의 역사해석과 민족해석을 따르는 경향이 있고, 잘못 해석하는 경우가 있다. 그래서 '중국'이라는 용어는 시기에 따라 의미가 다르다는 것을 알아두어야 한다.

한국에서는 1992년 8월 24일 중국과 수교하면서 '중국'이라 부르기 시작하였고, 그 이전까지는 '중공'이라 불렀다.

다음에 소개되는 용어들은 중국의 정치, 경제, 사회, 민족 등을 이해하는데 우선적으로 알아야 두어야 하는 것이다. 편의상 간략하게 소개하지만, 중요한 용어는 뒤에 나오는 각 장에서 구체적으로 다시 한 번 설명하기로 한다.

1. 소강(小康)사회: '초급 소강 단계', '2020년 전면적 소강사회' 등은 현재

중국을 언급할 때 가장 많이 사용되는 용어이다. 특히 중국정부는 2020
년을 전면적 소강사회 건설을 완성하는 해로 목표로 삼고 여러 정책을 실
시하고 있다. 소강사회란 "식품·의복·주택·교통 등 물질조건, 공기·수
질·녹화 등 생활환경, 사회질서·안전·사회도덕풍기 등 사회환경 등이
일정 수준에 오른 상태"를 말한다. 이전에 서부대개발을 실시하기에 앞
서 중국정부는 개혁개방을 천명한 이래로 온포와 소강사회를 이루었다고
하였는데, 이때의 온포(溫飽)란 "옷을 따뜻하게 입고 따뜻한 집에서 살며
식사를 푸짐하게 할 수 있는 생활"을 말하며, 소강(小康)이란 "거주 수준,
이동 수준이 높고 다양한 문화, 교육생활을 할 수 있을 뿐만 아니라 아
름다운 환경에서 생활할 수 있는 생활"을 말하는 것이다. 그리고 이때의
소강을 '초급 소강 단계'라 규정하였다.

2. 화해사회(和諧社會, 조화사회): 화해사회라는 용어는 2004년 9월, 호금도
   (胡錦濤, 후진타오)가 중국공산당 16차 4중전회(중앙위원회 전체회의)에
   서 공동부유를 기본으로 하는 '사회주의 조화사회' 건설을 처음으로 제시
   하면서 본격적으로 등장하였다. 그 이후로 당정, 학계 등에서 이와 관련
   하여 광범위한 연구와 토론을 하였다. 2005년 16차 5중전회에서는 11차
   5개년 규획안(2006~2010)을 다루면서 '공동부유론'을 구체적인 거시경
   제정책에 반영하였다.
   '화해사회' 건설은 중국정부가 이루고자 하는 중요한 목표 중의 하나이
   다. 중국식 명칭은 '화해사회'이지만, 한국에서는 주로 '조화사회'로 부르
   고 있다. 화해사회를 쉽게 표현하면 '더불어 잘사는 사회'라고 말할 수
   있다. 개혁개방 이래로 중국 각 분야에서 많은 변화가 일어났다. 특히 경
   제성장을 통한 중국 정치와 사회 변화는 1978년 이전의 중국과는 완전히
   다르다. 하지만 경제성장통이라 할 수 있는 지역·민족·계층·도농 간의
   경제 격차가 심해져 이러한 문제는 중국정부의 중요한 과제로 떠올랐다.

3. 과학발전관(科學發展觀): 과학발전관은 2007년 17차 전국대표대회에서

중국공산당 당헌(당장)에 삽입된 호금도의 주요 이론으로서, 중국의 현재
와 미래를 알 수 있는 중요한 용어일 뿐만 아니라 호금도의 정치적 입지
가 어느 정도인지를 가늠케 하는 용어이다. 과학발전관은 '이인위본(以人
爲本, 인본주의)'을 핵심가치로 삼는다. 이는 중국이 추구하는 경제발전
의 최종적인 목표가 인민의 생활수준 개선이라는 점을 강조한다는 것을
나타내는 개념이다. 과학발전관은 중국이 경제를 발전시키는 과정에서
국내·국제적으로 불균형과 마찰이 생겨날 가능성이 있는 만큼 균형발
전에 주의를 기울여야 한다는 방법론이기도 하다. 또 세계 원자재 가격
에 미치는 영향도 크기 때문에 에너지, 환경, 자원에도 관심을 기울여야
한다는 원칙이다.

4. 균부론(均富論): 균부론은 성장 위주의 정책으로 인해 발생한 중국 내 여
   러 문제를 해결하기 위해서 호금도가 제기한 새로운 개념이다. 등소평(鄧
   小平)의 '선부론(先富論)'이 "소수의 사람들이 먼저 부자가 되고 그들이
   모델이 되어 전국적으로 부자가 늘어나게 한다."는 것이라면, 균부론은
   "양적인 성장을 배제하고 질적인 성장을 추구하고, 함량이 높은 성장을
   추구하되 분배에다 중점을 둔다."는 의미를 갖고 있다. 개혁개방 천명 이
   래로 중국은 외자 유치를 통해 고속성장을 해 왔지만, 그 반면에 지역·
   민족·계층·도농 간의 소득격차가 커져 사회안정을 위협하고 있다고 보
   고, 균형 있는 발전을 통해 사회안정을 이루겠다는 목표를 삼고 있다.

5. 사농(四農)문제: 사농문제란 삼농(三農)문제에다가 '농민공(農民工)'문제
   를 더한 것으로, 현 중국정부가 해결해야 할 중요한 문제이다.
   1) 삼농문제: '농민, 농촌, 농업' 문제를 가리키는 말로서, 현재 중국정부
      가 해결해야 할 가장 중요한 국정 정책 과제이다. 지난 2004년부터
      2009년까지 중앙 1호문건의 주제가 '삼농문제'였다. 삼농문제는 신중
      국 성립 이후 중국공산당 지도부의 관심을 가장 오랜 기간 동안 받았다.

2) 농민공문제: 농민공이란 "1978년 개혁개방 이후 산업화와 도시화·현대화와 맞물려 대량의 농촌 잉여 노동력이 도시 지역으로 이동해 취업하는 직공"을 말한다. 이들의 수는 중국 전역에서 1억 명 이상에 달하는 것으로 알려졌다.

6. 중앙 1호문건: 중국공산당 중앙위원회에서 매년 맨 처음으로 내놓는 문건을 일컫는다. 이 문건을 통해 당해 중국정부의 주요 정책 과제가 무엇인지를 알 수 있다. 참조로 2009년 중앙 1호문건 주요 내용으로는 "농업에 대한 지원과 보호 역량 강화, 농업생산의 안정적 발전, 현대농업을 위한 물리적 지원 및 서비스 강화, 농촌 기본경영제도의 안정적 추진, 도농경제발전 일체화 추진" 등이다.

7. 사회주의 신농촌 건설: 농촌경제를 발전시켜 잘사는 농촌을 만들자는 것이다. 농민의 소득 증대, 농촌의 환경 개선, 식량증산 등이 목표이다. 세부적으로 농업세를 전면 폐지하고, 교육비, 의료비 부담을 줄이고자 한다. 그러나 토지사유제를 도입하지 않고, 집체소유제(공동소유제)를 유지하면서, 농민이 계약기간 동안 토지를 빌려 생산하는 '가정청부책임제'를 고수한다는 점에서 '사회주의 신농촌'이라고 말한다.

8. 3난(難)문제: 3난문제를 '눈에 보이지 않는 작업'이라 부르면서 무형공정(無形工程)이라고 한다. 3난문제란 현대중국의 사회문제의 하나로, '병 고치기 힘들고(看病貴), 학교 보내기 어렵고(上學難), 집값이 비싼(房價高)' 것을 말한다. 이 중 '의료비'와 '교육비 문제'는 중소도시와 농촌사회를 겨냥한 것이고, '집값 문제'는 대도시의 서민을 의식한 것이라고 할 수 있다.

9. 6521프로젝트: 중국에게 2009년은 역사적으로 매우 중요하고 의미 있는 해이다. 왜냐하면 중국 건국 60주년을 비롯하여 소수민족주의 운동, 민주화 운동 등과 관련 있기 때문이다. 중국정부는 2009년에 발생할 일련의

사회불안에 대응하기 위해 중화인민공화국 건국 60주년, 티벳봉기 50주년, 6·4 천안문사건 20주년, 파룬궁(법륜공) 사태 10주년의 앞 글자를 딴 '6521프로젝트팀'을 결성하였다.

10. 파룬궁(法輪功, 법륜공): 파룬공은 기공의 한 종류이다. 불교와 도교의 사상을 겸비하고 선사 문화를 기초로 하여 심성을 거두어 인간의 건강을 향상시키는 수련을 하는 심신수련법이다. 창시자는 길림성 출신의 이홍지(李洪志)이다.

11. 양회(兩會): 매년 3월이 되면 한국 대중매체에서 중국의 양회를 많이 언급한다. 여기서 말하는 양회란 전국인민대표대회(약칭: 전인대)와 전국인민정치협상회의(약칭: 정협)를 가리킨다.

12. 제4세대, 제5세대: 제4세대는 문화대혁명의 경험을 공유하였고, 제5세대는 개혁개방의 역사적 시기를 경함한 세대이다. 제4세대 지도부의 임기는 2012년에 개최될 예정인 제18차 전국대표대회까지로 예상된다. 그리고 제5세대 지도부는 대체적으로 1970년대 중반이나 1980년대에 대학을 다녔고, 1970년대 말 이후에 중국공산당에 가입하였다. 제4세대와 제5세대는 '제3세대론'에서 나온 연장된 개념이다. '제3세대론'은 1983년 5월에 개최된 '민주협상회(民主協商會)'에서 호요방(胡耀邦)이 공식적으로 제기하였다. 호요방은 중국의 간부를 대장정(1934~1935) 이전에 공산혁명에 참가한 제1세대, 장정 이후 내전 이전에 참여한 제2세대, 그리고 내전기간과 건국 이후 가담한 제3세대로 분류하고, 제3세대의 간부를 대량 육성하여 세대교체를 해야 한다고 주장하였다.

13. 1국가2제도(一國兩制): 1982년 9월 영국 대처 수상이 중국을 방문하였을 때, 등소평은 대처 수상에게 홍콩주권의 회수 문제는 '一個國家, 兩個制度'의 방안을 이용해 해결할 수 있다고 말했다. 이것으로

‘1국가2제도(체제)’ 방안이 처음 제기되었다. 의미는 단일국가가 이질적인 2개의 체제를 유지하겠다는 것이다. 그리고 미래에 대만과 중국이 통일되었을 때 이 시스템을 대만에도 적용하겠다는 통일방안이다. 중국은 이것을 ‘홍콩과 대만에서는 자본주의를 실시하고, 중국대륙에서는 사회주의를 실시하는 것’이라고 표현하였다. 또 헌법 제31조(1982. 12.)로 규정하고 이것을 ‘香港處理方式’이라고 하며 ‘收回主權 保持繁榮 港人治港 制度不變’의 16자 방침이다.

14. 반(反)국가분열법: 대만의 정명(正名)운동에 대응하는 것으로서, 2005년 3월 14일 전국인민대표대회에서 통과되었다. 이 법에서는 대만이 실질적으로 독립을 추진하거나 평화적인 통일의 틀을 파괴할 경우, 중국인민해방군이 무력을 사용할 수 있도록 규정하였다.

15. 태자당(太子黨): 중국공산당 원로간부들의 자제로서 고위간부직을 맡고 있는 아버지 또는 장인의 후광으로 당중앙위원회에 진출한 2세를 말한다. 원로들의 자녀들은 대부분이 정부·당·군 등에서 고관이 되거나 대공사의 임원직을 차지하고 있고 아버지의 권위를 업고 官倒라고 불리는 블로커가 되어 사복을 채우는 일이 많을 뿐만 아니라 복잡한 인척관계를 맺는 등 특권집단을 형성하고 있다.

16. 중국공산주의청년단(약칭: 共靑團): 1922년 5월에 발족, 중국공산당이 지도하는 14세에서 28세까지의 선진 청년의 대중적인 조직이다. 사회주의 건설을 위해 이상·도덕·교양이 있고 기율을 지키는 후계자를 양성하는 것이다.

17. 상해방(上海幫): 상해방은 1990년대 중국을 이끈 주요 정치세력이다. 제3세대 대표 정치인인 강택민(장쩌민) 전 국가주석이 사사롭게 개인적으로 정치적 파벌을 만든 것을 의미한다. 1989년 6월 천안문사건 이후 주

용기(주룽지), 오방국 등 상해시 당위원회 제1서기 출신들이 중앙의 정치무대에 진출을 계기로 상해 인맥을 형성하게 되었고, 이후로 중앙 정계에 강택민 인맥이 대거 포진하게 되었는데, 이러한 정치 지도자들을 '상해방'이라고 부른다. 그리고 지역적으로 상해와는 관련이 있지만, 인맥상으로는 직접적으로 관계를 맺고 있지 않음에도 중앙 정계에 진출한 상해 지역 출신의 경우로 이들을 '범상해방'이라고 부른다.

18. 안휘방(安徽幇)과 청화방(清華幇): 안휘방이란 제4세대 지도부 중 중국 권력의 실세로 떠오르고 있는 안휘성 출신을 일컫는다. 청화방이란 북경 청화대학(清華大學) 출신들로, 현재 차관급 이상의 관료로 있는 사람들을 일컫는 말이다.

19. 민주당파: 중국공산당은 비록 영도적 지위에 있지만 결코 일당독재는 아니다. 중국에는 약간의 민주당파도 있는데, 공산당은 그들을 받아들여 의정에 참여시키고 함께 일하면서 그들의 협조를 구한다. 중국에는 현재 다음과 같이 8개의 민주당파가 있다.

   1) 중국국민당 혁명위원회(민혁): 성원은 주로 원래의 국민당 인사 및 국민당과 역사 적 연계가 있는 인사들이다.

   2) 중국민주동맹(민맹): 성원은 주로 문화 교육계의 중상층 지식인들이다.

   3) 중국민주건국회(민건): 성원은 주로 경제계 인사 및 관련 전문학자들이다.

   4) 중국민주촉진회(민진): 성원은 주로 문화, 교육, 출판, 과학과 기타 직무에 종사하는 지식인들이다.

   5) 중국농공민주당(농공): 성원은 주로 의약, 위생계와 과학기술, 문화교육계의 중고급 지식인들이다.

   6) 중국치공당(치공, 致公): 성원은 주로 귀국 화교와 귀국 해외동포 가족들이다.

   7) 구삼학사(九三學社, 구삼): 성원은 주로 과학기술계의 고중급 지식인

들이다.

8) 대만민주자치동맹(대맹): 성원은 주로 대륙에 거주하는 대만동포들이다.

20. 비효통(費孝通)의 중화민족: 1988년 비효통이 주장한 민족론이다. 중국 건국 이래로 동일한 국가 구조 하에서 한족과 소수민족이 동화와 융화를 거쳐 새로운 민족체가 되었다는 것이다. 단지 총칭의 개념이 아니라 실존적 존재로서 중국 국가 단위를 구성하는 국민으로서 '단일민족'적 성격이 강하다.

21. 2009년 7·5 신강위구르족 사건: 2009년 7월 5일 신강위구르자치구의 성도인 우루무치에서 위구르족과 한족 간에 발생한 유혈사태이다.

22. 2008년 3·14 티벳 사건: 2008년 3월 14일 티벳의 성도인 라싸를 비롯하여 세계 곳곳에서 티벳의 광복을 주장한 운동이다. 이들은 티벳의 옛 영토였던 청해성, 감숙성, 사천성 일부 지역의 영토회복과 주권회복을 주장하였다.

23. 입세(入世): 중국이 2001년 세계무역기구(WTO)에 가입한 것을 일컫는다.

24. 차이메리카(Chimerica): 미국 하버드대학 니얼 퍼거슨 교수가 2007년 말 중국(China)과 미국(America)을 합성해 만들어 낸 용어이다. 최근 국제경제시장에서는 팍스 아메리카나의 시대가 지고 차이메리카의 시대가 열렸다고 말하지만, 미국과 중국이 각각 소비와 생산의 역할을 나눠 담당하면서 상호 의존적 관계 속에 발전해 왔음을 나타내는 용어이다.

25. G2: G2개념은 미국과 중국이 세계를 주도한다는 의미이다. 'G2구상'을 처음 제안한 브레진스키는 2009년 1월 북경에서 "미국과 중국의 관계는 유럽과 일본처럼 포괄적 관계가 되어야 한다"고 역설하였다. 그는 G2회

담을 열어 중국과 경제위기, 북핵 등 국제문제를 논의해야 한다고 주장했
다. 그런데 중국인들 사이에선 G2 개념이 미국의 음모라는 주장도 없지
않다. 또 다른 중국 분석가는 "G2 또는 중 · 미 주도 세계는 지금까지 존
재하지 않았고 앞으로도 나타나지 않을 것"이라고 말했다. 2009년 5월
체코 프라하를 방문한 온가보(溫家寶) 총리가 중 · EU 정상회의 직후 중
국 지도자로선 처음으로 공개적으로 G2를 부인하였다. 온 총리는 당시
"세계 현안들이 중국과 미국, 이른바 G2 국가에 의해 결정될 것이라고
말하는 사람들이 있지만 이는 근거 없고 잘못된 시각"이라고 강조했다.

26. 차이완(Chi – wan): '차이완'은 중국(China)과 대만(Taiwan)의 영문명을
    합성한 것으로, 마영구(馬英九, 마잉주) 대만 총통이 집권하고 나서 최
    근 급물살을 탄 양안 관계를 의미하는 신조어이다.

27. 친디아(Chindia): 친디아(Chindia)는 중화인민공화국(China)과 인도(India)
    를 함께 일컫는 합성 신조어이다. 특히 두 국가의 경제를 함께 일컬을
    때 자주 쓰인다. 이 유행 신조어를 만든 사람은 인도의 경제학자이자
    정치가인 자이람 라메쉬이다.

28. 브릭스(BRICs): 브릭스는 급속한 경제성장을 거듭하고 있는 브라질 · 러
    시아 · 인도 · 중국 등의 신흥경제 4국을 일컫는 말로서, 2003년 미국의
    골드먼삭스 보고서에서 처음 등장했다. 이들 4개국은 1990년대 말부터
    신흥경제국으로 주목받기 시작했으며, 경제성장 속도와 성장 가능성이
    커 하나의 경제권으로 묶었다.

29. 주출거(走出去, 해외진출)전략: 중국기업의 해외 진출을 일컫는 말인데,
    중국의 문화 등이 해외로 진출하는 것까지도 포함한다. 과거 중국이 개
    혁개방을 하였을 때만 해도 외자기업들이 중국으로 진출하였는데, 이제
    는 중국의 기업들이 다른 나라로 진출할 정도로 중국경제가 많이 발전

하였음을 보여주는 것이다.

30. 중화경제권: 일반적으로 중국, 홍콩(마카오 포함), 대만 3개 지역을 지칭
한 경제권을 가리킨다. 이들 3지역의 지역적·문화적·민족적 연관성에
착안하여 이 지역을 중화경제권(Greater China ghrdms Chinese Economic
Area)으로 부르기 시작하였다. 한편 대중화(The Greater China)경제권이
라는 용어도 사용되는데, 이는 중국과 대만, 홍콩 등 중화권과 아세안,
중앙아시아 등을 묶는 개념이다. 그 밖에 화남경제권은 홍콩을 중심으
로 하여 광동, 복건, 해남성과 대만, 마카오를 지칭한다. 화교경제권 혹
은 화인경제권은 싱가포르, 말레이시아, 태국, 필리핀, 인도네시아 등 동
남아 화교들의 경제권을 지칭한다.

31. 도광양회(韜光養晦): 칼날의 빛을 감추고 어둠 속에서 실력을 기른다는
뜻으로, 내부적으로 국력을 기르는 데만 집중한다는 소극적인 대외전략
이었다. 등소평 시절 중국의 대외정책을 가리키는 표현으로 자주 인용
한다. 등소평은 대외적으로 불필요한 마찰을 줄이고 내부적으로 국력을
발전시키는 것을 외교정책의 기본으로 삼았다.

32. 화평굴기(和平崛起): 평화롭게 일어선다는 뜻의 '화평굴기'는 호금도가
새롭게 추진한 외교전략으로 미국의 일방주의에 대항하면서도 평화와
자주성을 견지하는 유연한 외교전략이다. 화평굴기는 주변국과의 관계
설정에 있어서는 중국을 '화목한 이웃(睦隣)', '안정된 이웃(安隣)' 그리
고 '부유한 이웃(富隣)'이 될 수 있도록 하겠다는 삼린(三隣) 정책을 기
본 축으로 삼았다. 대내적으로는 개방, 개혁의 강화를 통해 국력을 신장
시키는 동시에 환경·에너지 문제 등 고도성장의 후유증을 최소화시키
며, 대외적으로는 우호·공동이익·공동번영을 모색한다는 것이다. 화평
굴기는 2003년 10월 해남도에서 열린 보아오포럼에서 정필견(鄭必堅) 중
앙당교 상무부장이 주창하였다. 이어 호금도가 2004년 1월 프랑스와 독

일 등 유럽 순방 때 중국의 새로운 외교노선으로 주목받기 시작하였다.

33. 유소작위(有所作爲): "적극적으로 참여해서 하고 싶은 대로 한다"는 뜻으로, 2002년 이후 중국이 취하고 있는 대외정책이다. 어떤 일에 적극적으로 개입해 자신의 뜻을 관철시킨다는 뜻으로, 2002년 11월 제4세대 지도부인 호금도 체제가 들어서면서 중국정부가 취하고 있는 대외정책 가운데 하나이다. 2004년부터 화평굴기 대신 적극적인 관여와 개입을 뜻하는 새로운 외교 전략을 펼치기 시작하였다.

34. 화해세계(和諧世界): 중국은 내치(內治) 분야의 국정 이념으로 내세웠던 '화해사회(和諧社會)' 개념을 대외전략으로 확장해, '조화세계' 건설을 강조하고 나섰다. "평화적인 발전의 길을 견지하고 조화로운 세계를 건설하는 데 공헌해야 한다."고 강조하고 있다. 중국위협론에 대응하는 한편, 능동적으로 세계질서 구축에 나서겠다는 적극적인 외교전략 개념이다.

35. 사회주의 시장경제(社會主義 市場經濟): 1993년 3월 29일 제8기 전국인민대표대회 제1차 회의에서 개정된 헌법에 명시되었다. 신헌법 제17조에서는 '사회주의 시장경제' 체제하에서 정부가 경제 입법과 거시경제적 수단을 사용하여 경제를 운용한다고 규정하였다. 즉 과거에는 생산자료를 국가가 소유하고 경영도 국가가 담당하는 국영경제를 지향하였으나, 신헌법에서는 생산자료를 국가가 경영하되 경영은 기업이 담당하는 국유경제로 전환한 것인데, 이를 '사회주의 시장경제'라고 한다.

36. 향진기업(鄕鎭企業): 농촌기업이라고 불러도 무방하다. 향진기업은 농촌지역에서 공업, 운수업, 상업 등 비농업 부문의 경제활동을 하는 집체소유적 합작기업 또는 개인기업을 총칭한 명칭이다. 향진기업에는 鎭辦企業, 鄕辦企業, 村辦企業, 戶辦企業, 聯辦企業 등의 종류가 있다. 향진기업은 노동집약형으로 설비가 비교적 단순하고 기술 수준이 높지 못하

지만 국가의 직접 통제를 받지 않으므로 경영이 활발하여 80년 이후 급
성장하여 농촌지역경제활동의 중심이 되었으며 최근에는 도시 지역에까
지 확산되는 추세를 보이고 있다.

37. 개체호(個體戶): 개체호는 1982년 헌법 개정을 통해 공유제 형태인 전
민소유제기업, 집체소유제기업과 함께 하나의 기업 형태로 인정받게 되
었다. 기업 형태상 사유제 형태의 기업을 일컫는다. 중국 민법 제26조에
의하면 중국국민은 법률이 허용하는 범위 안에서 공상업을 경영할 수
있도록 하고 있는데, 이 법에 따라 개인이 경영하는 공상업을 '개체공상
호'라 하고, 줄여서 '개체호'라고 한다. 개체호는 개인이나 가족이 단위
가 되어 소규모 자금으로 수공방식에 의해 생산 및 경영 활동을 하는
독립된 개별 경제주체로서, 중국정부는 이를 '社會主義公有制的必要補
充'이라고 부른다.

38. 조롱경제(鳥籠經濟): 계획경제와 시장메커니즘과의 관계를 새장과 새의
관계로 비유한 진운의 경제이론으로 1982년에 처음 제기했다. 시장경제
를 '새'로, 계획경제 체제를 '새장(鳥籠)'으로 비유하였다. 진운은 이 이
론을 근거로 1984년 14개 연해개방도시에 대한 등소평의 개방 확대를
반대하였다. 그는 "국가경제를 활성화하기 위해서는 시장조절의 메커니
즘을 지속적으로 발전시켜야 한다. 그러나 시장의 기능은 계획과 공유
제의 원칙이 관철되는 전제하에서 양자는 보완적으로 유지되어야 한다.
새를 손에 쥐면(즉 오직 계획에 의해서만 경제를 운용하면) 새가 죽기
때문에 새를 날게 해 주어야 한다. 그러나 새장 없이 날아가게 하면(즉
자유경제를 실시하게 되면) 새가 날아가 버리기 때문에 새장 안에서 날
도록 해 주어야 한다."고 하였다.

39. 성중촌(城中村): 성중촌은 도농이 혼합되어 있는 빈민촌을 일컫기도 한
다. 성중촌은 대도시로 편입된 농촌이 대도시에 속한다는 이유로 농촌

이 받는 혜택을 누리지 못하게 되고 어중간한 지위를 갖고 있다. '도시
속의 마을(都市裡的村庄)'이라고 불리지만, 통상적으로는 '성중촌'이라
고 부른다.

40. 사구(社區): 개혁개방 이후 경제가 발전하면서 단위제도는 점점 약화되
    었다. 단위의 약화는 사구자치제의 등장을 가져왔다. 사구자치제는 일정
    지역 범위 내 주민에 기반한 '자치적 사회생활공동체'로 정의된다. 2000
    년 말 국무원 '도시 사구 건설의 전국적 추진에 관한 의견' 발표를 계
    기로 본격화되었다. 사구는 'Community, 지역사회, 공동체, 한국의 아파
    트 단지, 구역, 지역 단위 등'의 의미를 갖고 있다. 예를 들면 공동체(社
    區, Community), 문명아파트단지(文明社區), 시범아파트단지(示范社區),
    무마약단지(無毒社區), 지역사회(社區), 사교구역(社區), 주민공동체(社
    區), 天涯社區(www.tianya.cn) 등이다.

41. 단위(單位): 구체적으로 국유기업, 대학, 연구소 등과 같은 국가 소유의
    직장을 의미한다. 단위제도는 국가가 자원을 소유하고 통제·분배하던
    계획경제 시대에 만들어진 제도로 경제적 자원의 분대, 정치적 통제를
    위한 기초조직으로 도시의 기본생활 조직이었다. 단위는 직원들의 종신
    고용을 보장하여 실업의 위험이 없었고, 임금지불, 자녀교육, 임대주택
    분배, 사회보장(의료보험 및 퇴직보험) 혜택을 제공했다.

42. 3개의 下: 하방(下放), 하해(下海), 하강(下崗)
  1) 하방운동: 중국에서 당원과 국가공무원을 농촌과 공장에 보내 노동에
     종사케 하고 도시의 학교 졸업생들을 변경지방에 배치해 그곳에 정착
     케 함으로써 정신노동자와 육체노동자의 벽을 헐고 지식인집단으로 하
     여금 낙후된 변경지방의 농촌 근대화에 참여하도록 독려한 운동이다.
  2) 하해: 외국어, 국제금융, 국제경제, 국제법, 무역 등을 전공한 전문 인
     력으로 특히 석·박사 출신의 고급 인력이 돈을 벌기 위해서 기업으로

전직하는 현상이다.

3) 하강: 기업(주로 국유·집체기업)이 경영상의 곤란을 해소하기 위해 노동관계는 계속 유지하면서 일부 직공을 잠시 직무에서 떠나 있도록 하는 내부 조치이다. 하강은 한국의 '면직' 혹은 '정리해고'와 가깝다고 하지만, 기업과 노동관계가 해제되지 않아 약간의 기본생활비가 지급된다는 차이가 있다.

43. 소황제(小皇帝): 1979년 등소평이 시작한 독생자녀제(獨生子女制: 1가구 1자녀 원칙)에 의해 1980년대에 태어난 독생자층을 이르는 말로 '바링허우(80後)'라고 부르기도 한다. 여자 아이의 경우에는 '소공주(小公主)'라고도 한다.

44. 바링허우(80後): 기성세대가 '신인류(新人類)'라는 별칭으로 부르는 바링허우 세대는 현재 20대에서 30대로 접어들고 있으며, 중국의 사회, 경제, 문화 등 여러 분야에서 새로운 모습을 보이고 있다. 이 용어는 신세대 문학의 선두인 한한, 곽경명 등에게서 시작되었다. 이전에는 "그들이 우리의 이야기를 쓴다."에서 "우리가 우리의 이야기를 쓴다."의 보다 실체적인 필체로 젊은 독자를 사로잡았다. 그러나 그와 몇몇의 작가들이 언급한 인물형상은 그대로 현실에서 반영되었다. 사회에서는 이러한 세대를 묶어 '80後'라고 부르기 시작했다. 바링허우 세대는 약 2억명(2008년)에 달하는 것으로 추산된다.

기성세대와 '80後'세대 비교4)

구 분	기성세대	80後세대
성장환경	대약진, 문화대혁명, 계획경제	1자녀정책, 개혁개방, 인터넷보급
키워드	이념, 공동체의식, 봉사, 공헌정신	개인주의, 자유, 개성, 탈이념 "나는 나를 좋아한다."
소비의식	기능적, 절약저축, 근면, 검소	감성적, 즉흥적인 소비, 현재 지향적 "오늘을 즐기자."

* 2005년 기준, 기성세대는 30~50대, 자료: LG 주간경제

45. 월광여신(月光女神): 이는 중국 패션 잡지인 '시우WITH'에 처음 등장한 말이다. '저축은 뒷전이고, 자기 소득을 오직 본인을 위해 다 소비하는 젊은 여성 소비행태'를 일컫는 말이다.

46. 워킹푸어(Working Poor, 窮忙族, 근로빈곤층): 일을 해도 가난한 사람들이란 뜻이다. 미국에서 1990년대 중반 등장한 용어로, 2000년대 중반 이후 세계적으로 널리 쓰이고 있다. 일반적인 정의는 취업을 해서 일을 하고 있는데도 저축할 여력이 없어, 일시적 질병이나 실직이 곧바로 절대빈곤으로 이어질 수 있는 계층을 일컫는다.

47. '新사회계층': 강택민 前 국가주석이 2001년 '공산당 성립 80주년 경축' 행사에서 언급한 용어로, 개혁개방 이후 급속한 경제성장에 따라 등장하게 된 신(新)직업군을 말한다. '민영 과학기술기업의 창업자, 변호사 의사 회계사 등 프리랜서 직업군, 외국 자본 기업의 경영진 및 기술자, 자영업자' 등을 가리킨다.

48. 양자(揚子)문화구: 장강 중하류 지역의 여러 문화를 포함한다. 강소성과 안휘성의 회하 이남의 부분, 절강성 대부분(溫州와 麗水는 제외), 호북성 대부분(鄂西南 恩施山區 제외) 및 광서 동북 계림지구를 포괄한다. 이 문화구의 동서에는 전국시대부터 형성된 오월(吳越)문화와 형초(荊楚)문화의 차이가 있다.

49. 211공정: 1995년부터 211공정을 통해 21세기를 대비해 100개 대학을 중점 육성하겠다는 프로젝트이다. 그 결과 북경대, 청화대, 복단대 등 주요 대학들이 세계적 대학으로 성장하였다.

---

4) http://www.tjplaza.com/?article_srl=5744257(검색일: 2009. 5. 30.)

50. 삼황오제: ≪사기(史記)≫에서는 3황을 '복희(伏羲)·여와(女媧)·신농(神農)' 혹은 '천황·지황·인황'으로 하는 등 여러 설이 있다. 사마천은 5제인 황제·전욱·제곡·요·순에 대하여 ≪사기≫ 첫머리에 신고 있지만, 3황에 대해서는 많은 의심을 품고 받아들이지 않았다. 3황이 ≪사기≫에 첨가된 것은 당(唐)나라 때부터이다. 이와 같이 중국 고대사는 시대가 오래된 것일수록 나중에 첨가되었다. 이에 의하면 삼황오제 시대는 중국 고대에 실재하지 않으며, 나중에 하왕조 앞에 접목시켰다는 것을 알 수 있다. 삼황오제가 일정하지 않은 것도 이 때문이다. 삼황은 '태호복희씨, 염제신농씨, 황제헌원씨'이고, 오제는 '소호금천씨, 제곡고신씨, 전욱고양씨, 제요도당씨, 제순유우씨'이다.

≪중국역대제왕록(中國歷代帝王錄)≫(양검우 편저, 상해문화출판사, 1989.)
삼황: 태호(太皞) 복희씨(伏羲氏), 염제(炎帝) 신농씨(神農氏), 황제(黃帝)
　　　헌원씨(軒轅氏)
오제: 소호(少昊), 전욱(顓頊), 제곡(帝嚳), 당요(唐堯), 우순(虞舜)

중국 개황

1. 중국 개황

1) 국가 정보 정리[5]

중국공산당 창당일	1921년 7월 1일	1941년 6월, 당 성립 20주년 때 정함
건국일	1949년 10월 1일	
수도	북경	
국치일	1931년 9월 18일	국민방위교육의 날로 정함
면적(㎢)*	9,598,100㎢	한반도 면적의 43.45배 · 남한 면적의 약 96.66배에 해당, 세계 4위
인구(명)	13억 1931만 5450명	2007
동서 길이	5,200km	하바로프스키 ↔ 파미르고원
남북 길이	5,500km	남사군도 ↔ 흑룡강
국경선 총길이	20,280km	북한, 러시아, 몽골, 중앙아 3국, 아프카니스탄, 파키스탄, 인도, 네팔, 부탄, 미얀마, 라오스, 베트남 등 14개 국가와 육지접경
한국과 수교일	1992년 8월 24일	이후부터 중공을 중국이라 부르기 시작. 대만과는 외교 단절. * 2008년 5월 27일, 한중관계: 전략적 협력동반자관계

참조[6]: 러시아 17,075,000㎢, 캐나다 9,970,000㎢, 미국 9,629,100㎢, 중국 9,598,100㎢

---

5) 공봉진, 『중국지역연구와 현대중국의 이해』, 오름, 2007. (인구는 이후 수정)

6) 옥한석 외, 『세계화 시대의 세계지리 읽기』, 한울아카데미, 2005.

2) 중국 성급 행정구역 약칭과 성도

중국 전공서적을 보다 보면, 각 성급 행정구역의 약칭을 사용하는 경우가 많다. 그래서 각 성급 행정구역의 약칭을 알아두면, 중국 전공서적을 읽을 때 쉽게 이해할 수 있다.

市, 省, 自治區	약 칭	省 都
北京市(북경시)	京(경), 燕(연)	
天津市(천진시)	津(진)	
上海市(상해시)	滬(호)	
重慶市(중경시)	渝(투)	
黑龍江省(흑룡강성)	黑(흑)	哈爾濱(합이빈, 하얼삔)
吉林省(길림성)	吉(길)	長春(장춘)
遼寧省(요녕성)	遼(요)	瀋陽(심양)
河北省(하북성)	燕(연), 冀(기)	石家莊(석가장)
河南省(하남성)	豫(예), 卞(변)	鄭州(정주)
山東省(산동성)	魯(로), 濟(제), 山左(산좌)	濟南(제남)
山西省(산서성)	晋(진), 山右(산우)	太原(태원)
安徽省(안휘성)	皖(환)	合肥(합비)
江蘇省(강소성)	蘇(소), 吳(오)	南京(남경)
浙江省(절강성)	浙(절), 越(월)	杭州(항주)
江西省(강서성)	贛(공), 江右(강우)	南昌(남창)
湖北省(호북성)	鄂(악)	武漢(무한)
湖南省(호남성)	湘(상)	長沙(장사)
福建省(복건성)	福(복), 閩(민)	福州(복주)
廣東省(광동성)	粵(월), 嶺南(영남), 嶺表(영표)	廣州(광주)
海南省(해남성)	瓊(경)	海口(해구)
四川省(사천성)	川(천), 屬(속), 巴(파), 益(익)	成都(성도)
貴州省(귀주성)	貴(귀), 黔(검)	貴陽(귀양)
雲南省(운남성)	雲(운), 滇(전)	昆明(곤명)
陝西省(섬서성)	陝(섬), 秦(진)	西安(서안)
甘肅省(감숙성)	甘(감), 隴(롱)	蘭州(란주)
青海省(청해성)	青(청)	西寧(서녕)
內蒙古自治區 (내몽고자치구)	蒙(몽)	呼和浩特(호화호특)
廣西壯族自治區 (광서장족자치구)	桂(계)	南寧(남녕)
西藏自治區 (서장자치구)	藏(장)	拉薩(랍살, 라사)
寧夏回族自治區 (영하회족자치구)	寧(녕)	銀川(은천)
新疆維吾爾自治區 (신강위구르자치구)	新(신)	烏魯木齊(오로목제, 우루무치)
臺灣(대만)	臺(대)	臺北(대북, 타이뻬이)

2. 자연지리

중국의 자연지리 중 바다, 산, 강, 호수, 만 등을 살펴본다. 중국의 바다는 오늘날 영토분쟁을 이해하는 데 도움이 된다. 중국의 주요 산과 강, 호수는 중국의 행정구분, 문화적 특징을 구분 짓는 데 기준이 된다. 먼저 중국 자연지리 구분에 대해서 알아본다.

1) 자연지역 구분

중국과학원은 1956년 자연구획사업위원회를 창립하여 자연지역 구분사업을 전개하였다. 그리고 1958년에 전국 종합자연지역 구분을 정하였다. 전국을 3대 자연구, 6개 열량대(적도대, 열대, 아열대, 난온대, 온대, 한온대), 18개 자연지구, 28개 자연지대와 아지대, 90개의 자연성으로 나누었다.

임미악과 양인장은 1961년 전국을 8개 자연구, 23개의 자연지구, 65개의 자연성으로 나누었다. 8개 자연구는 동북, 화북, 화중, 화남, 서남, 내몽골, 서북, 청장이다. 후한욱은 1963년에 열량지표를 기준으로 하여 전국을 6개 열량대와 구역(온대, 난온대, 반아열대, 아열대, 반열대, 열대와 청장고원구)으로 나누었다.

여기에서는 1958년 자연지역 구분에 따른 내용을 살펴본다.

첫째, 동북지역: 온대냉습성의 삼림, 삼림초원경관이다. 경작제도는 1년에 1모작 한다. 자연개발의 중요한 사항은 저온을 극복하고 소택을 건조화시켜 경지로 변화시키는 곳이다.

둘째, 화북지역(華北地域): 난온대 반습윤건조하록림(낙엽활엽림), 삼림초원 경관이다. 경작제도는 2년에 3모작 한다.

셋째, 화중지역(華中地域): 습윤한 아열대상록림 경관으로서 북부에 낙엽활엽림이 혼재한다. 중국에서 호수가 가장 집중적으로 분포된 지역의 하나이다.

넷째, 화남지역(華南地域): 열대성 지역인 남아열대가 포함된다. 기후, 토양, 식생 및 토지이용, 농업생산조건상에서 보면 남아열대는 열대와 비슷하다. 그러나 남령산지 및 그 이북지역과는 커다란 차이가 있다. 겨울철에 찬 공기의 영향을 받지만 여전히 중국에서 열대작물을 발전시키는 지역으로 되고 있다. 남아열대의 북쪽경계선은 기본적으로 중국열대작물의 북쪽한계선과 일치한다.

다섯째, 서남지역(西南地域): 화중지역과 마찬가지로 아열대 상록림 경관으로서 자연특성상 비슷한 점이 많다. 서남지역은 지형이 복잡하고 자연계의 수직분포대가 뚜렷하거나 일조시간의 짧고, 저온현상 등의 원인으로 인하여 수분과 열량상황이 결합된 특징이 화중지역과 뚜렷한 차이가 있다.

여섯째, 내몽골지역: 주로 온대건초원 경관이며 서부가 황막초원이다. 목축업 발전에 유리하며 중요한 문제는 초원을 개량하는 것이다.

일곱째, 서북지역(西北地域): 온대, 난온대 건조황막 경관이다. 산록지대는 오아시스 농업생산에 유리하다.

여덟째, 청장지역(靑藏地域): 독특한 고한경관이다.

2) 중국 바다 해역

중국 바다는 발해(渤海), 황해(黃海), 동해(東海, 동중국해), 남해(南海, 남중국해)이다. 발해는 중국의 내해(內海)이고, 황해, 동해, 남해는 태평양과 서로 연계되어 북서태평양의 변해(邊海)에 속한다. 이 해역을 총칭하여 중국해(中國海, 중국근해)라고 부른다. 중국해의 주변 나라로는 한국, 북한, 일본, 필리핀, 인도네시아, 말레이시아, 싱가포르, 타이, 캄보디아, 베트남 등이 있다.

(1) 발해(渤海)

발해는 중국대륙 내부로 깊숙이 들어온 중국 내해이다. 동쪽은 북쪽의 노철삼각(老鐵三角)으로부터 남쪽의 봉래각(蓬萊角) 일선을 경계로 황해와 경계를 이루고 있다. 발해는 3면이 육지로 둘러싸여 있어 대륙의 영향을 심하게 받아 수온의 연변화가 크다. 3개의 천수해만(淺水海灣)의 하구 구간에서는 겨울철에 1~3개월간 결빙기가 있다. 발해만 내의 천진(天津) 신항은 2개월 전후의 동결(凍結) 폐쇄기간이 있지만 빙층이 두껍지 않아 쇄빙선이 없어도 항구로 통행이 가능하다.

(2) 황해(黃海)

황해는 중국대륙과 한반도 사이에 위치하고 있다. 황해는 황하와 장강의 영향으로 말미암아 함사량이 많고 수심이 얕아 바다의 색은 엷은 황색을 띤다. 황해라는 이름은 바다의 색이 황색을 띠어 불려졌다. 황해의 북쪽은 압록강 하구로부터 시작하여 남쪽의 장강 하구 북쪽의 곶인 계동각(啓東角)에 이른다. 계동각과 한국의 제주도 서남각(西南角)을 연결한 선이 동해와 경계를 이루고 있다.

(3) 동해(東海)

동해는 중국대륙과 대만도(臺灣島), 유구열도(琉球列島), 구주도(九州島) 사이에 위치해 있다. 일본과 영토분쟁을 벌이고 있는 조어도가 동해에 있다. 서북쪽은 황해와 이웃하고 남쪽은 복건성 조안현(詔安縣)의 궁고반도(宮古半島) – 대만 천탄(淺灘) – 대만 남쪽 끝의 아란비(鵝鑾鼻, 어란비)에 이르는 일직선을 경계로 남해와 경계하고 있다. 동해는 대만해협을 통하여 남해와 연계되고 유구열도의 많은 해협과 물길로 태평양과 통하고 대한해협을 사이로 한국의 동해와 통하고 있다.

주산군도(舟山群島)는 절강성 동북부의 항주만(杭州灣) 밖의 동중국해에

있다. 북쪽의 승사열도에서 시작하여 남쪽의 육황도(六橫島)에 이르는데 주
산(舟山), 보타(普陀), 장도산(長途山), 대산(垈山), 구산(衢山) 등 600여 개의
섬으로 구성되어 있는 중국 최대의 군도이다. 주산도의 면적은 524㎢로 절
강성에서 제일 큰 섬이고, 중국에서 4번째로 크다.

(4) 남해(南海)

남해는 비교적 안정된 심해분지(深海盆地)로서 북쪽에 중국대륙, 동쪽에
필리핀군도, 서쪽에 인도차이나반도, 남쪽에 보르네오 섬과 수마트라 섬이
있다. 전 해역이 거의 대륙, 반도, 섬들로 둘러싸여 있다. 남해의 면적은 약
350만㎢로 발해, 황해, 동해의 3개 해역 총 면적의 약 3배에 달한다.

남해제도(南海諸島)란 남중국해의 가운데에 있는 많은 섬과 산호조를 총
칭해서 부른다. 900여 개의 사주, 암초, 암사, 암탄 등을 포함한다. 남해제도
의 대부분은 수면 아래의 암탄, 암사, 암초 등이고 도서는 아주 적다. 남해
에 있는 여러 도서들은 자원상, 국방상, 교통상 대단히 중요한 가치가 있다.
현재 중국, 일본, 필리핀, 베트남 등 여러 나라와 소유권 분쟁 대상이 되고
있는 도서들이다.

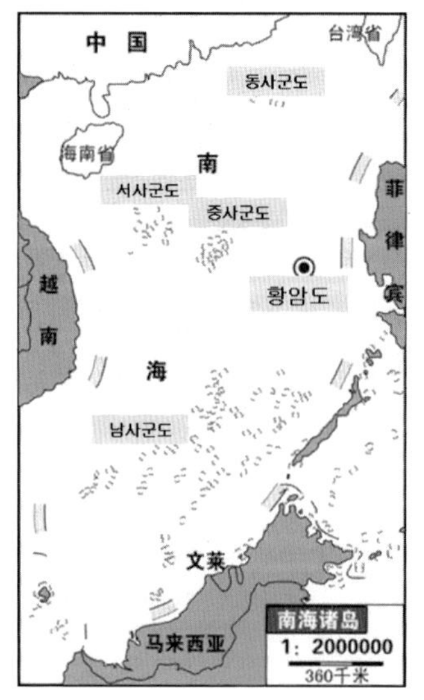

남해제도의 분포 범위는 굉장히 넓어서 남북 약 1,800km, 동서 약 900km 사이에 산재한다. 분포 위치에 따라서 동사군도(東沙群島), 서사군도(西沙群島), 중사군도(中沙群島), 남사군도(南沙群島)의 4대 군도와 황암도(黃岩島)로 나눈다.

동사군도는 남해제도 가운데 최북단에 위치한다. 북쪽은 산두(汕頭)까지 260km이다. 서사군도는 해남도의 동남쪽 330km 지점의 대륙붕의 연변에 있고 선덕(宣德)군도와 영락(永樂)군도 및 기타 섬으로 되어 있다. 중사군도는 서사군도의 동남쪽 100km 정도 떨어진 곳에 위치하며 수면 아래에 있어 노출되지 않은 산호초로 대개 타원형을 형성하고 있다. 부근의 해면은 수면 아래에 있는 산호초 암초 때문에 연한 녹색을 띤다. 남사군도는 남해제도에 있는 여러 섬 중 가장 남쪽에 위치하며 섬과 산호초가 가장 많다. 남사군도 남쪽 끝의 증모암사는 산호초로 되어 있으며 북위 4° 부근에 있는데 이것이 중국의 최남단 영토이다.

3) 주요 산

(1) 오악(五嶽)

예로부터 중국에는 다섯 개의 산을 꼽아 5악(嶽)이라 일컬었다. 오악으로는 동악 태산(泰山, 1524m: 산동성), 서악 화산(華山, 1997m: 섬서성), 남악 형산(衡山, 1290m: 호남성), 북악 항산(恒山, 2017m: 산서성), 중악 숭산(嵩山, 1440m: 하남성)을 가리킨다. 두보는 '망악'에서 "태산의 정상에 올라 보니 천하의 산들이 작아 보인다."고 하였다. 중악 숭산에는 유명한 소림사(少林寺)가 있다.

(2) 황산(黃山)

안휘성에 있는 명승지로, 1982년에 국가중점풍경명승구로 지정되었고,

1990년에 세계문화유산으로 지정되었다. 명대 서하객(徐霞客)은 일찍이 "5악을 보고 돌아온 사람은 평범한 산은 눈에 차지 않고, 황산을 보고 돌아온 사람은 악(岳)이 눈에 차지 않는다."라고 할 정도로 풍경이 빼어나다. 황산에는 기송, 괴석, 운해, 온천이 있고, 이를 '황산의 사절'이라고 불렀다.

(3) 정강산(井岡山)

강서성 서남부 변경에 있는 고원 형태의 산지이다. 모택동은 일찍이 추수봉기부대를 이끌고 용감하게 정강산에 들어가 중국 최초의 농촌혁명 근거지(1927년)를 설립했다. 그래서 정간산은 '혁명의 요람'이라 불린다.

(4) 여산(廬山)

강서성 구강현에 자리한 산으로 삼면이 물로 둘러 싸여 있다. 산이 너무도 깊고 그윽하여 그 진면목을 알 수 없다고 해서 '여산진면목(廬山眞面目)'이라는 말이 있다. 여산은 현대중국 정치사적 의의가 있는 곳이다. 1959년 7~8월에 걸쳐 여산에서 중국공산당 중앙정치국 확대회의(7월)와 제8차 전국대표대회(8전대회) 제8차 중앙위원회 전체회의가 개최되었다. 이 2차례의 회의를 여산회의(루산회의)라고 통칭한다. 중국공산당은 이 회의를 통해 1958년 '대약진운동' 이래의 경험과 교훈을 총결하고, 농업·경공업·중공업의 순으로 역량을 안배하여 '종합적인 균형을 이루어 내자'는 경제개발계획을 제출했다. 이 때 팽덕회는 대약진운동에서 드러난 좌경적 오류를 지적하며 모택동을 비난하였고, 모택동은 팽덕회 등을 '우경(右傾) 기회주의적'인 것이라 하며 비판하였다. 여산회의가 끝난 뒤 중국공산당은 당내에서 반(反)우파 투쟁을 더욱 강화했다.

(5) 구화산(九華山)

구화산은 안휘성에 위치한 불교 4대 성지 중의 하나이다. 구화산은 신라 왕자 김교각 스님과 관련이 있는 사찰로 등신불이 유명하다. 신라 왕자 김교각이 이곳에서 지장보살로 받들어지던 한창 때는 300여 개의 사찰이 있었으나, 지금은 93개의 사찰만 남아 있다. 그중에 국가 중요 사찰 9개, 성급 중요 사찰 30개와 불상 등 중요 문화재가 있다.

(6) 4대 불교 명산

중국의 4대불교 명산으로는 "오대산(五台山, 산서성), 아미산(峨眉山, 사천성), 보타산(普陀山, 절강성), 구화산(九華山, 안휘성)"이다.

(7) 산동성 3대산

유교의 태산, 불교의 천불산(千佛山), 도교의 로산(崂山)을 산동성 3대산이라 일컫는다.

4) 주요 하천

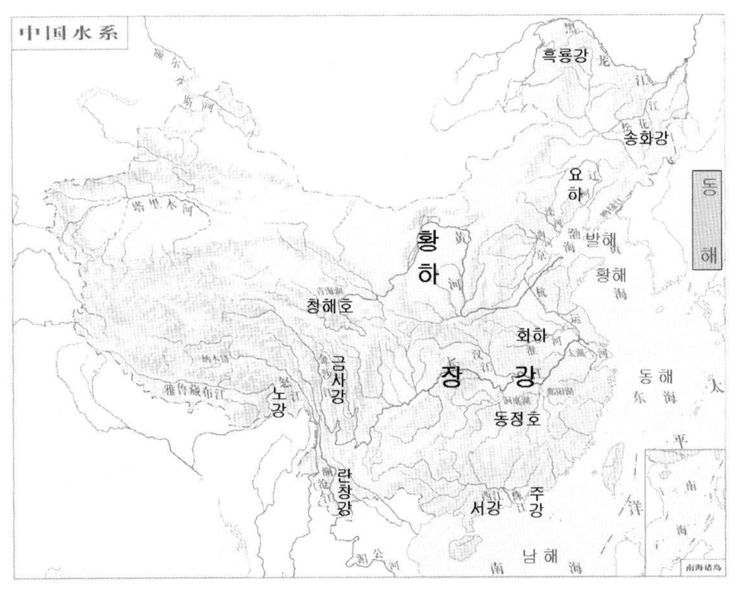

(1) 장강(長江)

장강은 청장고원의 탕굴라산맥에서 발원하여 청해·서장·운남·사천·호북·강서·안휘·강소·상해 등 10개의 성·시·자치구를 거쳐서 중국의 동해에 흘러든다. 총길이는 6,300㎞로서 중국에서 가장 긴 강이고, 세계에서 세 번째로 긴 강이다.

일반적으로 장강을 3개의 구간으로 나눈다. 상류는 발원지로부터 의창(宜昌)까지이고, 중류는 의창으로부터 호구(湖口)까지이며, 하류는 호구 이하이다. 장강에는 8개의 주요 지류가 있다. 왼쪽 편으로는 상류에서부터 어귀에 이르기까지 아롱강(雅礱江)·민강(岷江)·가릉강(嘉陵江)·한수(漢水)가 있으며, 오른쪽으로는 무수(武水)·원강(沅江)·상강(湘江)·공강(贛江)이 있다.

'양쯔'라는 이름은 고대 국가 양(揚)나라에서 따왔다는 설과, 강소성 양주(揚州) 부근에 흐르는 장강을 '양쯔강'이라 부른다는 설이 있는데, 이 이름은 유럽인들이 즐겨 쓰는 이름이며 중국인들 사이에서는 상용되지 않는다.

(2) 황하(黃河)

황하는 중국에서 두 번째로 큰 강이다. 청해성의 곤륜산맥에서 발원하여 사천, 감숙, 영하, 내몽고, 섬서, 산서, 하남, 산동 등 9개의 성, 자치구를 지나 발해로 흘러든다. 총 길이는 5,464㎞이고 유역 면적은 752,443㎢이다. 황하의 하류 지역은 중원으로 불린다. 이 땅은 황하문명 발상지이며, 과거에 역대 왕조의 수도가 있었다. 황하는 상류, 중류에서 황토 고원을 통해 많은 지류가 유입하기 때문에, 대량의 황토를 포함한다.

(3) 주강(珠江)

주강은 남방의 큰 강으로서 길이 2,200㎞이고, 유역면적은 일부 베트남 경내의 유역면적까지 합치면 45만 2,616㎢이다. 주강수계에서는 서강(西江),

북강(北江), 동강(東江) 3대 지류가 포함되는데, 그 가운데서 서강이 가장 길어 본류로 인정되고 있다. 주강의 3개 지류는 실질적으로 독립된 강으로 모두 삼각주에 모여들며 여러 갈래로 분류되어 흐르면서 서로 통하여 그물 모양 수계를 이루었다.

서강의 최상류는 남반강(南盤江)으로서 운남의 마웅산(馬雄山)에서 발원하며 책형현(冊亨縣)에서 북반강(北盤江)과 합친 후 홍수하(紅水河)라고 한다. 동남으로 흘러 광서의 석룡(石龍)에서 류강(柳江)과 합친 후에 검강(黔江)이라 하며, 계평(桂平)에서 욱강(郁江)과 합친 후에 심강(潯江)이라 한다. 오주(梧州)에서 서북쪽에서 오는 계강(桂江)과 합친 후 서강이라 한다.

북강은 최상류가 정수(湞水)로서 강서와 광동 사이의 대유령(大庾嶺) 남쪽에서 발원하며, 소관시(韶關市) 부근에서 무수(武水)와 합친 후 북강이라 한다. 동강은 최상류가 심오수(尋烏水)로서 강서성 심오현(尋烏縣)의 대죽령(大竹嶺)에서 발원하며 용천(龍川) 이하로부터 동강이라 한다.

(4) 회하(淮河)

회하는 하남성 남단의 동백산(桐栢山)에서 발원한다. 수원에서 하남, 안휘의 경계에 있는 홍하(洪河)와의 합류점인 홍하구(洪河口)까지를 상류라 한다. 홍하구에서 안휘성과 강소성과의 경계에 위치한 홍택호(洪澤湖)까지를 중류라 하고, 홍택호 이하를 하류라 한다.

홍택호에서 흘러나올 때에는 두 방향으로 분류되어 흘러나간다. 대부분의 물은 홍택호 남안의 삼하갑문(三河閘門)을 통과한 후 고우호(高郵湖)를 거쳐 삼강영(三江營)에서 장강에 들어간다. 회하는 하원지에서 장강에 유입되거나 바다에 유입되거나 길이가 대개 비슷하며 전장이 약 1,000㎞이다.

(5) 란창강(瀾滄江)

중국 서남지역에 있는 대하로서 발원지가 두 곳이 있다. 동쪽 발원지는 찰곡(札曲)이고, 서쪽발원지는 길곡(吉曲)이라 부른다. 둘 다 당고라산맥(唐

古喇山脈, 탕굴라산맥)에 속한다. 란창강은 운남성으로 흘러들어가며, 노강 (怒江)을 비롯한 지류와 합쳐 라오스에 들어가서 메콩강이 된다. 란창강은 메콩강의 상류에 해당된다. 강의 전체길이는 약 4,020㎞, 중국 영내에서는 1,800㎞이다.

(6) 흑룡강(黑龍江)

흑룡강은 러시아어로는 '아무르강'이다. 이 강의 상류와 중류는 1,890㎞ 에 걸쳐 국경선을 이루고 있다. 기후는 겨울에 혹독하게 추우며 그 기간도 5～8개월 동안 계속된다.

(7) 송화강(松花江)

매년 1월에 흑룡강성 빙등제 때 사용되는 얼음을 송화강에서 채취한다. 송화강은 길림성과 흑룡강성을 관통하는 하천이다. 만주어로는 '숭가리강'이 라고 한다. 길이는 약 1,960㎞이며 흑룡강의 최대 지류이다. 백두산(白頭山) 의 천지(天池)에서 발원한다.

(8) 노강(怒江)

노강은 탕굴라산맥의 파사극아산(巴斯克我山)에서 발원하여 운남성 서부 로 흘러들어간다. 길이는 1,750㎞이며, 미얀마 동부의 살윈강의 상류부를 이룬다. 노강과 란창강의 상류지역에서는 대량의 빙하와 만년설이 있고 1년 가운데 강설의 시간이 많기에 하천 유출량의 보급원으로서 산빙설의 융설수 가 차지하는 비율이 아주 높다.

(9) 금사강(金沙江)

금사강은 약 400㎞에 걸쳐 사천성의 서쪽 경계를 이루며, 운남성으로 들 어간다. 금사강은 사천성 의빈(宜賓)에 있는 민강(岷江)과 합류하여 장강을 이룬다. 금사강은 장강상류를 가리키고, 옛날에는 려수(麗水)라고 불렸으며, 사금이 채집되어 금사강이라는 이름이 붙게 되었다.

5) 중국의 호수

중국은 국토가 강대해서 각 지역의 습관이나 음역 방법에 따라 호수를 부르는 명칭이 다양하다. 태호(太湖) 유역에서는 탕(蕩), 양(漾), 당(塘), 궤(氿)라 부르고, 송료(松遼)평원지역에서는 포(泡), 함포자(鹹泡子)라 부르고, 내몽고지역에서는 낙이(諾爾), 요(淖), 해자(海子)라 부르며, 신강지역에서는 고이(庫爾), 고근(庫勤)이라 부르고, 서장지역에서는 착(錯), 다카(茶佧)라고 부른다.

(1) 파양호(鄱陽湖)

중국 최대의 담수호인 파양호는 강서성 북부와 장강의 남안에 위치하고 있다. 면적은 3,358㎢이다. 신강(信江), 무하(撫河), 수수(修水), 공강(贛江), 요하(饒河)의 하천이 유입된다. 호수의 물은 북쪽의 호구(湖口)에서 폭 800m 정도의 좁은 수로를 통해서 장강에 흘러든다. 호면이 장강보다 약간 높아 장강의 물은 파양호에 유입될 수 없다. 호수의 물에 있었던 진흙은 대부분 장강에 퇴적된다. 증수기에는 강서성 내의 하천의 대부분의 홍수를 저류해서 장강의 수위가 높아지는 것을 완화해 준다.

(2) 청해호(靑海湖)

중국 최대의 염수호인 청해호는 해발 3,205m의 고원에 위치한다. 청해성이라는 성명(省名)은 청해호에서 유래되었다. 면적은 4,340㎢이다. 호수 안에 작은 섬들이 있고, 청해호 주변에 흩어져 있는 섬은 모두 33개이다. 최근 중국의 관개농업과 목축 등 무분별한 개발과 용수의 사용으로 매년 면적이 감소하고 있으며, 이로 인해 200년 후에 청해호가 소멸될 것이라고 전망되고 있다.

(3) 동정호(洞庭湖)

중국 제2의 담수호인 동정호는 호남성 악양현(岳陽縣) 서남쪽 장강의 남안에 있다. 면적은 2,820㎢이다. 자수(資水), 원강(沅江), 풍수(澧水), 상강(湘江)의 하천수를 전부 받아들이고 그 위에 장강의 네 개의 출구(松滋口, 太平口, 籍池口, 調弦口)에서 오는 물을 저류할 수 있어서 장강의 호수를 조절해 주는 역할을 한다. 단 호수의 물은 성릉기(城陵磯) 출구에서만 장강으로 배수된다.

동정호 주위에는 청초호(靑草湖), 적사호(赤沙湖), 황역호(黃驛湖), 안남호(安南湖), 대통호(大通湖), 옹호(翁湖) 등의 소호수가 감싸고 있다. 보통 이 소호수를 다 합쳐서 동정호라고 부른다(문학작품에 많이 나오는 호수이다).

(4) 태호(太湖)

중국 제3의 담수호인 태호는 강소성과 절강성의 경계에 위치하고 옛날에는 진택(震澤)이라고 불렀다. 장강과 전당강(錢塘江) 하류부의 진흙이 해만의 입구를 막아서 형성된 석호로 면적이 2,425㎢이다. 호수 안에는 48개의 섬이 있다. 강소성 남부의 호수군에는 태호를 비롯하여 정산호(淀山湖), 양 징호(陽澄湖), 징호(澄湖) 등 250의 대·소호수가 있어 수향택국을 형성하 고 있다.

6) 중국의 반도와 만

중국에는 많은 반도와 만이 있으나, 여기에서는 중국경제와 관련 있는 주 요한 반도와 만 몇 개를 소개한다.

(1) 요동반도: 요녕성 남부의 요하 하구와 압록강의 하구를 연결한 선의 이남에 있다.

(2) 산동반도: 산동성의 동부, 교래곡지(膠萊谷地) 동쪽에 있으며 발해와 황해 사이에 돌출해 있다.

(3) 구룡(九龍)반도: 광동성의 남부, 주강 하구의 동쪽에 위치하고 있다. 좁은 바다를 사이에 두고 홍콩섬과 마주보고 있다.

(4) 발해만: 발해에는 요동만, 발해만, 내주만 등 3대 내만이 있다. 발해만 은 발해 3대 내만의 하나이다. 발해의 서부에 있으며 북쪽은 하북성 대청하(大淸河)의 하구에서 남쪽은 산동성의 황하 어구에 이른다. 해 하(海河), 계운하(薊運河) 등이 유입해 들어오고 있다. 발해만의 수심 은 대개 20m 이내로 얕고 연안부는 10m 정도이다.

(5) 요동만(遼東灣): 발해 3대 내만의 하나이다. 발해의 동북부지역에 있 고 서쪽은 요녕성 서부의 육고하(六股河)의 하구에서 동쪽은 요동반 도 서쪽의 장흥도에 이른다. 요하(遼河) 등이 유입된다. 넓은 의미의 요동만은 하북성 대청하 하구에서 요동반도 남단의 노철삼각 이북의 해역을 지칭한다.

(6) 북부만(北部灣): 옛날에는 '통킹만'이라고 불렀고 중국에서는 현재 '바

크보만'이라 부른다. 광동성의 뢰주반도, 해남도와 광서장족자치구 남부와 베트남 사이에 있다. 남류강(南流江)이나 베트남의 송코이강 등이 유입된다.

3. 인문지리[7]

인문지리는 계통지리 중 자연현상에 대해 다루는 자연지리와 크게 구별되는 지리학의 분야이다. 인문지리는 문화요소에 대하여 지리학적 관점을 가지고 연구하는 지리학의 한 분야이다. 인문지리학의 계통(주제)은 인간문화의 제 요소를 각각 구분하여 묶은 것이다. 인종과 인구, 정치, 경제, 사회, 언어, 종교 등이 요소이며 각각 계통을 이룬다. 여기에서는 개괄적으로 중국의 국명, 국기, 애국가, 민족, 행정구역 등을 살펴본다. 기타 정치, 경제, 사회 등은 새로운 장을 만들어 따로 소개한다.

1) 중국 국명 소개

중국에서는 1949년 10월 1일 중국 건국을 기점으로 하여, 그 이전을 '구(舊)중국'이라 부르고, 그 이후를 '신(新)중국'이라 부른다. 때로는 신중국을 '현대중국'이라 표현하기도 한다.

---

(1) '중국' 국명의 기원

1911년 신해혁명의 성공으로 청이 멸망하고, 손문이 임시 대통령으로 취임하게 되면서 새로운 국가의 국호를 '中華民國'이라 정했다. 이 중화민국

---

7) http://blog.daum.net/zaras/63766?srchid=BR1http%3A%2F%2Fblog.daum.net%2Fzaras%2F63766
(검색일: 2008. 8. 8.)

을 줄여서 '中國'이라고 부르고, 국제적으로는 'Republic of China'로 표기하며, 중국(中國)이라는 현대적 의미를 지닌 국가의 개념으로 등장하였다. 그러나 중화민국을 중국보다는 '민국(民國)'이라고 더 약칭한다.

그런데 중화민국 이전에도 중국이라는 용어를 사용하는 사례가 등장한다. 대표적인 사례로는 1689년 강희 28년에 러시아와 체결한 네르친스크조약에서 청은 '中國大聖皇帝欽差分界大臣'이라 한 것과 남경조약에서 '中英남경조약'이라고 한 것이다. 하지만 이 때의 중국은 정식국호가 아닌 별칭으로 사용한 것으로 해석하고 있다.

오늘날 중국은 '중화인민공화국(中華人民共和國)'을 가리키는 것으로, 영어로는 'People's Republic of China(PRC)'라 일컫고, 약칭하여 '중국'이라 부른다. 한국에서는 지난 1992년 8월 24일 한중수교 이전까지 '중공(中共)'이라 불렀다가 한중수교 이후 '중국'이라 부르고 있다.

(2) 문헌에 나타난 '中國'의 해석

고대문헌에는 '中國'이라는 단어가 등장하고 있지만, 대체적으로 그 의미는 약간씩 차이가 있다. 의미에는 '수도', '성곽', '仁義禮樂이 개명된 나라', '국토의 중앙' 등으로 해석되어 왔다.

2) 국기, 애국가

중국의 국기 명칭은 '오성홍기(五星紅旗)'이다. 참조로 대만의 국기이름은 '청천백일 만지홍기(靑天白日 滿之紅旗)'이다.

각 나라의 국기에는 상징이 있듯이 중국 국기에도 상징성이 있다.

국기의 형태를 통해서 그 의미를 살펴보면 다음과 같다. 먼저 붉은 바탕에 다섯 개의 오각형 황색별이 좌측 상단에 위치하고 있다. 다섯 개의 별 중 가장 큰 별은 '중국공산당'을 상징한다. 이는 '중국공산당이 없었다면 새로운 중국은 없었다 (沒有共産黨, 沒有新中國).'는 이유에서이다. 4개의 작은 별들은 모든 중국인을 의미한다. 별이 특별히 4개인 것은 모택동이 ≪論人民民主傳政≫에서 당시의 중국인을 '노동자, 농민, 도시소자산계급, 민족자산계급'으로 분류하였기 때문이다.

오성홍기의 별의 형태는 '마치 큰 물고기가 작은 물고기를 인도하여 강물을 헤엄쳐 나가는 형상'으로서, 공산당이 중국 인민을 이끌어 감을 의미한다. 또 다섯 개의 별이 좌측 상단에 위치하고 있는 이유는 광활한 대지와 산하를 고루 비추도록 하기 위함이라는 것이다. 그리고 '5'라는 숫자는 '전체와 완벽을 나타내는 숫자'라고 한다. 별이 황색인 것은 중화민족이 황색인종이라는 민족적 특성을 의미한다. 바탕이 홍색인 것은 혁명을 상징한다.

중국의 애국가는 '의용군행진곡(義勇軍行進曲)'으로서 1935년에 만들어진 영화 '풍운아녀(風雲兒女)'의 주제가이다. 항일전쟁 시기에 중국에서 널리 불리다가 1949년 9월 27일, 인민정치협상회의에 의해 국가로 지정되었다. 1935년에 극작가 전한(田漢, 1898~1968)이 작사하고 섭이(聶耳, 1912~1935)가 작곡했다. 의용군행진곡은 문화대혁명 때 전한이 비판을 받아 한때 멜로디만 연주되기도 하였다. 1978년부터 모택동 찬가 가사를 변경하여 국가로 삼았다가, 1982년 12월 4일 제5기 전국인민대표대회에서 이 행진곡을 국가로 지정하여 다시 부르고 있다.

3) 민 족

중국은 한족과 55개 소수민족으로 이루어진 다민족국가이다. 1949년 건국할 당시에는 9개 민족만을 인정하였다가 1953년 민족식별작업 이래로 46개의 민족이 새롭게 공인되어 총 55개의 소수민족이 되었고 1982년에 국무원이 총 55개의 소수민족을 공인하였다.

55개 소수민족은 대체적으로 (1) 동북·내몽골지역, (2) 서북지역, (3) 서남지역, (4) 중남동지역에 분포하고 있다.

동북·내몽골지역	달알이족(達斡爾族, Dawor), 만주족(滿洲族, 만족), 몽고족(蒙古族, 몽골족), 악륜춘족(鄂倫春族), 악온극족(鄂溫克族, Ounke), 조선족(朝鮮族, Korean), 혁철족(赫哲族)
서북지역	가이극자족(柯爾克孜族, Kirghiz), 동향족(東鄉族), 보안족(保安族), 백아라사족(白俄羅斯族, White Russia), 살랍족(撒拉族), 석백족(錫伯族), 오자별극족(烏孜別克族, Uzbek), 유고족(裕固族), 유오이족(維吾爾族, Uighur), 탑길극족(塔吉克族, Tadzhik), 탑탑이족(塔塔爾族, Tatar), 토족(土族), 합살극족(哈薩克族, Kazakh), 회족(回族)
서남지역	강족(羌族), 경파족(景頗族), 기낙족(基諾族), 납서족(納西族), 노족(怒族), 덕앙족(德昂族), 독룡족(獨龍族), 동족(侗族), 락파족(珞巴族, Lepa), 랍호족(拉祜族), 묘족(苗族), 문파족(門巴族), 백족(白族), 보미족(普米族), 수족(水族), 아창족(阿昌族), 율속족(傈僳族), 와족(佤族), 이족(彝族), 장족(藏族, Tibetian), 태족(傣族), 포랑족(布朗族), 포의족(布依族), 합니족(哈尼族), 흘료족(仡佬族)
중남동지역	경족(京族), 고산족(高山族), 마료족(仫佬族), 모남족(毛南族), 여족(黎族), 요족(瑤族), 사족(畲族), 장족(壯族), 토가족(土家族)

4) 행정구역

(1) 성급 행정구역

2003년 1월 기준으로 하여 중국에는 성급(省級) 행정구역이 총 33개이다. 즉, 4개 직할시, 5개 자치구, 22개 성(중국은 대만을 23번째 성으로 간주), 2개 특별행정구가 있다.

4개의 직할시에는 북경, 상해, 천진, 중경이 있고, 5개의 자치구에는 신강위구르자치구, 서장자치구, 영하회족자치구, 내몽고자치구, 광서장족자치구가 있다.

22개의 성으로는 흑룡강성, 길림성, 요녕성, 하북성, 하남성, 산동성, 산서성, 강소성, 절강성, 복건성, 광동성, 해남성, 안휘성, 강서성, 호남성, 호북성, 사천성, 섬서성, 운남성, 귀주성, 감숙성, 청해성이 있다.

2개의 특별행정구로는 홍콩과 마카오가 있다.

(2) 경제특구, 서부대개발의 서부지역과 중부굴기정책의 중부지역, 동북3성

1978년 개혁개방 이후 중국은 5개의 경제특구를 지정하였는데, 5개 경제
특구는 심수(深圳), 주해(珠海), 산두(汕頭), 하문(廈門), 해남성(海南省)이 있다.

그리고 서부대개발로서의 서부지역은 12개로서 사천성, 귀주성, 운남성,
섬서성, 감숙성, 청해성, 영하회족자치구, 신강위구르자치구, 내몽고자치구,
서장자치구, 광서장족자치구, 중경시가 포함된다. 여기에서 내몽고자치구는
중부내륙지역이고, 광서장족자치구는 **동부연해지역**에 속하지만, 서부대개발
정책에서는 서부지역으로 간주되는 것을 알아두어야 한다.

3대 지역(제7차 5개년 계획: 1986~1990)

서부지역	중부시역	농부지역
신강유오이자치구, 서장자치구, 영하회족자치구, 감숙성, 섬서성, 사천성, 귀주성, 운남성, 청해성	내몽고자치구, 흑룡강성, 길림성, 산서성, 하남성, 안휘성, 호북성, 강서성, 호남성	북경시, 천진시, 상해시, 광서장족자치구, 요녕성, 하북성, 산동성, 강소성, 절강성, 광동성, 복건성, 해남성
3자치구 6성	1자치구 8성	3직할시 1자치구 8성

중부지역은 6개 지역으로 그동안 경제성장이 상대적으로 낙후된 지역으
로 하남성, 산서성, 호북성, 호남성, 안휘성, 강서성이다. 동북3성은 길림성,
요녕성, 흑룡강성을 가리킨다.

5) 중국문화와 경제를 이해하기 위한 권역

(1) 역사문화권역

오월문화: 상해, 강소성(吳문화), 절강성(越문화)
형초문화: 호북성, 호남성
파촉문화: 사천성(촉문화), 중경(파문화)

(2) 중국경제를 이해하기 위한 경제권역

동북지역: 길림성, 요녕성, 흑룡강성
화북지역: 북경, 천진, 하북성, 산서성, 내몽고자치구
화동지역: 상해, 산동성, 강소성, 절강성, 안휘성, 강서성, 복건성
화남지역: 광동성, 광서장족자치구, 홍콩, 해남성
화중지역: 하남성, 호북성, 호남성
서북지역: 섬서성, 감숙성, 청해성, 영하회족자치구, 신강위구르자치구
서남지역: 중경, 사천성, 귀주성, 운남성, 서장자치구

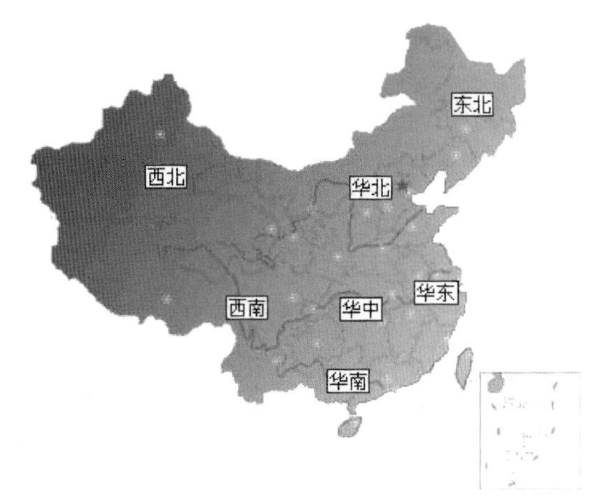

참조: 대행정구

중국공산당은 1948년 화북과 동북 2개 인민정부를 설립하였다. 1950년 서북, 화동, 중남, 서남 4개 군정위원회를 설립하였다. 대행정구 인민정부의 직권을 대행하였다. 화북행정구가 건국 초기에 철수되고, 2성, 2시 및 내몽고자치구가 중앙의 직접관할을 받는 외에, 동북·화동·중남·서남·서북 5개 행정구가 24성, 12시, 9행서구, 1지방과 1지역으로 분류되었다.

1952년 11월 중앙인민정부는 '화북행정위원회'를 증설하여 화북을 제6대

행정구로 확정하였다.

화북대행정구: 요동성, 요서성, 길림성, 송강성, 흑룡강성, 열하성, 심양시, 장춘시, 하얼빈시, 여대시, 안산시, 무순시, 본계시(정부소재지: 심양시, 주석: 고강)

화동대행정구: 산동성, 절강성, 복건성, 대만성, 소북구, 소남구, 환남구, 환북구, 상해시, 남경시(정부소재지: 상해시, 주석: 요수석)

중남대행정구: 호북성, 호남성, 하남성, 강서성, 광동성, 광서성, 무한시, 광주시(정부소재지: 한구시, 주석: 임표)

서북대행정구: 섬서성, 감숙성, 청해성, 영하성, 신강성, 서안시(정부소재지: 서안시, 주석: 팽덕회)

서남대행정구: 서강성, 운남성, 귀주성, 서장지방, 천동구, 천서구, 천남구, 천북구, 중경시(정부소재지: 중경시, 주석: 류백승)

1954년 대행정제를 철수하였다.

제3장

중국정치

21세기에 들어와 중국정부는 민족 간의 갈등, 계층 간의 격차를 해소하기 위해서 여러 정책을 실시하고 있다. 그리고 현재 중국에서는 제4차 사상해방이라 할 수 있는 정치적 변화가 일어나고 있기 때문에, 앞으로 중국정치 체제의 변화에 대하여 주목할 필요가 있고, 2012년 이후의 post – 호금도에도 관심을 가져야 할 것이다. 이 장에서는 현재 중국정치의 주요 사상인 '화해사회와 과학발전관'을 살펴보고, post – 호금도를 알아보며, 제1세대에서 제3세대까지의 주요 위정자의 이론과 사상을 알아본다.

중국공산당 지도부의 역대 정치 이념

- **모택동사상** : 농촌을 혁명근거지로 유격전으로 혁명 완수
  - 1945년 제7차 전국대표대회에서 당 지도사상으로 확정, 당헌에 삽입
  - 1956년 스탈린 격하운동 후 삭제되었다가 1966년 문혁 이후 당헌에 재 삽입
- **등소평이론** : 개혁개방, 중국특색의 사회주의 건설
  - 1997년 제15차 전국대표대회에서 당의 지도사상으로 확정, 당헌에 삽입
- **강택민 3개대표이론** : 공산당은 선진생산력, 선진문화, 광대한 인민의 근본이익을 대표
  - 2002년 제16차 전국대표대회에서 당헌 삽입
- **호금도 과학발전관** : 맹목적 발전이 아닌 지속가능한 과학발전 도모, 빈부격차 해소. 이는 조화사회 건설
  - 2007년 10월 제17차 전국대표대회에서 당헌 삽입

---

1. 제4세대와 호금도

호금도: 제4세대 지도자
1. 호요방과의 관계
2. 2002년 총서기, 2003년 국가주석, 2004년 당 중앙군사위 주석, 2005년 국가 중앙
   군사위회 주석
3. 화해사회(和諧社會)
4. 과학발전관(科學發展觀)
5. 3불(不)이론
6. 우호우쾌(又好又快)

1) 제4세대란 무엇인가

제4세대 지도부의 핵심구성원은 2002년 11월 현재 70세 이하로 1997년 15차 전국대표대회에서 정치국 중앙위원과 후보위원 이상의 지위에 올랐다. 제16차 전국대표대회를 통해 정치국 상무위원회에 선출된 9명은 권력서열 순으로 호금도(1942년생), 오방국(1941년생), 온가보(1942년생), 가경림(1940년생), 증경홍(1939년생), 황국(1938년생), 오관정(1938년생), 이장춘(1944년생), 라간(1935년생)이다. 이들은 신중국 건국 이후 문화대혁명 이전에 엄격한 입당심사과정을 거친 뒤 공산당에 입당했다. 인성보다 당성이 중시되던 1960년대에 대학을 다녀 당성이 강할 뿐 아니라, 농촌이나 오지로 하방된 경험을 갖고 있다. 경력은 대부분 전문기술 분야 교육을 이수한 뒤 기술관료를 거쳤다. 실용주의적 성향이 강하고, 당무와 정치, 경제무역 분야에서 과감한 추진 능력을 보였다.

2) 호금도는 누구인가?

안휘성에서 태어난 호금도(胡錦濤, 1942~)는 2009년 현재 국가주석, 중

국공산당 중앙위원회 총서기, 중앙군사위원회 주석이다. 1965년 북경 청화대학 수리공정(水利工程)과를 졸업한 호금도는 1964년 공산당에 입당하였고, 1982년부터 1985년까지 공산주의청년단 중앙서기처 서기를 역임하였으며, 전국청년연맹 주석을 역임하였다. 1988년부터 1992년까지 티벳자치구 당위서기를 역임하였다. 1989년 서장 라싸에서 티벳민족주의 운동이 발생하였을 때 라싸에 계엄령을 선포하여 진압하였다.

호금도는 1992년 10월 중국공산당 중앙정치국 상무위원으로 선출되었다. 1998년 전국인민대표대회에서 국가부주석으로 선출되었다. 2002년에 중앙위원회 총서기, 2003년에는 국가주석, 2004년에는 당중앙군사위원회 주석, 2005년에는 국가 중앙군사위원회 주석으로 선출됨으로써 호금도는 당·정·군을 장악한 최고지도자가 되었다. 2007년 10월 제17차 1중전회에서 총서기로 재선출되었다.

한편, 호금도는 2004년 9월, 16차 4중전회에서 공동부유를 기본으로 하는 '사회주의 조화사회' 건설을 처음으로 제시하였다. 2005년 16차 5중전회에서는 11차 5개년 규획안(2006~2010)을 다루면서 공동부유론(균부론)을 거시경제정책에 구체적으로 반영하였다. 2006년 16차 6중전회에서는 '조화사회' 건설이 호금도의 통치이념으로 공식적으로 제기되었다. 2007년 10월, 17차 전국대표대회에서 화해(조화)사회와 개념이 같은 과학발전관이 '당장(黨章)'에 포함되었다.

3) 호금도의 통치이념: 화해사회(和諧社會)

중국공산당 창립 82주년인 2003년 7월 1일 담화에서 호금도는 "군중의 이익은 조그마한 것이라도 소홀히 할 수 없음"을 처음으로 명확하게 제시하였다. 또 "감정은 인민과 교감하고, 권력은 인민을 위해 사용하고, 이익은 인민을 위하여 도모한다."고 말하였다. 이를 '칠일강화(七一講話, 7·1강화)'라고 일컫는다.

강택민 전 국가주석은 1997년 제15차 전국대표대회에서 2020년에는 2000년보다 1인당 GDP를 4배 더 늘리겠다는 등의 구체적인 청사진을 제시하였다. 2002년 11월 중국공산당은 제16차 전국대표대회에서 "2020년까지 중국에 소강사회를 전면적으로 건설한다."는 발전목표를 제시하였고, 주요 내용 중의 하나가 '사회를 더욱 화해롭게 하는 것'이라고 하였다. 2004년 제16차 4중전회에서 호금도는 "화해사회의 건설을 중요 위치에 두어야 함"을 명확하게 제시하였다.

호금도가 제시한 화해사회의 6대 특징은 "민주법치(民主法治), 공평정의(公平正義), 성신우애(誠信友愛), 충만활력(充滿活力), 질서안정(安定有序), 사람과 자연의 화해공존(和諧相處)"의 28글자로 체계적으로 제시하여 화해사회 건설의 연구를 위한 방향을 제시하였다.

2007년 16차 6중전회의 공보(公報)는 '2020년에 사회주의 화해사회의 건설'이라는 목표와 9대 임무 및 화해사회를 건설하기 위한 '6개 필수요건'을 제시하였다.[8]

첫째, 반드시 인민이 근본임을 견지해야 한다. 항상 수많은 인민의 근본이익을 당과 국가의 모든 사업의 출발점과 입각점으로 삼아야 하며 나날이 증가하는 물질문화에 대한 인민의 수요를 끊임없이 만족시켜 주어야 한다.

둘째, 반드시 과학발전을 견지해야 한다. 성장의 방식을 변화시키고 발전의 질을 제고하며 경제사회발전을 과학발전의 궤도로 확실하게 전환시켜야 한다.

셋째, 반드시 사회주의 시장경제의 개혁방향을 견지해야 한다. 사회발전의 요구에 부응하여 경제체제·정치제제·문화체제·사회체제의 개혁과 창신(創新)을 추진해야 한다.

넷째, 반드시 민주법치(民主法治)를 견지해야 한다. 사회주의 민주정치의 건설을 강화하고 법에 의해 국가를 통치해야 한다.

다섯째, 반드시 안정적인 개혁과 발전을 추진해야 한다. 개혁의 정도, 발전의 속도 및 사회의 수용 가능 정도를 통일적으로 관리하여 과학적·민주

---

8) http://www.seonamforum.net/newsletter/view.asp?board_id=16&idx=1194&page=14 (검색일: 2009. 3. 31.)

적·합법적 행정을 견지해야 한다.

여섯째, 반드시 당의 영도 하에 전 사회가 함께 건설할 것을 견지해야 한다. 가능한 한 모든 역량을 결집시키고 모든 적극적인 요소들을 동원하여 사회 조화의 강대한 역량을 형성하여야 한다.

4) 과학발전관(科學發展觀)

과학발전관은 '16차 4중전회' 이래 줄곧 중국공산당의 관심사이다. 2007년 제17차 전국대표대회에서 당장으로 삽입된 '과학발전관'은 2002년 11월 16차 당 대회를 계기로 호금도 - 온가보 체제가 등장하면서 과거 등소평과 강택민 시대의 개혁개방 정책의 업적과 문제점을 평가하고, 제4세대 지도부가 추구하는 발전 목표와 전략을 제시하는 과정에서 제기되었다.

2007년 6월 호금도 국가주석은 북경 중앙당교에서 전국의 고위 간부를 모아 놓고 강론을 하였다. 이른바 '6·25 강화'이다. '6·25 강화'에서 호금도는 자신이 주창한 '과학발전관'을 이론적으로 설명하며 사상의 통일을 강조하였다. 그리고 "'과학발전관'의 요지는 발전이요, 핵심은 '이인위본(以人爲本)'이며, 기본적인 요구는 전면적이고 지속적인 조화사회"이며, "발전이란 인민을 위해, 인민에 의지해 실현하는 것으로 과학발전의 성과는 반드시 인민과 함께 향유해야 한다."고 강조하였다. 호금도는 4개 확고부동론, 즉 "사상의 해방과 개혁개방, '과학적 발전' 및 조화사회의 구현, 전면적인 '소강(小康)사회'의 달성 등 네 가지는 부동의 원칙"을 강조하였다.

이와 같이 과학발전관은 '이인위본(以人爲本)'을 핵심가치로 삼고 있는 인본주의적 성격을 띠고 있다. 현 중국정부가 추구하는 경제발전의 최종목표는 중국인민의 생활수준 개선이라는 점을 강조한 개념인 과학발전관은 인구 13억 명을 지닌 대국이 고도성장을 하는 과정에서 국내·국제적으로 발생할 수 있는 불균형과 마찰을 제어하면서 균형발전에 주의를 기울여야 한다는 방법론이다.

5) 호금도의 3불(不)이론[9]

호금도 국가주석은 2008년 12월 18일 개혁개방 30주년 기념발언(언론사에서는 이를 '1218기념사'라 명명함)에서 '3불이론'을 제기하였다. 호금도는 인민대회당에서 '앞으로 개혁개방 노선을 지속해 나아갈 것'이라며 '동요하지 말고(不動搖), 태만하지 말며(不懈怠), 낭비하지 말라(不折騰)'는 3가지 원칙을 제기했다. 이때 동요하지 말라는 것은 1992년 남순강화 때 등소평의 연설에서 나온 말이다.

6) 우호우쾌(又好又快, 질적성장)

호금도 국가주석은 2007년 10월 15일 제17차 전국대표대회 개막연설에서 향후 5년간의 중국경제가 '우호우쾌(又好又快)'에 있을 것임을 분명히 했다. '우호우쾌'는 '좋고도 빠른 경제'다. 2006년까지는 '우쾌우호(又快又好)'였지만 2007년부터는 '우호우쾌'로 '쾌(快)'와 '호(好)'의 순서를 바꿨다. 그 이유는 빠른 성장보다는 성장방식까지 고려해 '좋은 성장'을 추구하겠다는 의미다. 호금도 집권 2기 동안에는 중국경제가 '빠른 성장'보다는 '좋은 성장'을 추구하고자 하는 것이다. 이는 성장우선 정책에서 돌출된 문제, 즉 빈부격차, 도농(都農) 간의 격차, 그리고 투자와 소비, 수출의 불균형으로 인한 무역상대국과의 마찰, 에너지 과소비형 경제구조 등을 되돌아보고 이를 수정하겠다는 의미다.

호금도 국가주석은 궁극적으로 중국경제를 개방형 경제로 끌고 가겠다고 밝혔다. '끌어들인다'는 의미의 '인진래(引進來)'와 '밖으로 내보낸다'의 의미의 '주출거(走出去, 해외진출)'를 결합해 개방을 확대하고 개방의 질을 높이겠다는 강한 의지를 표출했다.

호금도 국가주석은 중국 미래의 경제발전 목표를 실현하기 위해 8대 과제

---

9) http://blog.daum.net/drynnn/17201739(검색일: 2009. 3. 5.)

를 제시했다. 8대 과제는 "자주창신능력제고, 창신형국가건설, 경제발전방식의 변화, 산업구조의 고도화, 사회주의 신농촌 건설을 통한 도농 간 소득격차 해소, 에너지절약형 경제, 생태환경보호, 자본시장의 경쟁력 강화"이다.

먼저 '자주창신(自主創新)능력의 제고'와 '창신형국가의 건설'이다. 기초, 첨단기술에 대한 연구와 사회공익성 연구개발에 대한 투자를 늘려 기술인력을 배양함으로써 자주 브랜드를 개발하겠다는 것이다. 그동안 남의 것을 베끼기에 급급했다면 앞으로는 자주기술로 세계와 겨루겠다는 야심찬 계획이다. 다음은 '경제발전방식의 변화'와 '산업구조의 고도화'이다. 중국은 수출과 투자 위주의 성장방식으로 무역상대국과의 마찰은 물론 위안화 절상압력 등 후유증을 앓고 있다. 2차 산업 의존에서 1, 2, 3차 산업의 조화를 이루는 산업구조의 정비도 탄력받을 것으로 전망된다.

'사회주의 신농촌 건설을 통한 도농 간 소득격차 해소', '에너지 절약형 경제'와 '생태환경보호'이다. 지역 간 균형발전을 통한 부의 분배, 계층 간 격차 해소와 함께 시장경제발전에 따른 공정경쟁, 물권보호 등 기본적인 경제제도의 완비도 주요 과제로 삼았다.

또 '자본시장의 경쟁력 강화'이다. 은행, 증권, 보험업의 경쟁력을 높이고 자본주의 시장구조를 고도화할 것이며 다양한 경로를 통한 직접금융비중을 확대하고자 한다. 금융감독을 강화해 리스크를 사전에 예방하고 위안화 환율제도를 개선하는 한편 점진적으로 자본계정의 태환화를 추진하고자 한다.

2. 포스트(POST) 호금도

포스트 호금도
1. 4세대 : 2012년 임기 마감, 제5세대 등장
2. 습근평, 이극강
3. 상해방, 공청단, 태자당, 해외에서 유학을 갔다 온 석박사 출신

호금도를 비롯한 대부분의 제4세대 지도자 임기는 2012년에 개최될 예정인 제18차 전국대표대회까지로 예상된다. 그래서 오늘날 post－호금도에 대한 관심이 매우 높다. 제4세대를 이을 지도자를 제5세대 지도부라 일컫는다. 제5세대 지도부에 대한 이해는 미래의 중국정치를 전망할 수 있다. 제5세대는 1970년대 중반이나 1980년대에 대학을 다녔고, 1970년대 말 이후로 중국공산당에 가입하였던 사람들이다. 제5세대의 많은 사람들은 석사나 박사 학위를 소지하고 있는데, 이 중 일부는 외국에서 학위를 취득하였고, 대부분은 단기코스나 방문 또는 서양관료나 사업가들과의 접촉을 통해 풍부한 경험을 쌓았다.

대표적인 인물로는 습근평(習近平)과 이극강(李克强) 등이다. 먼저 포스트후(Post Hu)라 불리는 습근평은 1953년 6월 섬서성 부평(富平)에서 출생하였으며, 1974년 1월에 중국공산당에 가입하였다. 습근평은 태자당 계열로 중국공산당의 원로인 전인대 부위원장을 지낸 습중훈(習仲勛·사망)의 아들이다. 습근평은 청화(淸華)대 화공과를 졸업하고 같은 대학에서 법학박사학위를 받았다. 2007년 상해시 당 서기를 지냈고, 2007년 10월에 개최된 제17차 전국대표대회에서 정치국 상무위원회 위원이 되었다. 2008년 3월 11기 전국인민대표대회에서 국가부주석으로 선출되었다. 2009년 현재 국가부주석이며, 중국공산당 중앙위원회정치국원 겸 정치국상무위원이다. 습근평은 정치적으로 민감한 사안이 겹친 2009년 초부터 '사회불안 특별대책팀'을 맡아 이끌어 왔다.

이극강은 1955년 7월 안휘성에서 출생하였다. 이극강은 북경대 경제학박사 출신으로 19세 때인 1974년 인민공사의 한 대대 산하 삽대(揷隊)에 들어가 1976년에 그 대대의 당 지부서기가 되었다. 1982년 중국공산주의청년단의 수장이 되었을 때, 호금도와 가장 가깝게 일하였으며, 한때 post－호금도라 불렸다. 1985년부터 1993년까지 공청단 중앙서기처 겸 전국청년연맹 부주석을 지냈다.

이극강은 1993년 5월에 공청단 제1서기에 선출되었는데, 공청단 제1서기는 부장급(장관급)으로 당시 부장급 고위관리 중 최연소였다. 1998년 43세의 나이로 하남성 성장에 임명되었고, 다음 해 하남성 서기로 승진하였으며, 2005년 요녕성 서기로 전임했다. 2007년 10월 제17대 중앙정치국상무위원회 위원으로 호금도, 오방국, 온가보, 가경림(賈慶林), 이장춘(李長春), 습근평, 하국강(賀國强), 주영강(周永康) 등과 함께 가장 젊은 나이로 서열 7위의 상무위원으로 선출되었다. 그리고 호금도를 있는 차세대 지도자의 하나로 부상하였다. 2008년 3월 11기 전국인민대표대회에서 부총리로 선출되었고, 2012년 현 국무원 총리인 온가보의 직책을 이어받을 예정이다.

한편, 제5세대의 주요 분파는 상해방이나 공산주의청년단이며, 이 외에도 많은 분파 혹은 단체들이 있다.

먼저 상해방으로서 1990년대 중국정치를 주도하였던 상해방이 여전히 중요한 지도력을 발휘할 것으로 보인다. 그러나 강택민 계열의 상해방 세력은 대체적으로 정계 일선에서 물러난 상태이고, 주용기 계열의 상해방 세력들은 현재 여전히 주요 요직에 있다. 다음은 공청단(공산주의청년단)으로서 북경에 기반을 둔 40대에서 50대 초반에 이르는 간부들로서 호금도를 후견인으로 여기고 있다. 대표적인 인물로서는 이극강을 들 수 있다. 다음은 습근평을 필두로 한 태자당을 들 수 있다.

한편, 현재 제4세대가 추진한 주요 개혁 중의 하나가 관료들을 공개적으로 충원하는 것인데, 이는 공산당 1당 독재를 손상시키지 않는 범위 내에서 당의 엘리트 기반을 넓히는 방법이다. 그래서 제3, 4세대에 비해 제5세대 지도자들은 출신 배경이 다양할 것으로 전망된다.

3. 제1세대에서 제3세대까지의 주요 지도자의 사상과 이론

"과거는 현재와 미래를 아는 거울이다." 중국의 오늘과 미래를 이해하려면 과거를 잘 알고 있어야 한다. 그리고 중국을 더욱 올바르게 이해하려면 통찰력 있는 안목을 갖추어야 한다.

중국공산당은 '**모택동→등소평→강택민→호금도**'로 지도부 세대교체가 이뤄지면서 초기의 1인 주도 체제에서 집단 지도 체제의 성향으로 바뀌고 있다.

모택동과 호금도

- 농촌과 농민 위주의 정치
  → 모택동은 농민위주의 혁명노선
  → 호금도는 사회주의 신농촌건설 운동

1) 제1세대 지도자 모택동의 사상과 이론

모택동: 1세대 대표지도자.
1. 준의회의(遵義會議. 1935) : 중국공산당 지도력 장악
2. 잡초론(雜草論)
3. 모사상(毛思想)
4. 3세계론
5. 삼면홍기운동(대약진, 인민공사, 총노선)
6. 문화대혁명 : 조반유리(造反有理)

(1) 모택동(毛澤東)은 누구인가?

호남성 상담(湘潭)에서 태어난 모택동(1893. 12. 26.~1976. 9. 9.)은 중국공산당 최고지도자 중의 한 명이다. 모택동은 장사(長沙)의 사범학교를 졸업하였고, 청년 시절에는 정치단체인 <신민학회(新民學會)>를 조직하여 활동하였다. 1927년 정강산(井岡山)에서 노농홍군(勞農紅軍)을 조직해 소비에트 정권을 수립하였으며, 1931년에 강서성 서금(瑞金)의 중화소비에트임시정부 주석이 됐다.

1949년 10월 1일에 중화인민공화국이 건국된 뒤 모택동은 주석이 되었다. 1958년에 중국 전 농민의 인민공사화(人民公社化)와 대약진정책을 단행하

였다가 실패하였고, 이로 인해 여산회의에서 팽덕회에게 비판을 받았으며, 1959년 국가 주석의 자리를 유소기(劉少奇)에게 넘겨주었다. 문화대혁명을 일으켜 권력을 회복한 모택동은 홍위병에 의해 종교적 숭배의 대상이 되었다. 그의 초상화는 공공기관에 필수적으로 게시되도록 하였으며, 그의 저작이나 연설에서 발췌한 문장을 모아 놓은 '모주석어록(임표(林彪)가 만든 것으로 알려져 있음)'이라는 책을 누구나 지니고 있어야 하였다.

(2) 모택동의 잡초론(雜草論)

잡초론은 문화대혁명 시기에 크게 유행한 말로서 '묘론(猫論)'과는 상반되는 사고방식을 보여준다. "사회주의라는 잡초를 심을지언정 자본주의 싹을 키워서는 안 된다(寧要社會主義的草, 不要資本主義的苗)."는 잡초론은 특정 이데올로기 중심의 극단적인 이념이다.

주요 내용은 어떤 일에서나 경제발전과 무관하게 모택동과 같은 최고권력자가 결정한 가치판단 기준에 따라 어떤 정책이나 방식이 지닌 '사회주의'와 '자본주의'의 색깔 여부를 판단하고 실행여부를 결정한다는 것이다. 만약 자본주의적 색깔을 가진 정책이라고 판단되면 경제발전에 아무리 유리해도 반대해야 한다는 것이다. 그리고 사회주의적 색깔을 지닌 정책이라고 판단될 경우엔 경제발전에 아무리 손해를 주더라도 무조건 실시해야 한다는 것이다.

(3) 모택동사상(毛사상)

모(毛)사상이란 마르크스·레닌주의의 기본원리에 입각하여 장기간에 걸친 중국혁명의 실천에서 얻은 일련의 독창적 경험을 이론적으로 체계화한 중국의 실정에 가장 적합한 지도사상이며 중국체제 이데올로기의 기저이다. 모택동 개인의 사상이 아니라 모택동을 대표로 한 중국공산당 당원들의 중국국정에 가장 적합한 사상을 일컫는다. 모사상의 주요 내용은 신민주주의 혁명이론, 사회주의 혁명과 사회건설에 대한 이론, 혁명군대의 건설과 군사전략에 관한 이론, 정책과 책략에 관한 이론, 사상·정치·문화·공작에 관한 이론, 당의 건설에 관한 이론, 실사구시, 군중노선에 관한 이론이 있다.

마르크스·레닌주의의 이론과 중국혁명의 구체적 실현을 결부시킨 중국적 마르크스·레닌주의이다. 중국적 마르크스·레닌주의란 세계 어느 곳에서나 적용되는 마르크스·레닌주의의 '보편적 진리'와 중국의 특수 조건에 알맞은 '중국혁명의 구체적 실천을 창조적으로 통합함'을 일컫는다.

(4) 모택동의 제3세계론

제3세계론은 1955년에 인도네시아 반둥에서 개최된 회의에서 반제국주의 연합과 비동맹을 결성했던 주은래, 네루, 티토에 의해 제기된 바가 있다. 등소평은 공식적으로 1974년 4월의 UN총회 제6회 특별회기에서 국제공동제의 세 가지 다른 세계라는 중국적인 개념을 표명하였다.

중국인들은 '제3세계' 개념의 기원을 1974년 2월 모택동이 잠비아 카운다 또는 알제리의 부메디엔과의 회담에서 밝힌 "나의 생각으로는 미국과 소련이 제1세계를 구성한다. 일본, 유럽 및 캐나다, 즉 중간부분이 제2세계에 속한다. 우리는 제3세계이다. …… 제3세계는 거대한 인구를 보유하고 있다. 일본을 예외로 한다면 아시아는 제3세계에 속한다. 아프리카 전체는 제3세계에 속하며 라틴아메리카 역시 그러하다."에서 찾고 있다.

(5) 모택동의 주요 구호

모택동은 중국을 사회주의 체제로 완성하기 위해서 "오직 사회주의만이 중국을 구할 수 있다."(1957)고 강조하였는데, 모택동은 철저하게 그 이상(理想)을 매우 빠른 방법으로 실제(實際)적인 정치 정무(政務) 계통에 관철시키고자 하였다. 그리고 '삼면홍기 만세'라고 하였는데, 여기서 삼면홍기는 '총노선', '인민공사(人民公社)', '대약진(大躍進)'을 가리킨다. 총노선은 '의욕을 불태워, 보다 높은 목표에 도달하기 위해 힘쓰며, 더 많이 더 빨리 더 좋게 더 절약하여 사회주의를 건설하자(鼓足幹勁, 力爭上游, 多快好省地建

設社會主義).’는 것이고, 인민공사는 모든 자경농을 전부 집체 조직 속으로 회수하여 모두가 한솥밥을 먹도록 하는 것이며, 대약진은 초고속의 속도로, 가장 짧은 시간 안에 영국과 미국을 뛰어넘자는 것이었다. 1957년 모택동은 15년 내에 영국을 앞지르겠다고 하였다가, 1958년 제8차 2중전회에서 7년 후에 영국을 따라잡고 15년 내에 미국을 따라잡겠다면서 구체적으로 제시하였다.

등소평과 강택민

- 경제발전 우선 : 개혁과 개방을 앞세운 선부론
→ 등소평은 남순강화로 남부지방 개혁주도
→ 강택민은 3개대표론에서 자본가의 공산당 입당 허용 등 자본주의 강조

2) 제2세대 등소평의 사상과 이론

등소평: 2세대 대표지도자
1. 1세대에 포함될 수 있지만, 본인이 2세대라고 언급
2. 개혁개방의 설계사, ‘오뚝이’라는 별명이 있음
3. 실사구시(實事求是)
4. 흑묘백묘론(黑猫白猫論)
5. 삼보주(三步走)
6. 선부론(先富論)
7. 삼론(三論)
8. 남순강화(南巡講話)
9. 중국특색의 사회주의
10.1997년 2월 사망

(1) 등소평은 누구인가?

‘개혁개방의 총설계사’, ‘오뚝이’라고 불리는 등소평(鄧小平, 1904~1997)

은 사천성 출신으로 1978년 개혁개방정책을 실시하는 데 주도적 역할을 하였고, 오늘날 중국이 경제 강대국으로 부상하는 데 커다란 역할을 한 인물이다. 3번의 실각과 3번의 복권을 하였기 때문에 '오뚝이'라고 불린다.

등소평은 대장정에 참여했지만 모택동을 중심으로 한 제1세대와 구분하기 위해 제2세대에 포함시켰다. 1989년 6월 등소평은 "제1세대의 핵심은 모택동 동지였고, 제2세대의 핵심은 나였으며, 제3세대의 핵심은 강택민 동지가 될 것이다."라고 하였다.

등소평은 1920년 프랑스에 유학을 갔다가 주은래와 가까이 지냈다. 1933년 강서 소비에트 때, 등소평은 소련 유학생파들이 주도하는 반(反)라명(羅明)캠페인, 즉 모택동의 주장을 옹호하다가 당내의 좌경 세력에 의해 비판 대상자가 되어 실권(제1차 실권)하게 된다. 1934년 대장정 초기에 사병으로 참가하였다가 장정 과정에 복권되었고, 후기에는 정치위원으로 활약한다. 그리고 항일전쟁과 국공내전에서 등소평은 군사전략가로서의 능력을 발휘하였는데, 이러한 이유로 등소평이 제1세대가 아닌 제2세대로 분류되었다. 1956년에는 총서기가 되었고, 문화대혁명시기에는 주자파로 몰려 숙청(제2차 실각)되었다가 1973년에 복권한다. 복권된 뒤 주은래를 돕다가 주은래가 사망한 1976년 4월에 다시 해임된다(제3차 실각). 1977년 7월에 재복권된 이후, 화국봉을 몰아내고 권력을 장악하였으며, 개혁개방을 천명한다. 개혁개방의 총설계사라 불리는 등소평의 가장 커다란 취약점의 하나는 1989년에 발발한 천안문사건을 군대의 힘을 빌려 무력으로 진압하도록 한 점이다.

(2) 실사구시(實事求是)

문화대혁명 이후 화국봉은 모택동이 결정한 정책은 옹호되어야 하고, 모택동의 지시는 준수되어야 한다는 양개범시론(兩個凡是論)을 내세웠다. 이에 반해 등소평은 실사구시를 내세워 '실천은 진리 평가의 표준'이라는 반론으로 화국봉 세력을 제거하고, 현대화를 함에 있어 네 가지 기본원칙을 견지해야 한다고 주장하였다. 이것이 유명한 제1차 사상해방 논쟁이다.

등소평은 1978년 제11차 3중전회에서 "무산계급 세계관과 마르크스주의 세계관의 기초는 실사구시입니다. 실사구시의 전통을 회복하려면 무엇보다도 사상해방(思想解放)이 이루어져야 합니다. 그런데 요즘 우리 당은 사상이 경화(硬化)되어 있습니다. 무슨 이유에서인지 고정된 틀을 고집하고 사고(思考)의 근거를 현실에 두지 않는 괴상한 일들이 벌어지고 있습니다."라고 연설하였다. 주요 내용은 '죽은 모택동 동지가 한 말과 생전에 내린 결론은 무엇이든지 옳다.'는 범시론(凡是論)은 말도 안 된다는 것이었다.

(3) 선부론(先富論)

오늘날 중국의 양극화 현상이 심화된 이유 중의 하나가 개혁개방 천명 이후 실시하였던 선부론 때문이라는 비판을 받고 있기는 하지만, 1980년대 당시의 중국으로 돌아간다면 점진적인 발전을 위한 어쩔 수 없는 선택이라 할 수 있다. 선부론으로 인해 지역·민족·계층·도농 간의 경제격차가 매우 심해진 것은 틀림없는 사실이다. 그러나 개혁개방을 천명할 때부터 오늘날처럼 균부론을 주장하였다면 경제를 발전시킬 수 있는가라는 의문을 갖도록 한다.

선부론이란 개혁개방정책을 천명한 이후, 동부연해지역을 우선적으로 발전시킨다는 불균형발전전략의 주요 사상이다. 주요 내용은 "일부 지방, 일부 사람이 먼저 부자가 되도록 해야 한다. 그래야 나머지 지역과 사람들을 이끌고 도와 점진적으로 모두가 번영을 누릴 수 있다."는 것이다.

(4) 삼보주(三步走) 전략

삼보주 전략은 '3단계 발전전략'이라 불린다. 등소평은 1978년에 중국공산당의 기본 노선을 개혁개방으로 선언하며 건국 100주년인 2050년을 향해 3단계 발전 전략인 삼보주(三步走)의 방안을 제안하였다.

제1단계(1980~1990)는 GDP를 배가하여 온포(溫飽)문제를 해결하고, 제2단계(1990~2000)는 GDP를 배가하여 소강(小康)을 실현하며, 제3단계(200

1~2050)는 1인당 GDP를 중진국 수준으로 향상시켜 사회주의(社會主義) 현대화를 실현하는 것이다.

(5) 흑묘백묘론(黑猫白猫論)

흑묘백묘론은 중국어로 "不管黑猫白猫, 捉到老鼠就是好猫"로서 "검은 고양이든 흰 고양이든 관계없이, 쥐를 잡으면 좋은 고양이다."라는 의미이다. 흑묘백묘론은 1979년 등소평이 미국 방문을 마친 뒤 "중국을 발전시키는 데는 자본주의 경제체제건 사회주의 경제체제건 관계없다."고 주장하고 나서면서 알려졌다. 흑묘백묘론은 개혁개방 이후 중국식 사회주의 시장경제를 대표하는 용어가 되었다. 흑묘백묘론은 원래 사천지방의 속담인 '흑묘황묘(黑猫黃猫)'에서 유래하였다고 하고, 1962년 식량증산을 언급한 발언에서 이미 나왔다.

(6) 개혁개방정책의 구체적 방법론 '삼론(三論)'

첫 번째는 '묘(猫)론'으로 앞에서 설명하였던 '흑묘백묘론(黑猫白猫論)'을 가리킨다. 두 번째는 '모(摸)론'으로 '돌다리이론(石頭論)'이다. 이는 경거망동하지 않고 돌멩이의 위치와 높이를 확인하며 한 걸음 한 걸음 신중히 강을 건너겠다(摸着石頭過河)는 의미이다. 세 번째는 '등(燈)론'으로 '신호등이론'이다. 이는 밀어붙이기식으로 나아가지 않고 기회와 위기를 살피면서 빨간불이면 돌아서 가고 노란불이면 조심해서 걸어가며 파란불을 만나면 기회를 살려서 뛰어가자는 것이다.

(7) 성자성사(姓資姓社) 논쟁

제2차 사상해방논쟁으로 알려져 있는 성자성사 논쟁은 개혁개방 천명 이후 벌어진 '중국의 개혁개방이 자본주의의 길이냐 사회주의의 길이냐' 하는 논쟁이다. 이에 등소평은 1992년 남순강화를 통해 계획경제와 시장경제는 이념이 아닌 단순히 '경제적 수단'임을 강조하며, 자본주의에 계획경제적 요소가 존재하는 것처럼 사회주의에도 시장경제가 활용될 수 있다며 흔들림 없이 개혁개방을 추진해 갈 것을 천명하였다.

(8) 남순강화(南巡講話)

1992년 1월 18일부터 2월 21일까지 등소평은 남부지역인 무창, 심수, 주해, 상해 등지를 시찰하면서 개혁개방정책을 지속적으로 해야 한다고 강조하였다. 이를 두고 등소평의 '남순강화'라 부른다. 1989년 천안문사건 발생 이후 보수파가 일시적으로 주도권을 쥐게 되면서, 개혁개방진행속도가 다소 느려졌다. 이에 등소평은 남부지역을 시찰하면서 지속적인 개방정책을 강조하였고, 중국사회에 전면적인 각성을 촉구하였다. 등소평은 남순강화에서 사회주의에 시장이 있다고 지적하였고, '계획'과 '시장'이 현대국가에 필요한 조절수단이라고 밝혔다. 또 "생산력(경제)발전, 국력 증강, 인민생활 수준 제고 등에 유리해야 한다."는 '3개유리(三個有利)'론을 제시하였다.

(9) 중국특색의 사회주의(中國特色的社會主義)

등소평은 1982년에 열린 중국공산당 제12차 전국대표대회 개막 연설에서 '중국특색의 사회주의'를 건설하자고 제창하면서 처음으로 '중국특색적 사회주의'라는 용어를 사용하였다.

중국특색의 사회주의는 오늘날 중국의 이념적 지침이며 제반 개혁의 준거로 작용하고 있다. 1997년 제15차 전국대표대회에서 등소평의 중국특색의 사회주의 이론은 정식으로 당장에 채택되었다. 그리고 21세기에도 중국특색의 사회주의 건설을 위한 개혁개방 정책은 지속적으로 추진한다는 내용이 명기되어 있다.

중국특색의 사회주의는 '1개 중심·2개 기본점(一個中心·兩個基本點)': 하나의 기본 점은(경제건설)이고 두 개의 점은 개혁개방과 4항원칙으로 경제적 '개혁 개방'과 정치적 '4항 기본 원칙'을 견지하고 있다. 4항 원칙은

"사회주의 견지, 인민민주주의 무산계급독재, 공산당의 지도, 마르크스·레닌주의와 모택동사상 견지"이다. 이것을 통해 4개 현대화(농업, 공업, 국방, 과학기술) 건설을 달성하여 고도의 사회주의 물질문명과 정신문명, 사회주의 민주와 법제의 발전이 갖추어진 국가를 건설한다는 것이다.

3) 제3세대 강택민의 사상과 이론

강택민: 3세대 대표지도자
1. 상해방의 출현
2. 3개대표이론 : '선진 생산력(자본가 계급)', '선진 문화(지식인)', '광범위한 인민대중(노동자. 농민)
3. 애국주의 교육
4. 신사회계층
5. 사회주의시장경제 공식적으로 천명
6. 천안문 사건 당시 총서기
7. 70세가 되면 퇴직해야 한다고 발언
8. 2004년 완전히 2선으로 퇴진

(1) 강택민(1926~)

중국 국가주석과 중국공산당 총서기 및 국가중앙군사위원회 주석을 지냈던 강택민(江澤民)은 강소성 양주시에서 출생하였다. 상해 교통대학 전기학과를 졸업한 그는 제3세대 지도자의 대표적인 인물이다. 2001년에 발표하였던 3개대표이론은 2002년에 중국공산당 당장에 삽입되었다.

강택민은 1985년에 상해시 시장이 되었고, 1987년에 상해시 당 서기장직도 맡아 당중앙정치국 위원으로 선출되면서 핵심인물로 떠올랐다.

1989년 6월 조자양이 천안문사건 당시 시위에 동조하였다는 이유로 실각한 뒤, 같은 달에 개최된 제13차 4중전회에서 당 총서기로 선출되었다. 1990년 4월에는 국가중앙군사위원회 주석에 선출되었고, 1997년 등소평이 사망하자 최고권력자가 되었다. 강택민은 2002년 11월 당 총서기, 2003년

10월 국가주석직을 호금도에게 물려주었다. 강택민은 당 총서기직과 국가주석직을 호금도에게 넘긴 뒤에도 1989년 11월에 취임한 군사위 주석직은 내놓지 않았었다. 2004년 제16차 4중전회에서 강택민은 중국공산당 중앙군사위원회 주석직 사임의사를 밝혔고, 4중전회는 그의 사임 및 호금도의 주석직 승계를 승인하였다. 이로써 강택민은 정치 제2선으로 완전히 물러났다. 뿐만 아니라 제3세대 지도부에서 제2차 세계대전 이후 사회주의 중국에서 교육받은 제4세대 지도부로 권력 교체가 완전히 이루어졌다.

강택민시대 권력구도는 흔히 집단체제로 평가된다. 중국공산당과 중국언론은 '강택민 핵심의 집단지도체제'나 '강택민 핵심의 당중앙'이란 표현을 상투적으로 사용한다. '핵심'이란 개념이 공식적으로 등장한 것은 1989년 천안문사건 이후 등소평에 의해서이다.

(2) 상해방이란 무엇인가?

강택민은 1995년 보수세력의 대표자인 진희동 북경시 당 서기를 부패 혐의로 제거하고, 1997년 유력한 경쟁자인 당시 전국인민대표대회 상무위원장이었던 교석을 실각시킴으로써 권력을 강화했다. 그리고 자신과 정치적 배경을 같이하는 상해 세력을 중앙으로 영입해 상해방을 형성함으로써 권력기반을 확대했다.

상해방인맥은 다시 강택민계와 주용기계로 나뉜다. 강택민이 성장론자라면, 주용기는 긴축론자에 가깝다. 그리고 호요방과 조자양 계열의 개혁파 기술관료, 실용주의자들이 주용기의 휘하에 들어와 상해방에 합류하였다.

```
- 강택민계열의 주요 인물 : 지호전, 증경홍, 당가선, 허용요, 증배욤, 증정성, 장문간, 진지립 등
- 주용기계열의 주요 인물 : 이남청, 오방국, 왕충우, 성화인, 석광생, 상회청, 주용강, 대상룡 등
```

제3세대의 전반적인 퇴진은 권력핵심부인 당중앙정치국상무위원회 위원(7명)의 연령을 70세로 제한한 당내 합의를 감안하면 자연스럽게 이루어졌다

고 할 수 있다. 70세 연령제한은 1980년대 방향성으로 제시되었지만, 1990
년대에 들어서는 사실상의 규정으로 승격되었다. 70세 제한은 5년 주기의
당 대회가 개최되는 해를 따진다. 이때 70세를 초과한 당중앙정치국 상무위
원은 퇴진해야 한다. 연령제한은 법적 한계를 극복해 세대교체를 강요하는
기능을 하게 되었다.

(3) 강택민의 7·1 담화: '三個代表' 학습의 공식 천명

2002년 11월 중국공산당 제16차 전국대표대회에서 당장(黨章)에 정식으
로 삽입된 강택민 전 총서기의 '3개 대표(三個代表)'론은 자본가 계급의 입
당을 공식으로 허용한 이론이다. 그리고 2004년 3월 14일 폐막되었던 중국
제 10기 전국인민대표대회 2차 회의에서 3개대표 이론에 따라 "농민과 노
동자와 사영기업가"의 국가로 헌법을 수정하여, 사영기업의 장려와 사유재
산 보호 등을 골자로 하는 헌법개정안을 가결하였다.

 − 3개대표론 : 자본가 계급의 입당을 공식으로 허용
 → 2002년 11월 16차 전국대표대회에서 당장에 정식으로 삽입
 → 내용 : 당은 '선진 생산력(자본가 계급)', '선진 문화(지식인)', '광범위한 인민대중(노동자. 농민)'의 이익을
 대표

강택민은 2000년 2월 21일 광동성을 시찰하던 중 영도간부회의에서 처음
으로 3개대표를 언급하였다. 이러한 이유로 강택민의 '광동강화'를 등소평의
남순강화에 비유하기도 한다.

2001년 7월 1일 공산당 창당 80주년 기념 담화에서 강택민은 "중국공산
당은 중국선진생산력의 발전요구를 시종 대표해야 하며, 이것이 바로 당의
이론, 노선, 강령, 방침, 정책과 각 업무이다. 따라서 공산당은 생산력의 발
전규율에 부합하도록 노력해야 하며 사회생산력의 해방과 발전의 추진을 실
현해야 한다. 특별히 선진생산력의 발전추진을 실현하고 생산력 발전을 통

해 인민대중의 생활수준을 향상시켜야 한다."고 강조하였다.[10]

여기에서 강택민이 언급한 "중국공산당이 선진사회 생산력 발전의 요구, 선진문화의 전진방향, 광범위한 중국인민의 근본이익을 시종일관 대표해야 한다."는 것을 '3개대표론'이라 일컫는다. 강택민은 "3개대표는 당건설의 근본이고, 집정의 기초로서, 역량의 원천이다."고 주장하였다.

강택민은 2002년 5월 중앙당교 졸업식에서 '실천으로써의 3개대표'를 주장하였다. 강택민은 '3개대표'를 21세기 중국공산당의 새로운 좌표로 삼을 것을 역설하였다. 그리고 중앙방송과 인민일보 등 관영매체를 통해 대중에 대한 선전작업을 본격적으로 시작하였다.

중국공산당 총강은 마르크스·레닌주의와 모택동사상, 등소평이론의 당에 대한 공헌을 열거한 뒤 '강택민 동지의 3개대표 중요 사상은 현 세계와 중국의 발전을 위한 새로운 요구를 반영한 강대한 이론 무기'라면서 '당의 입당지본(入黨之本), 집정지기(執政之基), 역량지원(力量之源)'이라고 강조하였다. 강택민은 역대 중국공산당 지도자 가운데 최초로 생전에 중국공산당 당장(당헌)에 이름이 오른 인물이 되었다.

(4) 애국주의[11]

강택민은 1991년 공산당 창당 70주년 기념식에서 "애국주의는 평화연변에 대응하는 효과적인 무기로 전환될 수 있다."고 하였다. 1994년에는 "愛國主義敎育實施綱要"를 발표하여 애국주의 교육을 전국적으로 전개하였다. 강요의 기본원칙은 "등소평의 중국특색의 사회주의이론과 당의 기본노선을 지도로 삼아야 하고, 사회주의 현대화 건설과 개혁개방을 촉진하는 데 이바지해야 하며, 국가와 국민의 명예와 존엄 그리고 단결과 이익을 보호해야 하며, 조국통일에 이바지해야 한다고 되어 있다. 그리고 이러한 것이 신시기

---

10) 江澤民, 「在新的歷史條件下, 我們如何做到『三個代表』」, 北京: 中央文獻出版社. 2001, pp.143－185.

11) http://www.xauat.edu.cn/jgsz/xsc/read.php?id＝304 "愛國主義敎育實施綱要"(검색일: 2008. 4. 30.)

애국주의 교육의 기본적인 지도사상이다.”고 하였다.

1990년대에 시작된 중국 애국주의는 당시 급변하고 있던 세계와 중국의 변화 속에서 중국을 온전하게 지켜야 한다는 것에서 출발하였다. 대외적으로 동부유럽 사회주의 체제의 붕괴와 소련의 붕괴 등은 사회주의 국가인 중국을 긴장케 하였다. 대내적으로 1980년대 말 발생하였던 티벳의 주권회복을 위한 민족주의운동과 6·4 천안문사건은 중국 지도자로 하여금 국정안정을 필요로 느끼도록 하였다. 중국정부는 중국국민에게 중화민족을 강조하면서 조국에 대한 애국심을 갖도록 교육하고자 하였다.

(5) 사회주의 시장경제(社會主義 市場經濟)

1. 1992년 강택민 전총서기가 사회주의시장경제를 공식적으로 제창
2. 1993년 3월 29일 제8기 전인대에서 헌법에 명시

등소평은 1992년 ‘남순강화(南巡講話)’에서 “사회주의에 시장이 있으며 자본주의에도 계획이 있다.”고 지적하였다. 등소평의 이러한 대전제에 따라 내부논쟁을 통한 이론정립 과정을 거쳐 1992년 2월 12일 당정치국 확대회의에서 이를 인준하였고, 1992년 6월에는 강택민 총서기가 등소평의 ‘남순강화’를 구체화해 ‘사회주의 시장경제’를 공식적으로 제창하였다. 그리고 1992년 10월 제14차 전국대표대회에서 ‘사회주의시장경제’를 개혁개방의 최대목표로 결정하였다. 그리고 사회주의 시장경제라는 용어는 1993년 3월 29일 제8기 전국인민대표대회 제1차 회의에서 개정된 헌법에 명시되었다.

구헌법 제15조	신헌법 제17조
경제체제를 ‘계획경제’로 규정하고 국가의 종합계획을 근간으로 시장경제를 보조적으로 활용하여 국민경제의 소비와 투자, 각 산업 간의 균형을 조정하면서 발전한다는 것을 기본방침으로 정한다.	‘사회주의 시장경제’ 체제하에서 정부가 경제 입법과 거시경제적 수단을 사용하여 경제를 운용한다고 규정하였다.

과거에는 생산자료를 국가가 소유하고 경영도 국가가 담당하는 국영경제를 지향하였으나, 신헌법에서는 생산자료를 국가가 경영하되 경영은 기업이 담당하는 국유경제로 전환한 것인데, 이를 '사회주의 시장경제'라고 한다.

4) 기타 지도자: 화국봉, 호요방, 조자양

기타 지도자의 주요 사상과 어록

- 화국봉의 양개범시론
- 호요방의 3개세대론
- 조자양의 사회주의초급단계론

(1) 화국봉의 양개범시론(兩個凡是論)

모택동의 후계자라 불리던 화국봉(1921 – 2007)은 모택동이 사망한 이후, 모든 권력을 차지하였다가 등소평의 개혁세력에게 빼앗긴다. 화국봉은 산서성 출신으로 1938년에 유격전에 참가하였고 중국공산당에 가입하였다. 모택동이 사망한 이후 1976년에 국무원 총리, 1976년 10월에는 당중앙 주석, 군사위원회 주석직에 올랐다.

화국봉은 1977년 2월 중국의 3대 잡지(인민일보, 해방일보, 홍기(紅旗))에 공동사설에서 양개범시(兩個凡是)를 주장하였다. 내용은 '모택동의 모든 결정과 지시를 가리키는 말'인데, 이 두 가지의 모든 것은 무조건 옳다는 뜻으로 쓰였다.

양개범시

- 모 주석이 결정한 정책이라면 우리는 모두 이를 결연히 옹호해야 한다.(凡是毛主席作出的決策, 我們都堅決擁護)
- 모 주석의 지시라면 우리는 모두 시종일관 변함없이 이를 따라야 한다.(凡是毛主席的指示, 我們都始終不渝的遵循

당시 실각 중이던 등소평은 1977년 4월 당중앙에 보낸 편지에서 화국봉의 주장을 '양개범시'라며 비판하였고, 화국봉은 1978년 12월에 개최된 3중전회에서 '범시파'로 비판을 받고 실각하였다.

(2) 조자양: 사회주의 초급단계론(社會主義初級段階論)

사회주의 초급단계론(社會主義初級段階論)은 1981년 6월 당 제11차 6중전회에서 통과된 '건국 이래 약간의 역사문제에 관한 결의'에서 처음 제기된 것으로 이듬해인 1982년 9월 당 제12기 전국대표대회와 86년 9월 제12차 6중전회에서 구체화하였다. 그리고 1987년 10월 당 제13차 전국대표대회에서 조자양(1919 - 2005) 총서기가 정치보고를 통해 당 공식입장으로 발표하였다.

조자양은 정치보고에서 "생산수단의 공유제와 인민민수수의 독재를 근간으로 하는 사회주의 정치 경제제도, 마르크스·레닌주의에 입각한 지도이념 확립 등 사회주의 하부구조는 형성되었으나 생산력이 낙후되어 상품경제가 발달하지 못한 상황"이라고 전제하였고, "중국이 사회주의를 건설해 나가는 과정에서 필연적으로 거쳐야 하는 특정단계가 사회주의 초급단계"라고 규정하였다. 즉 중국경제는 아직 생산력이 낮고, 상품경제가 발달하지 않은 상황에 있으므로 성숙된 자본주의로 이행하기 위해서는 반드시 거쳐야 하는 과정이 있다고 보고, 그 과정을 사회주의 초급단계라고 규정한 것이다.

(3) 호요방의 3개제대(三個梯隊, 3개세대)론

1983년 10월의 제12기 2중전회 결정에 의한 정당(整黨)과정에서 중앙정당공작지도위원회 주임직을 맡은 총서기 호요방(1915 - 1989)은 제3제대가 되는 후계자를 준비하는 문제의 중요성을 강조하면서 간부를 다음 3개 제대로 나누었다. 즉 현재 당중앙 고문위원회 위원들을 비롯하여 고문역을 담당하는 고참혁명가를 제1제대(장정을 참가한 간부급)라 하고, 그들의 직무를 인계받은 50~60대의 현직 실권층을 제2제대(항일전쟁말기와 국공전참가자), 그리고 현 실권층의 직무를 인계받기 위하여 준비하고 있는 40~50대의 후계자집단을 제3제대라고 칭하였다.

원래 '제대(梯隊)'란 단어는 대부대를 편의상 수개로 나누었을 때의 각 부대를 가리키는 군사용어로서 지금은 정치용어로서 지도간부 그룹을 말할 때 사용한다.

4. 주요 사건: 6 · 4 천안문사건

1989년 6월 4일 천안문광장에 모여 민주화를 주장하던 학생과 군중을 계엄령으로 출동한 군이 강제로 해산시키면서 막대한 희생자를 낳게 한 사건이다. 보통 '6 · 4 천안문사건'이라 말한다. 이는 지난 1976년에 발생하였던 천안문사건과 쉽게 구분하기 위함이라고도 할 수 있다. 천안문사건 이후 천안문광장은 '민주화'로 연관되기도 한다.

천안문사건은 1989년 4월 15일부터 5월 12까지, 호요방의 죽음으로 야기된 학생시위가 5 · 4운동 70주년 기념집회를 정점으로 점차 확산되면서 5월 13일부터 5월 19일까지 학생들의 민주화 요구가 단식투쟁으로 점차 격렬해지기 시작하였다. 그리고 5월 20일부터 6월 3일까지 계엄령이 발표되고 정부와 학생 간에 대화와 강경 대치가 거듭되었으며 6월 3일 자정이 넘고 새날이 시작되면서 시작된 군의 강경 진압으로 학생들의 시위는 진압된다.

1989년 4월 중남해에서 소집된 중앙정치국회의에 참가하였던 호요방이 심장병으로 사망하자 학생들은 호요방에 대한 재평가를 요구하며 시위를 벌였다. 호요방의 장례식 이후 시위는 순수한 정치민주화 운동으로 전환되었다. 조자양은 대화를 통해 학생들의 시위를 막으려 했으나, 등소평은 반혁명으로 간주하였다. 6월 4일 군대가 천안문광장으로 진입해 시위군중을 진압하여 민주화 운동은 실패로 끝났으며, 개방파 가운데 보수파인 이붕 등이 당권과 정부를 장악하였다.

5. 중국의 사상해방논쟁

호금도는 2007년 6월 25일 중국공산당 교육기관인 중앙당교(中央黨敎)의 고위급 간부 연수반에서 담화를 통해 "사상해방은 당의 사상노선의 본질적인 요구이다. 중국이 앞으로 각종의 새로운 상황과 문제를 응대해야 하고, 끊임없이 일을 만들어 내는 새로운 국면의 법보이므로, 반드시 확고부동하고 견지해야 한다."라고 강조하였다.[12]

중국에서 발생한 사상해방 논쟁을 소개하면 다음과 같다.[13]

문혁이 종결된 이후 발생하였던 제1차 사상해방 논쟁은 '진리표준(眞理標準)' 문제를 둘러싼 범시파와 개혁파 간의 갈등이었다. 이 때 개혁파는 '양개범시(兩個凡是)'의 사상적 속박에서 벗어나 '解放思想, 實事求是, 堅持實踐'이 진리를 검증하는 유일한 표준적인 사상노선임을 확립하였다. 이 논쟁은 중국이 계획경제에서 시장경제로 진입하는 역사적 의의를 지녔다.

1989년 전후 발생하였던 제2차 사상해방은 '자원배치(資源配置)' 문제를 둘러싼 논쟁으로 '성자성사(姓資姓社)' 논쟁으로 알려져 있다. 1992년 등소평의 남순강화로 결론지어졌고, 사회주의 시장경제에 더욱 박차를 가하고 공식적으로 확정짓게 하였다.

제3차 사상해방은 1997년 제15차 전국대표대회에서 결론지어졌다. 제3차 사상해방은 소유제 구조문제를 둘러싼 논쟁으로서 쟁점은 '사회주의 본질에 대한 인식'이었다. '성공성사(姓公姓私)'의 이론적 오류를 타파하여 전통적인 '공유제' 이론에 대한 수정을 가하였다.

제4차 사상해방은 2001년 이래로 발생하였고, 논쟁은 당을 더욱 강화하고 개진하는 문제를 둘러싼 것으로서, '무산유산(無産有産)'의 이론한계를 타파하여 당내외 동지들이 관심을 갖고 있는 중대한 이론과 실제 문제를 과학적

---

12) http://www.people.com.cn/GB/32306/33232/5938895.html 朱衛華, "胡錦濤爲何重新强調"解放思想"?"2007年06月29日14:07(검색일: 2009. 1. 30.)

13) http://www.dearedu.com/res/2007－6－11/r171335.html 近代中國的思想解放潮流專題復習嶽麓版(검색일: 2009. 3. 30.)

으로 해결하려 하였다. 제4차 사상해방 논쟁의 주요 논지는 사회와 정치적 발전에 관한 것이고, 개인에 관한 것이라 할 수 있다. 특히 호구제도의 개혁 은 이러한 사상해방과 개혁의 돌파구로 삼으려 한다.[14)]

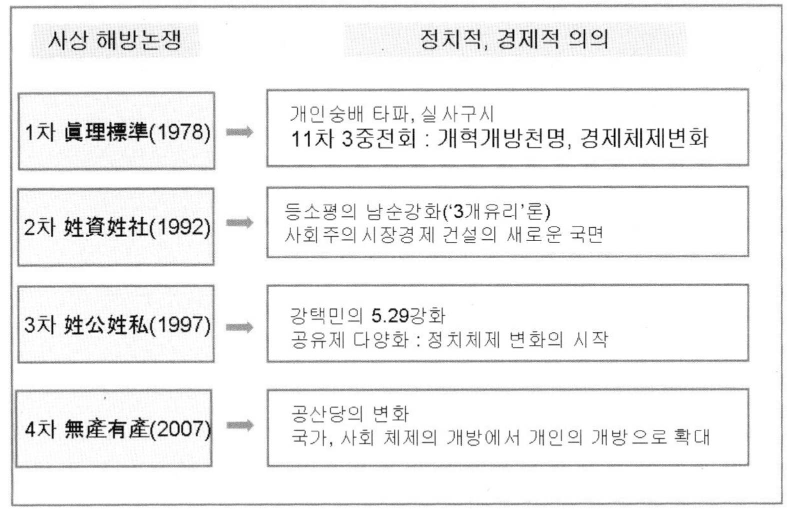

4차례 사상해방 정리

참조 1. 중국공산당

1921년 7월 23일부터 31일까지 상해에서 중국공산당 제1차 전국대표대회 (전대)를 개최하였다. 공산당 대표 12명, '코민테른' 대표 2명이 참석한 1전 대회(全大會)에서 정식으로 창당하였다.

1923년 6월 광주에서 열린 3전대회(全大會)에서는 중국공산당의 독립성 을 유지하면서 국민당에 가입하고 이를 노동자·농민·민족 자본계급·소 자본 계급의 혁명적 연맹으로 발전시켜 나갈 방침을 확정하였다. 대회에서 중국공산당의 강령(綱領)과 결의(決議)를 통과시켰다. 강령규정에서 당의 명

---

14) http://bbs.cenet.org.cn/dispbbs.asp?boardID=92531&ID=401889&page=1 第四次思想解放和 改革或從戶籍制度改革開始?(검색일: 2009. 4. 30.)

칭은 "중국공산당이라고 한다. 당의 성격은 무산계급전정당이고, 당의 투쟁 목표는 자산계급을 전복시키고, 자본주의 소유제를 폐지하고, 무산계급전정을 건립하는 것이며, 사회주의와 공산주의를 실현하는 것이다."고 정하였다. 당의 제1차 전국대표대회에서 중국공산당의 정식성립을 선언하였다. 총강은 당의 정체성과 관련, 종전의 '중국공산당은 노동자 계급의 선봉대'라는 표현을 '노동자 계급의 선봉대인 동시에 중국인민과 중화민족의 선봉대'라고 고침으로써 국민 정당을 지향하는 한편 대만 통일을 염두에 둔 중화민족주의를 강조했다.

1941년 6월 당 성립 20주년을 맞이하여, 중공중앙발문에서 7월 1일이 당이 탄생한 기념일로 정하였다.

참조 2. 중국공산당 관련 주요 용어와 사건

1. '17차 당 대회'는 중국공산당 17차 전국대표대회
2. '17차 3중전회'란 '17차 전국대표대회 중앙위원회의 3차 전체회의'란 뜻이다.
3. 전국대표대회: 전국대표대회는 중국공산당 대회이다. 전국대표대회는 5년마다 한 번씩 개최하고 중앙위원회가 이를 소집한다. 당의 전국대표대회의 직권은 "1) 중앙위원회 보고의 청취 및 심사 2) 중앙 고문위원회와 중앙기율검사위원회 보고의 청취 및 심사 3) 당의 중대 문제에 대한 토론 및 결정 4) 당장개정 5) 중앙위원회 선출 6) 중앙고문위원회와 중앙규율검사위원회 선출"이다.
4. 중앙위원회: 중앙위원회의 임기는 매기 5년으로 한다. 전국대표대회가 앞당겨지거나 연기될 경우 그의 임기도 이에 따라 변경된다. 중앙위원회 전체회의는 중앙정치국이 소집하여 매년 적어도 1회 개최한다. 중앙위원회는 전국대표대회의 폐회 중에 전국대표대회의 결의를 실행하고 당의 전체 활동을 지도하며 대외적으로 중국공산당을 대표한다.

5. 중앙위원회 총서기: 총서기는 반드시 중앙정치국 상무위원회의 의원 중에서 선출하여야 한다. 창당 이후 1935년 준의회의까지는 총서기가 최고지도자였고, 1935~1945년에는 총서기제가 존재했으나 실권은 당 주석에게 있었으며, 1945~1956년에는 총서기제는 공식적으로 폐지되었다. 1956년 8대에서 총서기제가 부활되어 당 행정상의 실무조정을 책임지는 최고위직이 되었지만 직책의 중요성은 그 이전보다 줄어들었다. 문화대혁명 이전까지는 계속되었으나 문화대혁명 기간 중에는 이 직위가 폐지되었다. 당 최고지도권은 1945년 이후 계속해서 당 주석에게 있었고, 총서기는 행정상의 업무만을 담당했을 뿐이었다. 1982년 12대에서 당 주석제가 폐지됨으로써 1980년 부활된 총서기가 당 최고지도자가 되었다. 당 주석제의 폐지는 과거 문화대혁명의 발생이 어느 특정인에 권력이 과도하게 집중된 결과에서 연유한 점을 감안하여, 개인숭배의 가능성을 배제하려는 데 주목적이 있었다.

6. 전국인민대표대회: '전인대'라 약칭한다. 전국인민대표대회는 최고의 국가권력기관이다. 상설기관은 전국인민대표대회 상무위원회이다. 전국인민대표대회와 전국인민대표대회 상무위원회는 국가의 입법권을 행사한다. 전국인민대표대회의 선거는 전국인민대표대회 상무위원회에서 주관한다. 전국인민대표대회의 임기는 매기를 5년으로 한다. 전국인민대표대회 회의는 1년에 1회 개최하며 전국인민대표대회 상무위원회가 소집한다.

7. 중화인민공화국 주석: 중화인민공화국 주석·부주석은 전국인민대표대회에서 선거한다. 중화인민공화국 주석은 전국인민대표대회의 결정 및 전국인민대표대회 상무위원회의 결정에 의해서 법률의 공표 및 국무원 총리·부총리·국무위원·각부 부장·각 위원회 주임·審計長 및 국무원 비서장의 임면권을 가진다. 주석은 또 국가훈장 및 영예칭호를 수여하며, 특사령·계엄령·전쟁상태 선포권 및 동원령의 발포권을 가진다. 중화인민공화국 주석은 중화인민공화국을 대표하고 외국사절의 접수, 전국인민대표대회 상무위원회의 결정에 의한 해외 전권대표 파

견 및 소환권, 외국과 체결한 조약 및 중요협정의 비준권과 폐기권을
가진다.

8. 국무원: 중화인민공화국 국무원은 곧 중앙인민정부이다. 그리고 최고국
   가권력기관의 집행기관이며 최고의 국가행정기관이다. 국무원은 '총리,
   부총리 약간 명, 국무위원 약간 명, 각부 부장, 각 위원회 주임, 審計
   長, 비서장'으로 구성한다. 국무원은 총리책임제를 실시한다. 총리는
   국무원의 원무를 지도한다.

9. 민주집중제: 민주적 기초 위에 고도의 집중을 실행한다. 당의 조직에
   복종하고 소수는 다수에 복종하며 하급조직은 상급조직에 복종한다.
   그리고 전 당의 각 조직과 모든 당원은 당의 전국대표대회와 중앙위원
   회에 복종한다.

10. 장정(長征: 1934~1935): '장정'이란 1934년 10월 중국공산당의 '공농
    홍군'(工農紅軍, 노동자 농민의 붉은 군대)이 국민당 정부의 포위 토
    벌공격을 피해 강서성 서금(瑞金) 근거지를 버리고 10여 개 성을 지
    나 1935년 10월 중국 서북 섬북 연안(延安)에 근거지를 마련하기까지
    2만 5000㎞를 행군한 일을 말한다.

11. 준의회의(遵義會議, 1935): 장정길에 오른 지 2개월 반쯤 되어 홍군은
    귀주성 준의에서 12일 동안의 휴식을 취하며 중앙정치국 확대회의를
    열었다. 이 회의에서 소련유학파들이 퇴진하고, 홍군과 농촌소비에트
    운동의 지도자였던 모택동이 당과 군의 지도권을 장악하였다. 준의회
    의에서 당과 군에 대한 모택동의 지도권이 확립되었고 강서시대의 좌
    경적 노선에 대한 비판과 모택동의 혁명노선의 정착, 항일북상으로
    표현되는 장정의 방향과 목표가 결정되었다. 모택동은 준의회의에서
    당과 군의 주요 지도자로 부상했다. 이 회의는 당에 대한 모택동 지
    도권의 공식적 출발점이었다.

12. 국내전(1946~1949): 중국공산당은 1946년 6월 26일부터 국민당과의
    국내전을 재개하였다. 이 국내전에서 승리한 공산당은 1949년 10월 1
    일 중공정권을 수립하였다. 1948년 9월에서 1949년 1월 사이에 3대

결전장에서 승리한 중국공산당은 1949년 4월 국민당의 수도인 남경을 함락시켰다.

참조 3. 개혁개방 천명 이후 전국대표대회 3중전회 주요 정책

11차(1978년 12월 18~22일): 개혁개방정책 확정. 계급투쟁 노선 폐지

12차(1984년 10월 20일): 계획적인 상품경제 채택. 사회주의 계획경제 탈피

13차(1988년 9월 26~30일): 전면적인 개혁. 경제질서 확립

14차(1993년 11월 11~14일): 사회주의 시장경제체제 천명. 현대기업제도
　　수립 등 개혁 구체화

15차(1998년 10월 12~14일): 농촌정책변화. 2010년까지 사회주의 신농촌
　　건설 목표

16차(2003년 10월 11~14일): 사회주의 시장경제체제 완비. 자본시장 개
　　혁개방

17차(2008년 10월 9~12일): 농촌개혁. 삼농문제 해결

참조 4. 주요 정치인물

1. 건국 초기 주요 인물: 주은래, 유소기, 주덕

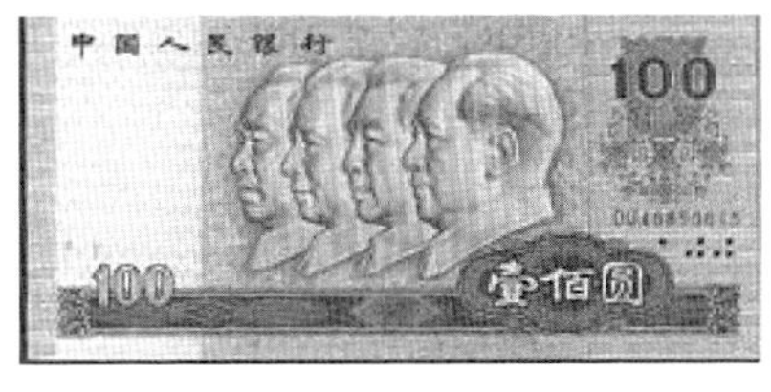

중국 인민폐 100원권 화폐에 있던 인물들이다. 오른쪽에서 왼쪽으로 모택동, 주은래, 유소기, 주덕 순이다. 유소기는 문화대혁명 발발 때 주자파로 몰려 1969년에 사망하였고, 모택동(9월)과 주은래(1월) 그리고 주덕(7월)은 1976년에 사망하였다.

주은래(周恩來, 1898~1976)는 중국인민의 아버지라 불리고, 또 영원한

국무원 총리라 불린다. 주은래는 1898년 강소성에서 태어났고, 1976년 1월 8일에 사망하였다. 1920년 프랑스로 유학을 떠났고, 1921년 7월 상해에서 중국공산당이 창당되자 유럽지부의 조직책이 되었다. 1976년 4월 청명절 때 발생한 제1차 천안문사건과 관련이 있다. 그리고 문화대혁명 시기에 '비림 비공(批林批孔)'이라는 말이 나왔을 때, 유가교육을 받은 주은래를 은유적으로 '공(孔)'에 비유하였다는 얘기도 있다. 무엇보다 주목할 것은 주은래가 한국전쟁에 중공군 개입하는 것을 반대하였고, 고조선의 위치를 찾으려면 동북3성보다는 복건성 쪽으로 알아봐야 한다고 언급하기도 하였다는 점이다. 그리고 주은래는 1950년 중국공산당군을 이끌고 티벳을 공격하였고, 이후 티벳은 중국의 소수민족자치구가 되었다.

유소기(劉少奇, 1898~1969)는 중국공산당의 주요 이론가이다. 문화대혁명 때 주자파로 몰려 숙청당하였다가, 1969년 11월 개봉 감옥에서 죽었으며, 1980년에 명예 회복되었다. 호남성 출신인 유소기는 1920년 중국사회주의청년단에 가입하였고, 소련 모스크바에서 유학을 하였으며, 유학 중 1921년에 창당된 중국공산당에 가입하였다. 대약진의 실패로 모택동이 주석직을 사임함에 따라 유소기가 그 뒤를 이었다. 1959년부터 1968년까지 국가주석으로 재임하였다. 모택동이 문화대혁명을 일으켰을 때 주자파로 몰리며 숙청당했다. 1968년 10월에 유소기는 당적(黨籍)을 박탈당하였고, '중국의 흐루시초프'라는 딱지가 붙었다. 중국 현대사에서 문화대혁명을 배우는 과정에서 유소기와 주자파에 대해서 많이 언급되기 때문에 반드시 알아두어야 할 인물이다.

주덕(朱德, 1886~1976)은 사천성 출신으로 1909년 운남 육군 강무당(講武堂)에 입학하였고, 동년 중국동맹회에 가입하였다. 신해혁명 당시 운남성에서 무장봉기에 참가하였다. 1922년 독일 유학 중에 베를린에서 공산당에 가입하였다. 1927년 8월에 일어난 남창봉기를 지휘하였으며, 1928년 호남봉기에 주도적으로 참여하여 공상민주정권을 수립하였다. 같은해 4월 봉기군을 이끌고 정강산으로 들어갔다.

1929년에 모택동과 더불어 정강산에서 근거지를 만들었고, 홍군을 창설하였다. 1930년에는 주모군(朱毛軍)을 주축으로 형성된 홍군의 총사령관이었고, 1937년 이후 팔로군 총사령관으로 항일전쟁을 지휘하였다. 건국 후 1955년 중국 원수 계급직위를 수여받았다. 주덕은 1959년 4월부터 제 2,3,4차 전국인민대표대회 상무위원회 위원장과 제 1차 국방위원회 부주석을 역임하였다. 1976년 7월 6일 북경에서 서거하였다.

2. 모택동을 비판한 팽덕회(彭德懷, 1898~1974)

팽덕회는 1959년 7, 8월 여산(廬山)에서 대약진의 3가지 모순점 즉, "첫째는 대약진은 중국의 장기 경제발전에 큰 타격을 준다. 왜냐하면 장기 결제발전은 단순한 군중동원에 의해 이루어지는 것이 아니라 기술발전에 기반을 두고 있어야 하기 때문이다. 둘째는 대약진은 소련발전모델을 배척함으로써 중소관계를 악화시키고 있다. 셋째는 군인들이 대약진에 동원됨으로써 사기가 저하되고 군의 전투력이 크게 감소되었다."를 거론하면서 모택동을 비판하였다. 그러다가 1959년 8월 16일 8차 8중전회에서 팽덕회는 비판을 받았고, 숙청당하였다. 1974년 11월 29일 서거하였고, 1978년 11차 전국대표대회에서 명예회복하였다.

팽덕회는 호남성 출신으로 북벌에 참가하기도 하였고, 원래 이름은 팽덕화(彭德華)이다. 1928년에 중국공산당에 가입하였다. 1930년 홍군 제1방면군 부총사령관이 되었고, 1931년 중앙혁명군사위원회 부주석이 되었다. 1940년에는 주덕을 대신하여 팔로군을 이끌고 '백단대전(百團大戰)'을 지휘하였다. 한국전쟁이 발발하였을 때, 중공군의 한국전 사령관으로 참가하였다. 1955년 중국 원수 계급을 수여받았다.

3. 문화대혁명 시기의 주요 인물

1) 임표(林彪, 1907~1971)는 문화대혁명 시기에 모택동의 후계자로 지목

되었다. 그러나 1971년 9월 쿠데타를 일으켰다가 실패하여 외몽고로 비행기를 타고 가는 도중에 의문의 사고로 추락하여 사망하였다. 이후 중국공산주의 이념을 배반한 보수반동주의자로 비판받았다.

<모택동어록>을 편찬한 것으로 알려져 있는 임표는 호북성 출신으로 1925년에 중국공산당에 가입하였다. 1927년 남창－호남봉기에 참여하였고, 1928년에 정강산으로 들어갔다. 임표는 홍군의 창설멤버로 대장정, 항일전쟁, 내전 등에서 홍군 지휘관으로 활약하였다. 1951년에 중앙군사위 부주석, 1954년에는 국무원 부총리가 되었고, 팽덕회가 해임된 후 1959년에 국방부장관이 되었다. 1964년부터 군 내부에서 모택동사상운동을 전개하여, 문화대혁명을 적극적으로 지원하였고, 1969년 9전 대회에서 중앙위원회 부주석으로 모택동 1후계자로 명시되었다. '비림비공(批林批孔)'이라는 용어에서 '림(林)'에 해당하는 인물이다.

2) 4인방: '4인방'이라는 호칭은 모택동이 1975년 5월 3일 당중앙정치국회의에서 사용한 데서 유래되었다. 4인방이란 문화대혁명 당시 급진파 지도자들이던 강청(江靑, 모택동의 처), 장춘교(張春橋, 부총리, 당정치국 상무위원), 왕홍문(王洪文, 당부주석), 요문원(姚文元, 당 정치국원)을 가리키는 말이다. 모택동 사망(1976. 9. 9.) 직후인 10월 6일, '반혁명집단'으로 몰려 화국봉, 섭검영, 왕동흥 등 당중앙에 의하여 체포당했다. 그 후 1980년 11월～1981년 1월, 이들은 '강청반혁명집단'이라고 불리면서 '임표반혁명집단'과 함께 최고인민법원 특별법정에서 재판을 받았다.

4. 개혁개방 속의 주요 인물: 진운

진운(陳雲, 1905～1995)은 개혁개방 초기인 1982년, 조롱(鳥籠)경제를 언급하였고, 1984년에는 등소평의 14개 연해도시 개방정책에 대해서 조롱경제로 비판하였다. 조롱경제(bird-cage economy)란 계획경제와 시장메커니즘과의 관계를 새장과 새의 관계로 비유한 경제이론이다. 진운의 조롱경제에도 불구하고, 등소평의 끈질긴 설득으로 시장경제를 도입하는 것에 찬성하였다. 그러나 진운은 "시장은 부차적인 역할을 해야 하고, 주도적인 역할은 계획경제가 해야 한다"는 입장을 고수했다. 이는 중국경제는 계획경제가 주도하고, 시장경제는 단지 시장을 조절하기 위한 보완책으로 받아들인 것이다.

강소성에서 태어난 진운은 1925년에 5·30 운동에 참가하였고, 같은 해에 중국공산당에 입당하였다. 1948년에는 전국총공회 주석이 되었고, 건국 이후에는 국무원 부총리 겸 재정경제위원회 주임을 역임하였다. 1953년 중국공산당 부주석이었던 고강(高崗)이 동북지역에서 당 분열활동을 할 때 중앙지도자 중에서 처음으로 적극적으로 반대하였다. 1956년 제8차 전국대표대회 1중전회에서 중앙위원회 부주석 및 정치국 상무위원이 되었다. 그리고 1978년 중앙위원회 부주석과 신설된 당중앙규율심사위원회 위원장을 역임하였고, 1987년 제13차 전국대표대회 1중전회에서 중앙고문위원회 주임이 되었다.

5. 호요방, 조자양, 이붕, 교석, 주용기

호요방(胡耀邦, 1915∼1989)은 개혁개방정책을 실시할 때, 당 총서기로서 등소평을 지원하였고, 보수파인 요의림으로부터 개혁개방정책실시로 초래된 여러 문제점을 비판받은 뒤 실각하였다. 호요방은 호남성 출신으로, 1930년에 공산주의청년단에 가입하였고, 1933년에는 중국공산당에 가입하여 항일전쟁에 참여하였다.

문화대혁명시기에 실각하였다가 1977년에 복권된 뒤 공산당 조직부장이 되었다. 1981년부터 1987년까지 총서기로 역임하였다. 호요방은 1981년 6월 제11차 6중전회에서 모택동의 오류를 비난하였다. 중국공산당 중앙위원회 주석에 선출되었다가 1982년 당기구 개편으로 총서기가 되었다.

호요방은 1986년 12월부터 중국전역에 확산된 대학생의 민주화요구시위를 효과적으로 진압하지 못하였다는 비난을 받고 1987년부터 당내에서 전개된 반부르주아자유화운동 과정에서 실각하였다. 호요방은 1989년 4월에 심장병으로 사망하였는데, 이후 학생과 지식인들은 호요방에 대한 재평가를 요구하는 시위를 벌였고, 호요방 재평가 요구는 천안문사건의 발생원인이 되기도 하였다.

조자양(趙紫陽, 1919~2005)은 1989년 천안문사건 당시, 등소평과 당원로들의 강경진압책을 반대하다가 실각하였다. 2009년 5월 14일에는 조자양의 회고록 '국가의 죄수'(The Prisoner of the State)가 미국의 시몬 앤드 쉬스터 출판사에 의해 출간됐다. 조자양은 하남성 출신으로, 1932년 공산주의청년단에 가입하였고, 1938년에 중국공산당에 가입하였다. 1980년에는 국무원 총리, 1987년에는 총서기, 군사위원회 제1부주석을 역임하였다. 천안문사건이 발생하였을 때 학생과의 대화를 시도하였고, 당의 강경진압정책에 반대하다가 당원자격을 제외한 모든 직위를 박탈당하였으며 가택 연금되었다. 1996년부터 광동성과 사천성의 시찰이 허용되었고, 가택연금이 부분적으로 완화되었다.

이붕(李鵬, 1928~)은 태자당의 한 명으로 주은래의 양자이며, 사천성 출신이다. 1945년에 중국공산당에 입당하였고, 1948년부터 1955년까지 소련에서 유학을 하였으며, 귀국 후에 1968년까지 동북지역 발전소에서 근무하였다. 1983년에 국무원 부총리가 되었고, 조자양이 총서기로 자리를 옮긴 뒤 총리가 되었다. 1989년 천안문 사건 이후 주도권을 잡은 뒤 개혁개방의 속도를 늦추었다. 그리고 개혁개방정책에 대해 신중한 태도를 취하였으며 중앙정부 통제하의 정치·경제적 안정 유지에 주력한 것으로 평가된다. 1989년 천안문사건 때 강경진압을 강경하게 제안한 것으로 알려져 있다.

교석(喬石, 1924~)은 전국인민대표대회 상무위원회 위원장을 지냈다. 상해 출신인 교석은 1940년 8월 중국공산당에 입당하였다. 1986년 부총리에 취임하였고, 1987년 중국공산당 중앙정치국 상무위원회 위원, 중앙서기처 제1서기, 중앙기율검사위원회 서기, 중앙정법위원회 서기가 되어 서열

제3위가 되었다. 1989년 6월, 총서기에서 해임된 조자양의 후계자로 물망에 오르기도 하였다.

1993년에는 전국인민대표대회 상무위원장에 임명되었고, 1998년에 정년인 70세를 넘었기 때문에 은퇴하게 되지만, 실질적으로는 1997년 등소평 사망 이후 군사권을 상무위원회 위원장에게 주어져야 한다는 발언으로 강택민과 권력다툼을 하다가 실각하였다고 전해진다.

주용기(朱鎔基, 1928~)는 호남성 출신으로 주원장의 14대손으로 알려졌다. 주용기는 1947년 청화대학 전기과 전기제조과정에 입학하였다. 그리고 1949년에 중국공산당에 입당하였으며, 1957년에는 대명대방운동 중 우파로 몰려 숙청당하였다. 1958~1962년과 1970년대에 농촌지방으로 '하방(下放)'을 경험했다. 1992년부터 1993년까지 중앙정치국 상무위원, 국무원 부총리 겸 국무원 경제무역 판공실 주임 당조(黨組) 서기를 역임하였다. 1998년에 국무원 총리를 역임하였다. 2003년 제10차 전인대 제1차회의 때 국무원 총리직에서 물러났다.

참조 5. 2009년 중앙정치국상무위원회 위원 9인

호금도 국가주석(중국공산당 총서기 겸 중앙군사위원회 주석)
오방국 중국 전국인민대표대회상무위원회 위원장
온가보 국무원 총리
가경림 제10기 중국인민정치협상회의 주석
이장춘 중앙위원회 정치국 상무위원
습근평 중국 국가 부주석(중앙위원회 정치국 상무위원 겸 상해시위원회
　　　　서기)
이극강 국무원 부총리(중앙정치국상무위원 겸 요녕성 당위원회 서기)
하국강 중앙정치국 상무위원(중앙 조직부 부장)

참조 6. 현대중국정치 연구

1. 인물과 파벌 연구

제1세대에서 제6세대까지 주요 인물의 사상과 관련 주요 사건을 중심으로 모택동(모사상) 주은래 유소기 주덕 팽덕회 화국봉(양개범시론) 양상곤 등소평(흑묘백묘론, 선부론, 삼보주(三步走), 남순강화) 진운(조롱경제론) 조자양 호요방 강택민(3개대표이론) 호금도(조화세계, 과학발전관) 주자파(走資派) 상해방 북경방 태자당 공청단

2. 사건중심

정치적 변화와 경제 변화의 연계성
반우파전개과정, 삼면홍기운동, 문화대혁명, 6·4 천안문사건, 3·14티벳사건, 7·5신강위구르사건 등

3. 지도자의 주요 발언 : 1978년 이후, 등소평의 남순강화, 강택민의 7·1강화, 호금도의 과학발전관, 화해사회

4. 공산당 장정, 중국 헌법, 중국정치기구, 중국 법제 등에 대한 이해

전국대표대회, 전국인민대표대회, 정치협상회의, 상무위원회, 민정부, 국무원

제4장

중국경제

중국은 1978년에 개혁개방을 천명하였다. 중국은 1980년대엔 동부연해를 중심으로 경제개발을 하였고, 1990년대는 전방위전략에 의해 중국 전 지역에 경제개발을 도모하였으며, 2000년대에 들어오면서 상대적으로 낙후된 서부지역과 중부지역 및 동북지역을 좀 더 구체화하고 특화하여 경제개발을 하고 있다.

중국경제발전의 특징은 실험과 특화이다. 전면적인 개방보다는 몇 개의 특정지역을 선정하여 경제개발정책 시행을 성공을 거둔 뒤 점차적으로 각 지역으로 확대해 갔다.

중국경제

1. 1978년 개혁개방 천명
2. 점, 선, 면, 전방위
3. 1989년 천안문사건
4. 1992년 남순강화
5. 2000년 서부대개발
6. 2001년 WTO가입
7. 2004년 동북공업진흥정책
8. 2006년 중부굴기

---

1. 개혁개방 30년

개혁개방의 주요 일지

1978년 12월 중국공산당 제11차 3중전회에서 개혁개방 천명

1980년 8월 광동성 심수, 주해 경제특구 지정. 10월 산두, 하문경제특구
　　　지정

1984년 4월 상해 등 동남부 14개 연안도시 개방

1988년 4월 해남성 경제특구 지정

1989년 6월 천안문사건. 총서기에 강택민 임명. 제3세대 지도부 출범. 상
　　　해방의 등장

1992년 1～2월 등소평 남순강화를 통해 개혁개방 가속화 촉구
　　　10월: 당 14차 전국대표대회, 사회주의 시장경제 공식화

1997년 2월 등소평 사망

2000년 서부대개발 실시

2001년 12월 WTO 가입

2002년 11월 당 16차 전국대표대회 3개대표론 당장 삽입. 총서기에 호금
　　　도 임명, 제4지도부 출범

2003년 3월 국가주석에 호금도 임명

2004년 3월 사유재산권보호조항 헌법에 삽입

2004년 동북공업진흥정책실시

2005년 6월 상해 포동신구 종합개혁시험구 지정

2006년 중부굴기정책실시

2007년 3월 제10기 전인대 물권법 통과

2007년 10월 과학발전관 중국공산당 당장 삽입

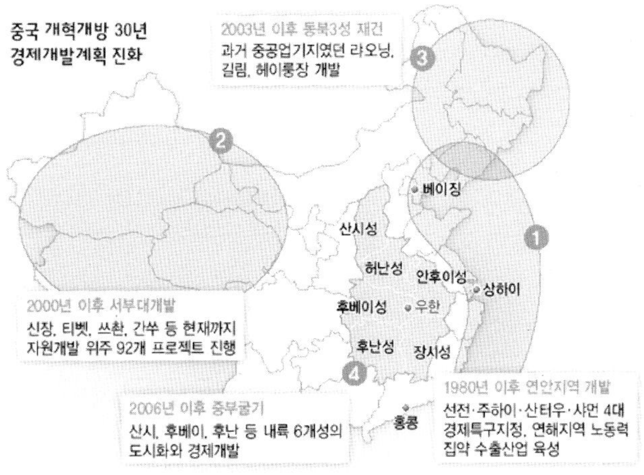

〈그림 1〉 중국 개혁개방 30년 경제개발계획 변화[15]

<그림 1>은 중국 개혁개방정책 이후 경제발전의 변천 과정이다. ①은 1980년 이후 연안지역 개발로서 경제특구와 14개 연안 항구 도시 개방 등을 의미한다. ②는 선부론 주창으로 동부연해지역을 먼저 발전시키다 보니 동서 간의 격차, 민족 간의 격차가 심해졌다. 이를 해소하기 위해서 중국정부는 서부대개발을 실시하게 된 것이다. ③은 동북3성 지역의 노후화된 중공업 등을 재건하기 위함이다. ④는 경제발전에서 가장 낙후되었고 소외된 중부지역을 경제 발전시키고자 하는 것이다.

1) 중국 대외개방 추이: 점 → 선 → 면 → 전방위

1978년 12월 18일부터 22일까지 열린 11차 3중 전회: 개혁개방 천명

오늘날 중국의 경제성장은 대외개방과 대내개혁의 힘이 원동력이 되었다. 특히 중국정부가 실시한 경제특구 등의 정책은 1980년대 중국이 실시한 불균형발전전략에 의해 기초된 것이었다.

---

15) http://www.hani.co.kr/arti/international/china/307053.html (검색일 : 2009.3.30.)

(1) 점(경제특구)

경제특구를 '점'이라 간략하게 부른다. 그 이유는 5개의 경제특구 도시가 '점'처럼 흩어져 있기 때문이다. 경제특구는 1979년 당시에는 수출특별구역(수출특구)이라고 불렀다. 경제특구의 정식발족은 1980년 8월 5기 전인대 상무위원회 제15차 회의에서 '중화인민공화국 광동성경제특구조례'가 가결되면서부터이다. 1980년 3월 광동성 광주에서 열린 국무원의 광동, 복건 2성 회의에서 중앙의 동의를 얻어 '수출특구'를 '경제특구'로 개칭하였다.

〈그림 2〉 중국경제특구[16]

중국정부는 광동성의 심수(深圳),[17) 주해(珠海), 산두(汕頭), 복건성의 하

---

16) http://kr.img.search.yahoo.com/search/images?p=%EC%A4%91%EA%B5%AD%EA%B2%BD%EC%A0%9C%ED%8A%B9%EA%B5%AC&subtype=Alta_Image&target=detail&b=1&imgseq=2&top=frame 한겨레 2000년08월24일

17) 深圳는 '심수'라고 발음해야 한다. 현재까지 대부분 '심천'이라고 발음하고 있는데, 이는 독음을

문(廈門)을 경제특구로 지정한 데 이어 1988년에는 해남성을 추가 지정하였다. 광동성 정부 관리들은 "경제특구는 대외개방의 창구로써 그곳을 통해 기술과 지식을 배우고 여러 선진국가를 알게 되는 장점이 있다"라는 말하였다. 중국의 경제특구 정책을 살펴보면, "① 중앙정부는 경제특구 지방정부에 상당 한 경제관리권을 부여한다. ② 경제특구 내 기업에게 지시하달보다는 자유경영으로 유도한다. ③ 세제 특혜를 준다. ④ 수입원자재를 사용하여 제품을 생산할 경우 관세, 상품세, 부가가치세 등의 혜택을 주며, 중국산 원자재로 생산된 상품을 해외로 수출할 경우는 일부 소수 상품을 제외하고 세금면제 혜택을 준다. ⑤ 외국 투자자는 투자협의서의 규정에 의거, 일정 기한의 토지 사용권을 취득할 수 있다." 등이었다.

경제특구는 4개의 창구(기술창구, 지식창구, 관리창구, 대외정책창구) 및 부채의 두면(兩個扇面)으로서의 대내외 복사적 기능과 밖에서 유인하여 안쪽을 연결시키는(外引內聯) 역할을 통해 중국의 중심지구와 내륙지구를 외부지향형 경제로 발전시키는 역할을 하였다.

(2) 점 → 선(연해개방도시)

14개 연해개방도시
→ 1984년
→ 북해, 심강, 광주, 복주, 온주, 영파, 상해, 남통, 연운항, 연대, 청도, 천진, 진황도, 대련

'선'이란 점으로 된 연해항구도시 14개를 이으면 하나의 선이 된다고 하여 붙여진 이름이다. 중국공산당 중앙과 국무원에서는 1984년 3월 말과 4월 초에 연해 부분적 도시 좌담회를 열어 대외개방을 한 단계 더 발전시킬 문제를 중점적으로 토론하였다. 이 회의에서 14개 연해 항구도시를 개방할 것을 제기하였다. 또한 연해항만도시에 경제기술개발구를 설치하여 도시의 경제발전을 추진할 것을 결정했다. 그리고 1984년 5월 4일 국무원은 '연해부

잘못 읽고 있는 것이다. 圳(밭둑 둘레에 있는 도랑 수)이다.

분도시 좌담기록요강'을 비준하고 좌담회에서 제기한 14개 연해항구도시를 개방하는데 동의하였다. 14개 도시는 북해, 심강, 광주, 복주, 온주, 영파, 상해, 남통, 연운항, 연대, 청도, 천진, 진황도, 대련이다. 이 도시들을 통해 중국정부는 대외경제교류의 자주권을 확대하고 국제적인 경제기술협력을 추진할 것, 외자를 끌어들일 것, 경제기술개발구를 설치하여 양호한 투자환경을 갖추고 선진기술의 도입, 신제품의 개발 등을 시도하였다. 이로써 개방지역은 동부연해 주요 항구도시로 확대되었다.

(3) 선 → 면(연해개방구)

연해개방구
→ 1985년: 주강삼각주(珠江三角洲), 민남하문(閩南廈門)·장주(漳州)·천주(泉州)를 지정
→ 1988년: 산동반도와 요동반도도 추가로 지정

중국정부는 연해개방도시 지정에 이어 1985년에 들어서는 주강삼각주(珠江三角洲), 민남하문(閩南廈門)·장주(漳州)·천주(泉州)를 지정하였다. 1988년 1월 조자양은 연해지역발전전략을 제기하였고, 같은 해 3월 18일 국무원은 '연해경제개방구 범위를 진일보 확대할 것에 관한 통지'를 발부하였고, 연해경제개방구를 확대하기로 결정하였다. 같은 해에 산동반도와 요동반도를 추가로 지정했다. 이 두 지역을 연해경제개방구로 확대 지정하여 대외지향적 경제발전의 확대와 함께 지역경제의 일체화를 도모하기 시작했다. 도시 내의 경제·과학기술의 발전, 기존산업의 개조를 촉진할 것 등에 있었다.

연해지역의 풍부하고 저렴한 노동력과 싼 토지사용료 및 저율의 세수와 같은 유리한 조건을 활용하여 외자를 흡수하고, 대대적인 위탁가공 조립업무를 발전시켜 원재료의 공급과 제품을 외국에 의존하는 '양두재외(兩頭在外)'를 실시한다는 것이다.

(4) 전방위 개방

전방위
- 1990년: 상해 포동지구 발전 계획 발표
- 1991년: 3연(연해(沿海), 연변(沿邊), 연강(沿江)) 개방정책 천명
→ 연(沿)장강 정책이 구체적으로 지행
- 4연(沿)정책이라고도 함: 연해(沿海), 연강(沿江), 연변(沿邊), 연선(沿線)

중국정부는 개혁개방 천명 이후 동부연해지역을 중심으로 차별적인 경제발전전략을 내세웠다. 그 결과로 동부연해지역은 고도의 경제성장을 이루게 되었다. 이후 중국의 경제발전을 전 지역으로 확대해야 한다는 계획을 갖게 되었다.

1990년에 들어서면서 중국정부는 상해 포동지구를 종합적인 공업, 상업, 무역, 금융중심지로 개발하여 제2의 홍콩으로 육성한다는 계획을 발표하였고, 1991년 제7기 전인대 4차 전체회의에서 3연(연해(沿海), 연변(沿邊), 연강(沿江)) 개방정책을 천명했다.

연(沿)장강개방지대는 상해 포동으로부터 사천성 중경에 이르는 장강삼각주 14개 도시와 중·상류의 14개 도시 및 8개 지구로, 국가 중점사업인 상해 포동신구와 장강삼협공정은 이 지역의 경제발전과 개방 확대의 중핵사업이었다.

한편, 상해 포동(浦東) 신구는 1990년대로부터 상해 포동을 용의 머리로 삼고 무한을 용의 허리로 하며 중경을 용의 꼬리로 하는, 장강삼각주와 연(沿)강지역이란 '용신(龍身)'의 개방과 개발을 추진하는 전략의 일환으로 설치되었다. 중국공산당 중앙과 국무원에서는 포동이란 용두로 하여금 장강삼각주 및 연강(沿江)지역이란 용신을 이끌어 가게 하기 위하여 1990년 포동을 개방, 개발할 것을 결정하였다.

연변개방지대는 흑룡강, 길림, 요녕, 내몽고, 신강, 서장, 운남 및 광서 등 8개 국경 변경선을 포함하며 지역별로는 동북연변개방대, 서북연변개방대, 서남연변개방대로 삼분된다.

연변(沿邊)개방지대

- 동북연변개방대: 흑룡강, 길림, 요녕 및 내몽고 동부지구를 포함하며 한반도와 일본, 러시아, 몽고 등과 경제권을 형성할 수 있는 지역.
  → 주로 농부(農副) 토산품 생산이나 경방직 공업을 중심으로 한 가공공업기지
- 서북연변개방대: 신강, 내몽고의 일부지구를 포함하는 지역으로 파키스탄을 비롯한 이슬람경제권과 연결되는 개방대.
  → 중국은 주로 민속관습에 관련된 수출상품기지로 또 아랍권 석유자본의 유치까지도 염두에 두고 발전을 모색
- 서남연변개방대: 서장, 운남, 광서를 포함하는 지역으로 동남아지구지향의 개방대
  → 소규모 기계제품이나 가전제품 五金제품, 방직제품 등 생산상의 우위를 이용하여 인근 베트남, 라오스, 캄보디아 등에 대한 수출 확대와 아울러 ASEAN 수출시장을 겨냥

2) 연(沿)장강 경제개발정책

중국 개혁개방정책은 '점 → 선 → 면 → 전방위'라는 명칭으로 확대되었다. 전방위정책 중의 하나가 연(沿)장강정책이다. 중국경제의 현대화는 연해(沿海), 연강(沿江), 연변(沿邊), 연선(沿線) 등 4연(沿) 정책으로 정리하기도 한다. 먼저 연해정책은 동부연해지역 14개 항구도시 개방, 연강정책은 주강과 장강삼각주 개발, 연변정책은 흑룡강(구소련)과 광서(베트남), 운남(미얀마, 라오스), 티벳과 신강(파키스탄, 몽골, 구소련) 등, 연선정책은 1992년 9월 개통된 유라시아 철도를 따라 시행되는 것을 의미한다. 이때 4연정책의 핵심은 '연해'와 '연강'이며, 연변과 연선은 이를 보조하고 보완하는 역할로 해석할 수 있다.[18] 연해정책의 성과를 토대로, 1990년대에 들어와 장강을 중심으로 하여 상해에서 중경에 이르는 장강연안지역을 개방하였다.

한편, 연(沿)장강 개방지대는 상해 포동에서 사천성과 중경[19]에 이르는 장강삼각주 14개 도시와 중·상류의 14개 도시 및 8개 지구이다. 국가 중점사

---

18) http://cafe.daum.net/bamboofriend/93R/58?docid＝1vxP|93R|58|20020322134706&q＝%E6%CD%C0%E5%B0%AD%C1%A4%C3%A5&srchid＝CCB1vxP|93R|58|20020322134706(검색일: 2008. 9. 21.)

19) 당시 중경은 사천성에 포함되었다. 중경은 1997년에 직할시로 승격된다.

업인 상해 포동신구와 장강 삼협공정은 장강연안지역의 경제발전과 개방 확대의 중핵적인 사업이었다. 그리고 1991년 6월 국가계획위원회 장기계획사는 경제기획 및 구역조직의 관점에서 전국을 10대 종합경제구[20]로 구분하였다. 이 때 장강삼각주경제구에는 상해·강소·절강이 포함되었고, 장강중류경제구에는 호남·호북·강서·안휘가 포함되었으며, 장강상류경제구에는 사천·귀주·운남이 포함되었다.

장강

- 1990년대 이후 주목받은 지역.
- 황하문명보다 더 오래된 문명 발견: 황하문명 일원론에서 탈피
- 북방문화와 남방문화를 분류하는 중요한 기준
- 중국 동서를 관통하는 수로로서 연해지역의 경제 및 기술 발전의 내륙지역으로 확산하는 중요한 통로
- 1992년 국무원 결정: 무호, 구강, 무한, 구양, 중경 등 5개 도시 개방
- 장강연안지역: 상해, 강소성, 절강성, 안휘성, 호북성, 사천성, 중경 등
- 상해를 용머리로 삼고(때론 용의 여의주로 부름), 장강을 용의 몸통으로 삼음

1992년 5월 추가화(鄒家華) 부총리의 주도로 전국을 7대 경제구역으로 나누었다.[21] 이 경제구획은 연해개방지역과 중서부지역을 유기적으로 결합, 전국의 생산력 분포와 자원배치의 최적화를 도모하고 더 나아가 동북아와 동남아 등 국제시장과 연결시킨다는 구상이었다. 이때 장강연해지구는 '상해,

---

20) ① 동북경제구: 요녕, 길림, 흑룡강, 내몽고 동부 ② 환발해경제구: 북경, 천진, 하북, 산동, (요녕 연해지역 포함) ③ 장강삼각주경제구: 상해, 강소, 절강 ④ 남방연해경제구: 광동, 복건, 광서, 해남 ⑤ 황하중류경제구: 산서, 섬서, 하남, 내몽고중부 ⑥ 황하상류경제구: 감숙, 영하, 청해, 내몽고서부 ⑦ 장강중류경제구: 호남, 호북, 강서, 안휘 ⑧ 장강상류경제구: 사천, 귀주, 운남 ⑨ 신강경제개발구: 신강 ⑩ 서장특수개발구: 티벳

21) 장강연해지구는 상해, 강소, 절강, 안휘, 호북, 호남, 사천으로 상해 포동을 용두로 한 장강상류 개발 촉진하기 위함이고, 주강삼각주지구는 광동, 복건으로 경제특구, 국제시장 중시, 환발해지구는 북경, 천진, 하북, 산동, 요녕 일부이고, 서남과 화남 및 일부 성구는 운남, 광서 등 서남 5성 7방으로 독특한 지연, 인연의 우세를 이용, 에너지와 비철금속 등의 자원개발, 남아시아 및 동남아시장에 연합 진출하기 위함이었다. 서북지구는 신강, 내몽고 등이고 중원지구는 하남 등 황하중상류 지역이다. 이 두 지역은 에너지·교통건설에 협력, 제2유라시아 횡단철도를 활용, 동부연해지구와 연합하여 유럽, 중앙아시아로 진출하기 위함이었다. 동북지구는 요녕, 길림, 흑룡강으로 지역 내 대유통, 대시장 건설, 동남아의 경제대순환에 참가하고자 하였다.

강소, 절강, 안휘, 호북, 호남, 사천'이 포함되었고, 상해 포동을 용두(龍頭)로
한 장강상류 개발촉진을 위한 것이었다. 그리고 1994년 11월 국가계획위원
회 국토사는 산업정책적관점에서 전국을 7대경제지구로 구분하였다.[22]

장강삼각주지구는 상해, 강소(남경, 진강, 양주, 소주, 무석, 남통), 절강(항
주, 가흥, 호주, 영파, 소흥, 주산)으로 산업구조 고도화, 대외개방 확대, 첨
단산업육성, 대형국가프로젝트를 추진하고자 하였다.

장강경제권

− 1990년 4월 상해 포동개발구의 결정. 1992년 4월 장강 삼협댐 건설이 결정되면서 주
목받기 시작
− 상해포동개발구를 중심으로 하는 상해권, 상해를 중심으로 강소, 절강을 포괄하는 장강
삼각주권, 사천성까지 장강유역을 포함하는 8개 성급 행정구역(상해, 강소, 절강, 안휘,
강서, 호북, 호남, 사천) 지역 등 3개권으로 나눔
− 이때 장강 연안의 항구 도시들이 개방되었고, 동부연해지역의 여러 도시들과 같은 혜택
을 줌
− 상해 포동지구 개발, 삼협댐 건설, 장강 중류 연안 항구의 개방, 무한, 중경, 악양 등 5
개 내륙도시 개방, 장강 상류의 자원 개발, 그리고 장강 유역의 6개 지역을 중점종합개
발지구로 지정

중국정부는 지역발전과 개방 확대 차원에서 장강 연해지역을 중심으로 상
해포동신구(上海浦東新區), 삼협수리공정(三峽水利工程), 강소연강지구(江
蘇沿江地區) 개발, 호항연선(滬杭沿線)과 영파중화공기지(寧波重化工基地)
건설, 환강경제대(皖江經濟帶) 형성, 창구공업주낭(昌九工業走廊) 형성, 무

---

22) 동북지구는 요녕, 길림, 흑룡강, 내몽고 동부로 경제의 외향화, 동북지구의 국제합작참여, 첨단기
술집중개발, 기계제조, 석유화공, 철강공업, 삼림공업을 집중 육성하고자 하였다. 환발해지구는 북
경, 천진, 산동, 산서, 내몽고 중서부로, 자동차, 전자, 석탄, 전력, 금융, 무역, 부동산, 여행업 중
점 육성하고자 하였다. 장강삼각주지구는 상해, 강소(남경, 진강, 양주, 소주, 무석, 남통), 절강
(항주, 가흥, 호주, 영파, 소흥, 주산)으로 산업구조 고도화, 대외개방 확대, 첨단산업육성, 대형국
가프로젝트 추진하고자 하였고, 중부지구는 하남, 호북, 호남, 안휘, 강서이며, 삼협수리공정 등이
주 사업이었고, 동남연해지구는 광동, 복건으로 무역, 가공공업, 경제작물중심의 농업발전을 추진
하고자 하였고, 서남 및 화남지구는 사천, 귀주, 운남, 광서, 해남, 광동일부로 비철금속공업 및 열
대·아열대 경제작물 중심의 농업발전을 일으키고자 하였고, 서북지구는 섬서, 감숙, 영하, 청해,
신강, 서장으로 수력발전, 석탄, 석유, 천연가스개발, 관련 에너지기지를 건설하고자 하였다.

한-황석단(武漢 – 黃石段) 형성, 동정호구(洞庭湖區) 개발 등 지역특성을 이용한 개발사업을 구상하였다.

　당시 중국 당국은 장강 연안지역 개발을 위해 외자를 유치하려 하였고, 이를 위해 투자환경을 개선하고자 하였다. 뿐만 아니라 기간 시설들을 확충하기 위해서 많은 투자를 하였다. 예를 들면 상해를 기점으로 한 상해－남경 고속도로를 1996년에 개통하였고, 장강에 10개가 넘는 다리를 건설하였거나 추진 중이다. 또 서부대개발 뿐만 아니라 중국 남북 지역의 경제발전에 도움을 주기 위해서 1993년 12월에 장강 중류에 삼협댐 건설을 착수했다. 삼협댐을 건설하고자 한 이유는 홍수방지, 전력부족 해소 등이었다. 물론 삼협댐 건설로 인해 장강의 생태변화와 장강하류의 심각한 하천 오염이 발생하고 있다. 심지어는 2008년 사천 대지진의 발생 원인을 삼협댐으로 여기는 경우도 있다.

　장강삼각주는 중국에서 가장 발달한 경제구역으로 상해, 항주(杭州), 소주(蘇州), 남경(南京) 등 16개의 도시로 이루어졌다. 장강삼각주 지역은 상해를 용머리로, 강소와 절강을 양 날개로 하는 중국경제발전 지역의 하나이다. 장강삼각주는 많은 해외 자본을 유치하고 세계 500대 기업 중, 2/3를 넘는 기업을 유치하여 세계 6위 경제구역으로 발전하였으며 세계에서 경쟁력과 잠재력이 뛰어난 지역으로 부상하였다. 소남(蘇南)모델[23]과 온주(溫州)모델[24]은 중국경제발전사에서 중요한 모델이며, 상해 포동지역의 개방과 개발은 중국의 사회주의 시장경제를 형성하는 데 중요한 역할을 하였다. 그리고 장강삼각주 지역의 25개 관광도시들은[25] 2010년 상해 엑스포 기간에 공동으로 장강삼각주 특색이 있는 엑스포 관광코스를 출범하기로 하였다.

---

23) 1980년대까지만 해도 소주, 무석, 장주를 중심으로 한 향진집체기업 발전모델의 대명사로 불림.

24) 기존의 규모가 작고 경쟁력이 약한 개체, 사영기업 등이 전환된 주식합작기업의 형태이다. 기존의 규모가 작고 경쟁력이 약한 특성을 보완하기 위해 기업규모를 확대하여 경쟁력을 높이려는 것에서 시작하였다.

25) 25개 관광도시들에는 상해(上海), 남경(南京), 소주(蘇州), 항주(杭州), 금화(金華), 황산(黃山) 등이다.

장강삼각주 지역경제 발전단계

1단계	상해를 중심으로 산동을 제외한 전 화동지역을 포함한 '상해경제구'	– 1982년 12월 22일, 지역경제통합의 목적으로 국무원에서는 '상해경제구'를 설립 결정 – 1983년 3월 22일, '국무원상해경제구계획사무실' 설립. 소흥을 포함한 10개 도시 포함 – 1988년 6월, 실질적 역할을 하지 못하게 되자 상해 경제구 활동 중지 결정
2단계	15개 도시 장강 삼각주도시경제협회 구성	– 1992년, 기존 10개 도시와 그 후에 가입한 양주, 남경 등 모두 14개 도시의 경제합작사무실에서 장강 삼각주 14개 도시 합작 사무실 주임 연석회 조직 – 1997년, 대주(臺州)시 가입하면서 총 15개 도시의 장강삼각주 도시경제 협조회를 설립 – '장강 삼각주경제권'이라는 개념을 처음으로 명확히 함.
3단계	16개 도시→2성 1개 도시로 발전	– 2003년 8월 장강삼각주 남경정상회담에서 대주를 신규 회원으로 받아들임. – 2005년 건설부에서 발표한 '장강삼각주 도시그룹 규획'에는 온주 등 7개 도시도 포함해 '16＋7' 구조를 구성. – 2007년 5월 온가보 총리는 장강삼각주지역 협조발전 좌담회에 직접 참석했고, 장강삼각주범위는 처음 16개 도시로부터 두 개 성 한 개 도시로 발전함.
4단계	'小장강 삼각주', '大장강 삼각주', '泛장강 삼각주'로 발전	– 2008년, 장강삼각주 경제범위에 대해 장강하류 입구 주변지구의 16개 도시는 '小 장강삼각주'; 강소성, 절강성, 상해(2개 성, 1개 도시)는 '大장강삼각주'; 안휘성 등 부근의 성시는 '泛장강삼각주'로 범위로 확정 – 2008년 초 호금도는 안휘성 시찰 시 안휘성도 적극적으로 '泛 장강삼각주' 구역 발전 분업에 참가해야 한다고 밝혔음. '泛 장강삼각주' 개념이 처음으로 국가 지도자의 정식 강화에 나타남.

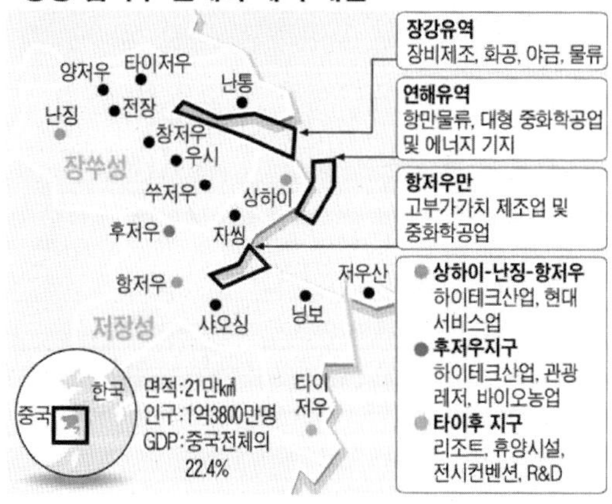

〈그림 3〉 장강삼각주 일체화계획[26]

중국은 2010년까지 상해를 중심으로 반경 300㎞ 이내 소주, 남경, 항주,

---

26) http://blog.joins.com/media/folderlistslide.asp?uid＝cjh59&folder＝8&list_id＝8110811 (검색일: 2009. 4. 21.)

곤산(昆山), 송강(松江) 등 장강 하류 삼각주 일대의 16개 도시를 하나의 경제권으로 묶을 계획이다. 즉 국제경제, 금융·무역·해상 운송센터인 상해를 중심축으로 주변도시를 6대 산업지대로 차별화해 발전시킨다는 구상이다. 이 통합 작업이 끝나면 기존의 상해 면적(6340㎢)의 34배인 21만㎢, 인구는 현재(1700만 명)의 8배인 1억 3800만 명 규모의 '신(新)상해'가 될 것이다. 중국은 이를 통해 상해의 국제경쟁력을 끌어올리고 주변지역과의 동반 성장을 꾀한다는 전략이다. 나아가 중국경제에 상해 발(發) 대변혁을 유도하겠다는 것이다.

3) 상해 포동개발

포동신구

- 포동개발은 1990년 4월 18일 당중앙, 국무원 결정으로 시작
- 상해 포동을 용두로, 무한을 허리로 하며, 중경을 꼬리로 하는 장강삼각주 및 연강지역이란 '용신(龍身)'의 개발개방을 추진하는 전략의 일환으로 설치
- 1990년부터 국가전략 차원에서 적극적으로 육성하여 금융, 물류 분야에서 동북아의 중심지로서의 위상을 세우고자 하였음
- 포동신구는 중국 중부 내륙과 서부지역을 가로지르는 장강하구와 맞닿아 있어서, 내륙지역과 외국을 잇는 통로 및 물류 거점의 역할을 함.
- 장강의 하구에 있는 상해를 용의 머리로 비유한다면, 포동신구를 용의 여의주로 비유

중국에는 "80년대에는 심수 경제특구, 90년대에는 상해 포동신구, 2000년대에는 천진 빈해(濱海)신구"라는 말이 있다. 이 말에서 알 수 있듯이 1990년 중국경제를 이끈 핵심부는 상해 포동신구라 할 수 있다. 즉, 포동신구는 1989년 이래로 중국을 이끌어 왔던 상해방 정치세력을 중심으로 하여, 중국경제의 '여의주'라 불리며 국가발전전략 차원에서 육성되었다.

포동신구는 핵심지역이 황포강을 끼고 있는 육가취(陸家嘴) 금융무역구이며, 상해 외고교 항구, 상해 포동공항 등으로 대표되는 물류서비스업에서 중

국 최고의 경쟁력을 갖추고 있다. 포동신구는 '금융, 무역, 물류' 중심의 서비스업 발전전략을 채택하고 있다.

상해는 현대중국 정치사와 경제사에서 매우 높은 위치에 놓여 있다. 부산과 자매결연 도시를 맺고 있는 상해는 1990년대에 들어와서 비약적으로 발전하였다. 강택민이 총서기가 된 이후 상해방이 형성되면서 정치적으로도 위상이 매우 높아졌다. 그래서 1990년대를 상해의 시대 혹은 상해방의 시대라 부르기도 한다. 상해는 장강경제권(강소, 절강, 상해)의 핵심도시이자, 중국의 경제, 무역, 금융, 물류의 중심지이다. 특히 상해 포동은 2000년대에 부각되고 있는 천진 빈해(濱海)신구와 경쟁해야 하는 새로운 상황에 놓여 있다. 게다가 정치 수도인 북경은 주요 정책결정기구들이 모여 있는 금융대가(金融大街)를 중심으로 금융허브로 부상하려 하기 때문에, 상해는 앞으로 계속해서 경제발전을 일구어 내어야 한다.

중국에서의 포동개발은 1990년 4월 18일 당중앙, 국무원 결정으로 시작되었다. 즉, 포동이란 용두(龍頭)로서 장강삼각주 및 연(沿)강지역이란 용신(龍身)을 이끌어 가게 하기 위하여 포동을 개방하고 개발할 것을 결정하였다. 상해 포동신구 선전 부부장인 진고굉(陳高宏)은 "80년대 심수가 중국 개혁개방 전략의 얼음 깨기였다면 90년 포동은 개혁개방을 공고히 하는 역할을 했다."고 말했다. 당시 포동개발 계획은 1995년까지 착수단계로 인프라 건설과 3개 소개발구 건설, 2000년까지 개발단계, 그 이후 전면적 건설단계로 수립되었다. '포서(浦西)에 침상을 하나 장만할지언정 포동에 집을 사지 마라'는 것이 당시 불문율이었을 정도로 이 지역의 거주환경은 매우 열악했다. 지금의 상해와 비교가 되지 않을 정도였다.

포동은 상해 중심을 흐르는 황포강의 동쪽을 가리킨다. 포동신구는 533㎢의 대지에 5개 분야의 소개발구로 구성되었다. 포동지역을 개발하기 위한 우대정책은 경제특구와 연해개방지역의 우대를 능가하였다. 포동은 공항, 항구 등 물류 인프라와 자동차 등 다양한 제조업이 발달하였다. 게다가 생명공학, 정보통신 등 첨단산업을 중심으로 하여 발전하기 시작했다. 등소평은 지난 1992년 초 남방지역을 순찰할 때 상해에 도착하여 말하기를 "1979년 상해를 경제특구로 삼지 않은 것은 '나의 잘못'"이라고 하였다. 그 이후 상해지역은 더욱 급속하게 경제발전을 하였다.

참조: 중국 3대 경제권

중국의 주요 3대 경제권은 '장강델타, 주강델타, 환발해 지역'이다. 장강델타는 장강 하류 지역에 형성된 장강삼각주이고, 주강델타는 주강삼각주이며, 환발해지역은 북경과 환발해만 지역이다.

	장강델타 경제권	주강델타 경제권	환발해 경제권
성장주도부문	투자	수출	소비
경제의 원동력	민간자본	외국자본	국가자본
산업특성	하이테크 - 지식집약형	노동집약형	자본집약형

참조: 이재기, 『신중국경제론』, 형지사, 2008. p.31.

2. 천진 빈해(濱海)신구

천진시가 설정한 전략적 목표는 "천진을 기반으로 하여, 삼북(三北, 화북, 서북, 동북) 지역을 원으로 하되, 중국 전체의 발전을 위해 기능하는 현대화된 동북아 제조업 가공기지이자 물류중심을 건설"하는 것이다.

2005년 중국공산당 제16차 5중전회에서 통과된 '11 · 5규획건의안'에 천진의 빈해신구가 상해의 포동신구와 함께 거명되었다.[27]

빈해신구는 천진시의 동쪽 연해지역으로 바다에 맞닿아 있는 당고구(塘沽區), 한고구(漢沽區), 대항구(大港區)와 동려구(東麗區) 일부, 진남구(津南區) 일부 등 5개 행정구역을 포함하고 있다.

---

27) http://www.tjuc.co.kr/file/binhaixinqubeijing.pdf(검색일: 2009. 7. 20.)

빈해신구는 중국정부가 심혈을 기울이는 21세기 중국의 새 성장동력이자 '제3의 성장축'이다. 빈해신구는 호금도 국가주석과 천진이 고향인 온가보 총리 등 중국 지도부의 적극적 지원 아래 제조, 물류, 금융, 첨단산업 등이 집중 육성되는 곳으로 2006년 초 '국무원 20호 문건'에서 그 역할을 규정하였다.

중국정부는 기존 경제개발이 동남부 연해지역에 치중되면서 중서부와 북부 지역의 경제성장이 뒤처지자 빈해신구를 중심으로 수도 북경과 하북성, 산동성, 요녕성 등을 포괄하는 환발해(環渤海) 지역 개발에 발 벗고 나섰다. 수도 경제를 살리고 이를 토대로 인접 지역인 동북 3성과 중서부 내륙까지의 경제파급 효과를 보겠다는 의도다.

3. 서부대개발(西部大開發)

서부대개발
- 1999년 6월에 제기
- 2000년 1월 공문 형식으로 서부대개발 지도방침, 기본 원칙, 주요 목표와 정책 / 조치를 공표
- 개발단계
  → 개발초기(2000-2005)
  → 대규모개발(2006-2015)
  → 전면발전(2015-2050)
- 서부대개발의 기초 사상: 등소평의 선부론(先富論)과 양개대국론(兩個大局論)

서부대개발전략이 제기된 지 벌써 10년이 되었다. 지난 10년간 서부지역 경제발전은 빨랐고 인프라가 보강되었다.

서부대개발은 중국의 동부연해 지구 중심의 경제발전으로 뒤처진 내륙 서부 지구를 경제성장 궤도로 끌어올리기 위해 중화인민공화국 국무원이 실시하고 있는 개발정책 및 그 결과로서의 경제 동향을 가리킨다.

1999년 6월 강택민은 "경제사회 발전과 정치사회안정을 기하기 위해선

서부대개발에 나서야 한다."고 처음으로 '서부대개발'을 언급하였다. 그리고 2000년 1월 공문 형식으로 서부대개발 지도방침, 기본 원칙, 주요 목표와 정책/조치를 공표하였다. 2000년 3월에 개최되었던 제9기 전인대 3차 회의에서 주용기 총리가 정치공작보고를 통해 '서부지역 중점개발전략'을 21세기 중국의 최대 과업으로 선포하였다.

서부대개발 정책은 중국정부가 1980년대와 1990년대에 각각 온포(溫飽)와 소강(小康) 단계에 달성되었다고 평가하고 3단계인 현대화 단계를 2000년대에 실현하기 위해서 서부개발이 불가피하다고 판단함에 따라 실시되었다. 또 중국경제발전의 견인차 역할을 하였던 동부연해지역이 국가재정수입의 대부분을 담당하였으나, 1990년대 말 중국은 산업구조 조정단계에 진입하였고, 동부 지역의 지속적인 발전을 위해서는 장기적으로 중서부지역의 막대한 시장, 숙련된 노동력 및 광산자원 등 자원개발이 필요하였다고 중국정부는 판단하였다. 특히 중국정부는 2001년부터 시작되었던 제10차 5개년 계획을 중심으로 서부지역의 경제개발을 도모하고자 하였고, 서부지역의 심각한 내수부진 문제를 해결하고 소수민족이 주로 거주하고 있는 지역의 생활수준을 향상시켜 정치적 안정을 도모해야 한다고 판단하였다.

2001년 3월 전국인민대표대회에서 결정된 4개의 주요 프로젝트	
① 교통인프라를 구축	북경, 상해, 홍콩고속철, 서안－남경, 청장철도(青藏鐵道, 서녕에서 라싸)
② 서전동송(西電東送)	서부의 전기를 동부로 보냄(1000만㎾ 전력을 개발하여 상해 등 동부에 보냄)
③ 남수북조(南水北調)	남부의 수자원을 북부로 보냄(대운하 건설로 남부 수자원을 동북부에 공급, 장강과 황하 연결)
④ 서기동수(西氣東輸)	서부의 천연가스를 동부로 보냄(타림분지에서 상해까지 4200㎞ 가스 공급)

서부대개발의 기초 사상	
등소평의 선부론과 양개대국론(兩個大局論)	
동부연해지역의 유리한 요소를 활용하여 먼저 개발(先富論)	이 지역의 발전을 중서부 지역 개발에 활용, 공동발전 모색(兩個大局論)

2000년부터 국무원에 서부개발 지도소조를 신설해 서부대개발 계획을 출범시켰고, 철도·도로 건설 등의 인프라 정비나 투자환경의 정비, 과학 교육의 발전 등의 우대 정책을 실시했다. 현재는 2단계가 진행 중이다.

중국에서 서부대개발을 실시할 때, 아래와 같이 세 개의 단계로 나누었다.

개발 초기	2000~2005	개발계획 및 정책 수립, 주요 기구 수립, 홍보, 기초건설 가속화
대규모 개발	2006~2015	서부지역 개발능력 제고, 투자규모 확대
전면발전	2015~2050	서부지역의 도시화, 시장화, 국제화 수준 제고

4. 동북3성 개발정책: 동북진흥정책

- 국무원이 2003년 10월에 공포한 '동북지구 등 노후공업기지진흥에 관한 약간의 의견'에 근거
- 동북3성의 낙후 현상을 극복하고 노후화된 공업기지를 혁신하여 중국의 새로운 경제성장의 견인차로 육성한다는 전략
- 2020년 전면적 소강사회(小康社會)건설을 달성하기 위해서는 동북공업지역의 재건이 필수적인 것으로 인식하고, 2004년 3월 본격적으로 추진
- 온가보 총리는 전면적 소강사회와 현대화건설을 위한 전략으로 규정

동북진흥정책은 2003년 8월 온가보총리가 '동북공업지역 진흥전략 추진'을 주창하면서 시작되었다. **동북진흥정책은 국무원이 2003년 10월에 공포한 '동북지구 등 노후공업기지진흥에 관한 약간의 의견'에 근거한다.** 동북3성(요녕성, 길림성, 흑룡강성)의 낙후 현상을 극복하고 노후화한 공업기지를 혁신하여 중국의 새로운 경제성장의 견인차로 육성한다는 전략이고, 남방자본과 外資 유치를 통해 전통적으로 중공업 기업이 밀집한 동북지역의 산업구조를 혁신함으로써 연해도시의 경공업 위주 발전에 이어 중공업 발전정책을 추구하겠다는 중국정부의 전략이다. 동북진흥정책은 2003년 11월에 핵심프로젝트 100개를 선정하였고, 2004년 3월에는 중앙영도소조 및 동북판공실(東北辦公室)을 설립하면서 본격적으로 추진하였다. 그리고 2008년 12월에 국무원 진흥동북지역 등 전통공업기지 영도소조 구성원 조정에 관한 통지를 발부하였다.

〈그림 4〉 동북3성 개요[28]

중국정부는 개혁개방 20년 동안 1차 성장목표인 '온포(溫飽)'(전 국민의 의식주문제 해결)를 달성한 가운데 제2단계 목표인 '2020년 전면적 소강사회 건설'을 달성하기 위해서는 동북공업지역의 재건이 필수적인 것으로 인식하였고, 온가보 총리는 동북공업진흥전략을 전면적 소강사회와 현대화 건설을 위한 전략으로 규정하였다.

동북진흥정책의 향후 10~15년간의 목표는 '4개의 기지와 1개의 보장구'를 형성해 '경제발전 수준이 비교적 높은 중요 경제성장 구역'으로서의 지위 확립을 설정하였다. 4개의 기지는 '국제 경쟁력을 갖춘 설비 제조업 기지, 신형 원재료와 에너지 보장 기지, 상품 곡물과 농축산업의 생산 기지, 기술 연구 개발과 혁신 기지'이고, 1개의 보장구는 생태 안전 중요 보장구이다.

요녕성은 자체적으로 5점(點)1선(線) 지역발전전략을 채택하였다. 5점1선이란 '대련(2), 영구(1), 금주(1), 단동의 동항(1)' 항을 적극 개발하고, 이를 연결하는 해안고속도로를 건설하는 계획이다.

5. 낙후된 중부지역의 경제발전정책: 중부굴기(中部堀起)

- **최초 언급** : 2004년 3월, 온가보 총리의 정부공작보고
- 2006년 3월 전인대에서 낙후된 중부지역을 경제개발하겠다고 선언
- 중부지역 : 하남성, 산서성, 호북성, 호남성, 안휘성, 강서성

한국의 많은 논문과 저서 및 각종 매체에서 '중부굴기'란 단어를 보게 되는데, '중부굴기'는 과연 무슨 뜻인가? '굴기(堀起)'는 '우뚝 솟다'라는 의미이다. 중국지도부는 경제가 동부지역에 비해 매우 낙후되어 있는 중부지역의 경제를 발전시키기 위해서 '중부굴기'라는 단어를 사용했다. 그렇다 보니 한국의 일부 학자들은 '중부발전', '중부진흥' 등으로 부르고 있다. 그러나

---

28) http://article.joins.com/article/article.asp?ctg=11&total_id=2243496 (검색일 : 2009.8.20.)

‘굴기’라는 의미를 정확하게 전달하기는 힘들다. 그래서 여기에서는 그대로 중부굴기로 사용한다.

중부굴기정책이 처음 언급된 시기는 2004년 3월, 온가보 총리의 정부공작보고에서였다. 2004년 12월 중앙경제공작회의(中央經濟工作會議)에서 중부지역의 경제발전을 촉진시켜야 한다는 의견이 제기되었고, 2005년 3월 온가보 총리가 정부공작보고에서 다시 제안하였다.

참조: 2004년 당시 서부, 중부와 동북지역의 평균 GDP는 동부지역의 44%, 38%, 73%에 해당되었다.

2006년 3월 전국인민대표대회에서 낙후된 중부지역을 경제개발하겠다고 공식적으로 선언하며 본격화되었다. 2006년 4월 중국공산당 중앙위원회, 국무원이 공동으로 ‘중부지역 굴기에 관한 약간 의견’을 발표했다. 중부지역 6개 성의 경제발전을 촉진하기 위한 36개 정책적 조치를 담고 있는 이 강령성 문건의 출현으로, 제기된 지 2년 만에 ‘중부굴기’ 전략이 실시단계에 접어들 수 있게 되었다.

2007년 4월 12일 중앙기구편제위원회판공실이 발표한, ‘발전개혁위기구편제 조정에 관한 회답’에 의거하여 국가발전계획위원회지구경제사 산하에 ‘국가중부지구궐기촉진공작판공실’을 설치하였다. 중부지역이란 하남성(허난성), 산서성(산시성), 호북성(후베이성), 호남성(후난성), 안휘성(안후이성), 강서성(장시성)을 가리킨다.

〈그림 5〉 중부굴기[29]

중부지역 6개 성을 통합하여 몇 개의 도시권역으로 묶는다. 도시권역은 다시 무한(武漢)권, 중원권, 장주담(長株潭)권, 환강(晥江)권 등 4개 도시권으로 구분된다.

무한권은 무한을 중심으로 한 권역으로서 황석(黃石), 악주(鄂州), 황강(黃岡) 등 주변 8개 중소도시가 포함된다. 중원권은 하남성의 성도인 정주(鄭州)를 중심으로 낙양(洛陽), 개봉(開封), 평정산(平頂山), 제원(濟源) 등 모두 9개 도시를 포함한다. 장주담권은 호남의 장사(長沙), 상담(湘潭), 주주(珠洲) 등 3개 도시가 각각 포함되고, 완강권은 안휘성의 성도인 합비(合肥)를 비롯해 무호(蕪湖), 동릉(銅陵) 등 5개 도시가 포함된다.

중국정부는 동서남북을 잇는 지리적인 이점과 함께 풍부한 자원, 높은 과학기술 수준, 낮은 생산원가, 우수한 생태환경 등을 활용해 4개 도시권을 중장기적으로 확대 발전시키고자 한다.

중국이 중부굴기 정책을 시행하게 된 가장 큰 이유는 중국 지역경제의 조화로운 발전을 촉진하기 위해서였다. 중국 상무부 관련 책임자는 "중앙정부

---

29) http://blog.naver.com/PostView.nhn?blogId=im2959&logNo=20043807342(검색일: 2008. 9. 30.)

정책을 시행하는 한편 글로벌 금융위기에 대처하고 국내 산업의 순차적 이전을 가속화하며 전반 산업배치를 고도화하기 위해 상무부는 향후 7대 조치를 통해 중부지역 발전을 지원할 것"이라고 밝혔다.[30]

중부굴기 7대 조치

- 첫째, 중부지역의 산업 이전 시범단지 구축 지원: 인프라 건설에 대한 대출이자 보조 정책과 입주 기업에 대한 세금 혜택을 통해 특색 있는 산업 클러스터를 형성함으로써 환강(皖江)도시벨트의 산업 이전 시범구역 건설을 지원
- 둘째, 가공무역의 중부지역 이전을 촉진: 동부연해 수출가공업이 중부지역으로 이전 유도 ; 중점 수용지 형성으로 보세물류, 통관 편의 등 정책 제공
- 셋째, 중부지역 국가급 경제기술개발구 건설을 지원: 인프라 건설프로젝트의 대출이자 보조규모를 확대하고 보조비율을 높임
- 넷째, 중부지역의 수출입 상품 구조 고도화를 지원: 전기, 기계와 하이테크 산업 발전에 대한 지원 강화
- 다섯째, 중부지역의 서비스 무역 발전 지원: 소프트웨어와 정보서비스 수출을 촉진하며 조건을 갖춘 중부지역 기업이 문화제품을 적극 수출하도록 장려
- 여섯째, 중부지역 기업의 해외 진출 지원
- 일곱째, 중부지역에서 투자, 산업 이전 촉진활동 전개 지원

한편, 국가발전개혁위원회(발개위) 범항산(範恒山) 지역경제발전사 사장(司長)은 '2007년 세계 화인 / 화교 창업 발전 회의'에서 "중국 중앙정부는 중부지역의 발전을 매우 중시한다. 최근 '국가 중부지역 발전촉진 업무판공실(이하 중부 판공실)'을 허가 / 설립했고, 구체적인 업무는 발개위 산하 지역경제사가 전담한다."고 말했다. 범항산 사장은 중부 판공실은 다음과 같은 4가지 사업에 총력을 기울일 것이라고 전했다.

첫째, 관련 부처와 조율을 강화해 두 가지 참조정책의 구체적인 내용과 운용방법을 조속히 확정하고, 국무원에 보고해 허가를 받아 시행한다. 둘째, 국무원 각 관련 부처의 전 단계 사업을 조율, 격려하면서 해당 부처의 중부

---

30) http://cafe.daum.net/kcjcastor/JqcE/38?docid=1H7Ck|JqcE|38|20090428073408&q=%C1%DF%BA%CE%B1%BC%B1%E2&srchid=CCB1H7Ck|JqcE|38|20090428073408(검색일: 2005. 5. 4.)

지역 발전에 관한 모든 정책 조치를 세분화한다. 셋째, 중부지역에 대한 조사연구를 강화하고 중부지역 발전 사업이 직면한 중요하고도 보편적인 문제 해결을 지원한다. 넷째, 연내 적절한 시기에 중부지역 발전을 촉진하는 실무회의를 개최한다.[31]

중부굴기에서 중부지역의 경제지표를 끌어올리기 위한 대책으로 문화산업의 발전을 중요시 여기고 있다. 중부지역 각 성(省)은 '문화대성(文化大省) 건설'이라는 구호하에 문화사업과 문화산업을 함께 발전시키고자 하고 있다. 특히 중부지역은 문화의 보고이자, 풍경이 매우 뛰어난 관광자원이 풍부하다. 중부지역은 지역 색채가 강한 초나라 문화, 호남(湖南)문화, 휘주문화, 진나라문화, 혁명문화(紅色文化) 등이 싹텄다.[32] 그리고 문학작품이 매우 많이 저작되었기 때문에 문화콘텐츠 개발과 스토리텔링 작업을 하는 데 풍부한 자원을 제공해 줄 것이고, 문화산업발전에 기여할 것으로 보인다.

6. 서부지역 경제권

- 관중천수(關中天水) 경제구, 성투(成渝) 경제구, 광서(廣西) 북부만(北部灣) 경제구
- 서삼각(西三角) 경제구

---

31) http://cafe.daum.net/csfsim2/NWC/6232?docid＝apJt|NWC|6232|20070712161233&q＝%C1% DF%BA%CE%B1%BC%B1%E2&srchid＝CCBapJt|NWC|6232|20070712161233(검색일:　2008. 9. 30.)

32) http://changup.donga.com/changup_magerzin/wbz_sub_inquiry_view.asp?codename＝%C1% DF%B1%B9%C3%A2%BE%F7&seqno＝642&topcode＝magazine(검색일: 2006. 11. 20.)

1) 서부지역 3대 경제구

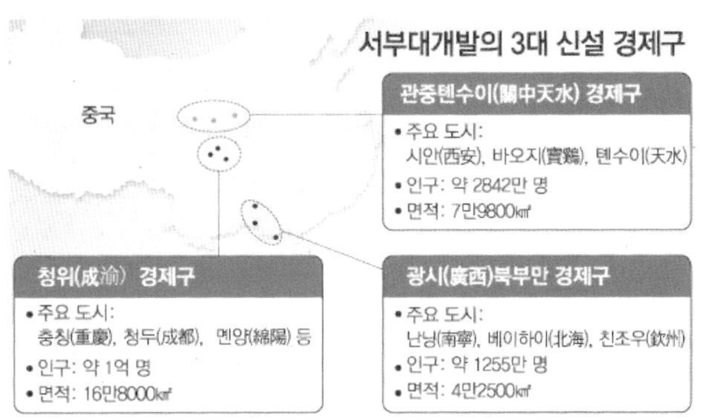

〈그림 6〉 서부대개발 3대 신설경제구[33]

중국정부는 '2020년 전면적 소강사회 건설'을 완성하기 위해서 서부지역에 3곳의 경제지역을 선정하였다. 서부대개발 초기 중국은 '선으로 점을 잇고 점으로 면을 이끌어(以線串點, 以點帶面)' 전반 서부지역 발전을 촉진하겠다고 공표했다. 이에 따라 핵심 발전지역을 정했는데, 이 지역이 '서부개발 전략고지'가 됐다. 현재는 관중천수(關中天水)경제구, 성투(成渝)경제구, 광서(廣西) 북부만(北部灣)경제구 등이 여기에 속한다.

(1) 관중천수(關中天水)경제구

중국 국무원은 섬서성 서안에서 감숙성 천수(天水)에 이르는 지역을 '관중천수(關中天水)경제구'로 정하였다. 이곳에는 선진제조업중점기지, 과학기술자원시범기지, 현대농업첨단산업기지, 화하(華夏)문명 역사문화기지가 구축된다. 서안이 '서부지역의 포동'의 역할을 할 것으로 예상한다.

(2) 성투(成渝)경제구

중경직할시와 사천성 성도인 성도(成都)를 연결하는 성투(成渝)경제구를

---

33) http://kr.news.yahoo.com/service/news/shellview.htm?linkid=15&articleid=2009062703002746
610&newssetid=511(검색일: 2009. 8. 30.)

정하였는데, 총면적은 20만 평방킬로미터로, 사천성과 중경시 총면적의 35.7%, 중국 전체 총면적의 2.7%에 달한다.

2005년 7월, 성투경제권 발전구상 연구보고서가 성도사회과학원, 중경사회과학원, 중경공상대학 연구팀의 20명 전문가에 의해 작성되었다. 성투경제권은 '장강상류경제권'으로 불린다. 장강상류경제권은 5대 기지, 1개 방호림으로 구성된다. '에너지, 중형장비, 국방과학공업, IT, 특색 농부산물 가공기지'와 생태방호림으로 구성된다.

(3) 광서 북부만경제구(北部灣經濟區)

중국정부는 남녕(南寧)을 중심으로 광서 북부만 경제구를 지정했다. 인구 1255만 명인 북부만경제구(北部灣經濟區)는 서남지역을 등지고 동남아국가와 마주하고 있으며, 동쪽으로는 광동성 / 홍콩 / 마카오에 인접하고 화남(華南)경제권, 서남경제권, 아세안경제권의 결합부에 위치해 있다. 광서북부만경제구는 2006년부터 지역 계획, 도시군 계획, 연해항구 분포계획, 종합교통시스템 구축계획의 작성사업을 집중적으로 추진하였다. 광서는 계획의 수준과 표준을 높이고자 권위적 국가기관에 위탁해 관련 계획을 작성하였는가하면, 국제 유명 전문가들을 초청해 평가·심사를 진행했다.

'11·5규획' 기간에는 교통 인프라 구축에 2,000여억 위안의 자금을 투입할 계획이다. 이 계획에 따르면, 광서는 남녕을 국제 교통허브로 구축하고, 물동량이 1억 톤을 상회하는 연해조합항(沿海組合港)을 조성한다. 동시에 남녕 항공항(航空港)을 업그레이드시키며, 게다가 범(泛)북부만지역의 해상통로, 남녕 - 싱가포르 간의 육상 통로, 남녕 - 아세안 국가 간의 공중 통로를 개통하고 남녕에서 광동·호남·귀주·운남 등 4개 지역으로 통하는 교통망을 구축하게 된다.

2) 서삼각(西三角)경제구

　11차 5개년 규획(2006~2010)이 얼마 남지 않았다. 이에 중국 중앙정부와 지방정부는 '12차 5개년 규획'과 관련된 정책을 준비하고 있다. 2009년 3월에 열린 양회(兩會, 전인대와 정협) 기간에 중경시는 '중경(重慶) - 성도(成都) - 서안(西安)'의 서삼각 건설 구상을 발표하였고, 이를 12·5규획에 포함할 것을 건의했다.

　중국 사천성 사회과학원은 서부지역에서 발전 잠재력과 경제적 역량이 가장 큰 세 도시 - 중경, 성도, 서안을 중심으로 하는 서삼각(西三角) 경제권을 구상 중에 있으며, 중국정부의 제12차 5개년 규획(2011~2015년)에 포함시키려고 추진하고 있다고 발표하였다.[34]

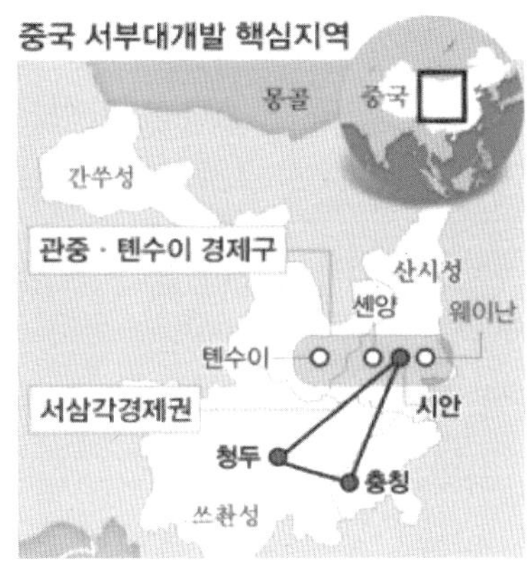

〈그림 7〉 서부대개발 핵심지역[35]

　2008년, 류세경(劉世慶) 등의 전문가는 '서삼각(西三角)' 개념을 제안하였다. 당시 전문가들은 성투경제구(成渝經濟區)가 빠르게 발전하는 동시에, 서

---

34)　http://www.bricsinfo.org/bricsinfo/trend/trend_view.jsp?lid=tr&ls=10&seq=31642&serviceCode =A&sortField=bt_publish_date&sortType=DESC 성도 - 중경 - 서안 西三角 경제권 구축(검색일: 2009. 4. 30.)

35)　http://www.segye.com/Articles/NEWS/INTERNATIONAL/Article.asp?aid=20090624003545&su bctg1=&subctg2=(검색일: 2009. 6. 30.)

안과 관중(關中)을 중심으로 한 도시들과 경제구 또한 신속하게 성장하고 있다고 여겼다. 서부 핵심 지역의 발전 속에, '중경-성도-서안'이 '서부고 과기금삼각(西部高科技金三角)'이 되어 떠오르고 있었다. 그래서 당시의 '서삼각' 개념은 '西部高科技金三角'이었다. 그런데 현재의 '서삼각'의 개념은 '장삼각(長三角)과 주삼각(珠三角)'에 대응되는 의미로 전환되고 있다.

서삼각 경제권은 사천성 성도, 중경시, 섬서성 서안 및 주변도시를 포함한 총 47개 도시를 연결하는 경제권이다. 총 면적은 22만㎢이고 인구는 약 1.18억 명이며, GDP 총액은 1조 5천억 원(元, RMB)으로 중국 전체의 6.3%, 서부지역의 33%를 차지하고 있다. 사천성 사회과학원이 추진하고 있는 서 삼각 경제권의 중심 도시인 성도, 중경, 서안의 발전전략은 다음과 같다.

먼저 성도는 중국 서남부지역의 금융, 첨단기술, 무역 중심으로서, 우주산 업, 화학, 약학, 경공업, 방직 및 야금산업 등을 중점적으로 발전시키는 한 편, 전자정보, 석유, 담배, 의약산업 발전을 추진하고자 한다.

중경은 주요 공업기지, 서남최대 비즈니스 중심으로, 자동차, 오토바이, 화학공업, 의약, 전자정보, 금융, 무역 분야 발전을 추진하고자 한다. 그리고 서안은 중국 서북지역 최대도시로 에너지, 기계, 전자, 방직업, 담배, 화공, 우주산업을 발전 추진하고자 한다.

사천과 성도 및 중경이 하나의 서삼각 경제구를 형성하고자 하는 이유는 몇 가지 있다. 먼저 세 지역의 경제사회 수준이 비슷하기 때문에 공동으로 중국정부로부터 유리한 정책과 자금 및 항목을 확보할 수 있다. 이 지역에 는 관광자원이 풍부하고 특색이 있기 때문에 관광자원을 조정할 수 있어서 이 지역관광의 지명도와 이윤을 높일 수 있다. 섬서와 사천 및 중경의 교통 시설이 완전히 갖추어 있지 않다 보니 국가와 지방에 요구를 할 수 있고 국 가와 지방 정부는 교통시설 확충에 많은 투자를 할 것이고, 이렇게 되면 서 부경제발전에 원동력이 될 것이다.[36]

---

36) http://forum.home.news.cn/detail.jsp?id=64540879(검색일: 2009. 4. 30.)

7. 11차 5개년 규획(2006~2010년)

- 2006-2010년
- 왜 '규획'이라 하는가?
- 제12차, 제13차 5개년 규획을 실행하기 위한 국가 중기(中期)발전계획
- 주요사상 : 과학발전관(科學發展觀)과 화해사회(和諧社會, 조화사회)

1) 왜 '계획'이 아닌 '규획'으로 사용하는가?

제11차 5개년 규획에서 '계획(計劃)'이라는 단어를 사용하지 않고, '규획(規劃)'이라는 단어를 사용했다. 이는 중국이 2001년 WTO에 가입한 상황에서 더 이상 '계획'경제가 아니라는 사실을 국제사회에 분명하게 밝히려 함이다. 그리고 경제성장 목표뿐만 아니라 취업, 교육, 공공위생, 치안, 사회보장, 생태환경 등 다양한 목표들을 추구하기 위함임을 부각시키기 위한 것으로 알려졌다.

계획이라는 말로 제약되는 경제정책으로는 2040년까지 미국을 따라잡고 2050년까지 민주화되고 문명된 사회주의 국가를 건설한다는 목표를 달성하기 어렵다는 결론에 이른 것 같다. 계획의 이미지를 벗자고 규획이라는 신조어를 쓴 것으로 보인다. 규획은 '계획은 계획이지만 한층 느슨한 계획'이라고 중국 언론에서는 해석하고 있다.[37]

2) 제11차 5개년 규획을 통해 '소강사회' 건설 추진

중국정부는 제16차 전국대표대회에서 '소강(小康)사회(잘 먹고 잘사는 사회)' 건설을 국가발전 전략목표로 '제11차 5개년 규획'을 수립하였다.

---

37) http://article.joins.com/article/article.asp?Total_ID=1700942&ctg=20(검색일: 2009. 7. 30.)

2020년 전면적 소강사회 건설을 실현하기 위한 기반을 조성하는 핵심단계에 속하는 제11차 개년 규획은 향후 제12차, 제13차 5개년 규획을 실행하기 위한 국가 중기(中期) 발전 계획이라 할 수 있다.

중국정부는 '경제성장 박차, 건전한 민주화 추진, 과학기술과 교육수준의 향상, 문화번영 추진'을 실현하여 중국 13억 인구의 생활수준을 향상시켜 '전면적 소강사회 건설'이라는 국가발전전략을 세웠다.

제11차 5개년 규획의 6가지 필수적인 원칙으로 첫째는 안정적인 고도성장의 유지, 둘째는 경제성장 방식의 변화, 셋째는 자주적인 혁신능력의 배양, 넷째는 도시와 농촌 간의 협력적 발전, 다섯째는 조화로운 사회의 건설, 여섯째는 개혁개방의 부단한 심화이다.

제11차 5개년 규획의 7대 목표로는 첫째, 구조조정을 통한 경제 효율성 향상과 낭비 감소로 2010년의 중국 GDP 수준을 2000년의 2배 수준에 도달, 둘째, 대폭적인 자원 이용효율성의 향상, 셋째, 중국 자체의 지식재산권을 보유한 유명 브랜드 제품 창출, 국제경쟁력이 비교적 강한 기업체 중점 육성, 넷째, 시장경제체제를 완벽하게 구축하고, 개방경제를 새로운 수준으로 향상시키며, 동시에 국제 금융 수입과 지출 균형을 실현, 다섯째, 도농 간 소득수준과 생활수준을 보편적으로 향상시키고, 물가수준의 안정적 유지와 함께 거주, 교통, 교육, 문화, 의료 보건, 환경 등 분야에서 큰 개선을 실현, 여섯째, 9년 의무교육 보급, 더 많은 도시 취업기회 창출, 사회보장시스템 구축을 통한 빈곤층 인구 대폭 감소, 일곱째, 민주와 법률체제를 구축하고, 정신문명 건설 면에서 새로운 성과를 달성하는 동시에 사회치안과 생산안전을 강화해 '조화로운 사회' 건설 면에서 새로운 성과를 달성하는 것이다.

제11차 5개년 규획의 주요 사상	
과학발전관(科學發展觀), 화해사회(和諧社會, 조화사회)	
과학적인 발전관을 토대로 독자적인 혁신을 실현하고, 체제와 메커니즘을 완벽히 구축하며, 사회의 조화로운 발전을 추진한다.	각 사회에 존재하는 문제점들을 끄집어내어 '과학적 발전관'에 따라 해결

8. 주강삼각주(珠江三角洲)

주강삼각주(珠江三角洲)는 중국의 주강 하구의 광주, 홍콩, 마카오를 연결하는 삼각지대를 중심으로 하는 지역의 호칭을 말한다. 주삼각(珠三角)이라 간략하게 칭하기도 하고, 주강델타(Pearl River Delta, PRD)라고도 부른다. 주강삼각주의 위치는 광동성 혜주시(惠州市), 심수시(深圳市, 선전), 동관시(東莞市, 둥관), 광주시(廣州市, 광저우), 중산시(中山市, 중산), 주해시(珠海市, 주하이), 불산시(佛山市), 강문시(江門市), 조경시(肇慶市), 홍콩 및 마카오의 2개 특별행정구를 포함하고 있다.

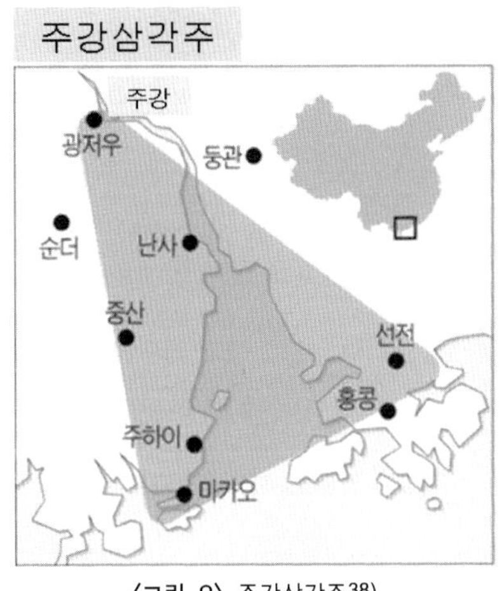

〈그림 8〉 주강삼각주[38]

한편, 최근에는 범주강(凡珠江)삼각주 경제권이 거론되고 있다. 범주강삼각주란 광동성 등 중국 남부 9개 성과 홍콩, 마카오를 일컫는 '9＋2 범주강삼각주'이다.

2005년 7월 25일 증음권(曾蔭權, 도널드 창) 홍콩 행정장관과 황화화(黃

---

38) http://www.hankyung.com/news/app/newsview.php?aid=2009041315411&type=&nid=&sid=
0105&page=1 (검색일: 2009. 8. 30.)

華華) 광동성 성장 등 11개[39] 지역 수반들은 중국 사천성 성도에서 제1차 연석회의를 갖고 2006~2020년 '범주강삼각주 지역협력발전계획 강령'을 채택했다. '강령'을 통해 제11차 5개년 규획 기간 동안 역내 인프라시설 구축과 산업투자 활성화, 통관 등 무역 활성화와 관광 거점지역 구축 등의 영역에서 상호간에 협력을 한다는 목표를 제시했다.

9. 중국 지속 가능한 발전 총강

- 2007년 2월 11일 발표한 '중국지속발전총강(국가편)
- 2050년까지 중국 국력이 세계 3위권 이내로 진입하고 발전 수준은 중진국 수준
- 내용: 중국 인구, 자연, 환경, 경제, 사회, 과학기술, 교육, 문화, 자연재해, 빈곤퇴치, 지속가능한 건설

중국과학원은 2007년 2월 11일 '중국지속발전총강'(국가편)이라는 보고서를 발표하였다. 이 보고서를 통해 중국정부는 앞으로 중국이 인구·환경, 사회 불평등 문제를 해소하고 2050년까지 지속 가능한 발전 능력이 세계 10위권에 들 것이라고 밝혔다. 이에 따라 2050년까지 중국의 국력이 세계 3위권 이내로 진입하고 발전 수준은 중진국 수준이 될 것으로 보고서는 전망했다.

'중국지속발전총강(국가편)'은 중국의 지속가능한 발전분야의 184명 전문가와 학자들이 2년 8개월간 공동 집필을 거쳐 마련한 대형 학술 논문집으로, '중국 인구, 자연, 환경, 경제, 사회, 과학기술, 교육, 문화, 자연재해, 빈곤퇴치, 지속 가능한 건설' 등 다양한 분야의 내용에 대해 1350만 자(한자 기준)를 서술, 중국의 지속 가능한 발전 전략을 처음으로 파노라마 형식으로 보여주고 있다.

---

39) 사천성, 귀주성, 운남성, 호남성, 강서성, 복건성, 광동성, 광서장족자치구, 해남성, 홍콩, 마카오이다.

총강은 중국의 지속 가능한 발전이 마주한 과제와 도전은 "세 번째로 맞게 될 인구 고조기, 에너지와 자원의 이용, 생태환경문제의 심각성, 삼농문제의 기본적인 해결, 공평한 사회 실현, 중국의 제도혁신 및 문화혁신의 어려움에 대한 인식" 등 6가지라고 정리했다.

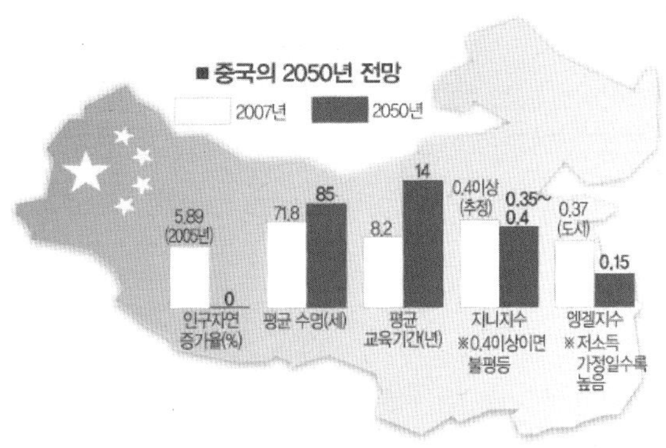

〈그림 9〉 중국의 2050년 전망[40)]

특히 2050년 중국인 평균 수명은 85세로 지금의 71.8세보다 13.2세가 늘어나고 평균 교육기간도 지금의 8.2년에서 14년으로 크게 연장된다. 또 2030년 인구 자연증가율이 0수준으로 떨어지고 2040년에는 에너지와 자원 소비 증가율이 0%, 2050년엔 환경악화율이 0%로 개선될 것으로 전망됐다.

한편, 정책전문가들은 2050년 전체 국민경제에서 과학발전 공헌율이 75% 이상에 달해 빈곤문제가 사라질 것으로 예상했다.

중국의 지속 가능한 발전 전략은 "경제의 이성적인 성장 유지, 사회 발전 수준 제고, 인본주의의 기본적인 요구에 충족, 인구 증가 관리, 인구의 질적인 수준 향상, 자연 자원 토대 및 생태 서비스 능력의 보호와 확대 유지, 지속 가능한 발전의 한계를 뛰어넘는 과학기술의 발전에 집중 주목, 효율과 공평 사이의 꾸준한 균형 유지" 등 7가지 원칙을 반드시 따라야 한다고 강조하였다.

---

40) http://media.daum.net/foreign/asia/view.html?cateid=1042&newsid=20070213094717089&p=
segye (검색일: 2009. 6. 30.) 세계일보

10. '12·5규획' 국가과학기술규획 전략연구 가동[41]

최근 중국 과기부는 '12·5규획' 기간 과학기술규획 전략연구 사업을 가동하고, 6가지 중점방향을 강조하며 전략연구에 대한 구체적인 요구를 제기하였다. 과기부 계획 부문의 관계자에 따르면, 12·5규획기간 국가과학기술규획은 '국가 중장기 과학기술발전규획 요강(이하 '규획요강'이라 약칭)'의 항목에 대한 전략적 배치를 이행하고 본격화하는 중요한 조치로서, 중국의 향후 5년 동안의 과학기술발전의 전반적 국면과 깊은 관계가 있다.

과기부는 다음의 6가지 사업을 중점적으로 추진할 예정이다.

1) 과학기술발전관으로 총괄: 전략적이고 전국적이며 선진적인 중대과학 문제에 관한 연구를 시행한다. 이를 통해서 과학발전 촉진과 자주혁신 촉진을 주요 임무의 목표로 삼고, 현재 거시발전형세의 변화에 적극 대응하여 에너지 절감, 신농촌 건설, 기후변화, 민첩한 과학기술 등의 전략 분야에서 과학기술사업의 발전을 유도하고, 소강사회 전반적 건설이라는 목표를 위해 서비스한다.

2) '규획 요강' 실시 본격화: '자주혁신, 중점도약, 발전지탱, 미래견인'의 지도지침에 따라 '규획 요강'의 실시를 본격화하고, 혁신적 국가 건설의 전략적 국면이라는 측면에서 국내외 발전환경의 새로운 변화와 새로운 형세를 심층적으로 연구하여 12·5규획기간의 과학기술발전의 지도사상, 전략적 목표, 중점임무, 보장조치를 제기한다.

3) 과학기술사업의 거시적 관리 강화: 과학기술발전을 위한 총체적 배치를 강화하고, 과학기술진보 사업에 대한 거시적 관리와 통일조정을 강화하

---

41) http://kostec.re.kr/contents/serv_02_04.asp?menu_cls＝02&sub_cls＝&menu_num＝04&board_num＝03&num＝5238&code1＝7 2009년 4월 14일(검색일: 2009. 7. 24.)

며, 규획, 정책, 제도 등을 통해 과학기술자원을 통합할 뿐 아니라, 중대 과
학기술활동을 조직하는 능력을 향상시킨다. 시장의 자원배치에 대한 기초적
인 역할을 강조하고, 규획의 과학기술자원 배치에 대한 지도적 역할과 사회
과학기술자원에 대한 유도역할을 충분히 발휘한다.

4) 국가 중대수요를 타깃으로: '규획 요강'의 연구와 제정은 반드시 경제
사회수요에 대한 분석을 토대로 한다. 이를 기초로 중국의 기본국정과 국가
미래 발전을 제약하는 기본요소에 대한 심층적인 분석을 강화한다. 특히 현재
글로벌경제파동이 유발한 글로벌경제구도 변화와 산업구조 심층조정이 중국
의 미래 발전에 미치는 영향을 깊이 고려하여 관건 분야 기술의 클러스터화
를 지속적으로 추진한다. 이를 통해 중요한 전략적 산업의 전반적인 기술 업
그레이드를 촉진시키고, 중국의 산업 고도화와 구조조정을 가속화시킨다.

5) 체제와 메커니즘 혁신을 원동력으로: 사회주의 시장경제법칙과 과학기
술 자체발전법칙의 요구에 따라 사상을 해방 및 개혁, 혁신하고, 과학기술관
리 체제와 메커니즘 문제에 관한 심층적인 연구를 추진한다. 국가혁신시스
템 건설을 촉진하여 사업의 중심을 기업을 주체로 하는 기술혁신시스템 건
설에 놓아 혁신자원을 기업으로 집결시킨다.

6) 과학의 민주, 방법의 혁신 견지: '규획 요강'의 제정과정은 여러 부문
의 의견을 통합하여 공통의 인식을 형성하는 과정이다. 각종 효과적인 수단
을 사용해 경제, 사회, 기업, 과학기술인력 등의 분야 전문가들이 '규획요강'
제정을 위한 연구토론에 참석하도록 한다. 아울러 기술 로드맵을 제정해 과
학기술규획의 방법혁신을 실현함으로써 '규획요강'의 선진성과 지도성, 실행
가능성을 향상시킨다.
과기부 계획 부문의 관계자에 따르면, 현재 12·5규획기간 과학기술규획
전략연구를 추진함에 있어 전기 과학기술연구에 대한 객관적인 평가가 우선
적으로 필요하다. 아울러 거시적 차원에서 사회발전의 단계와 맞지 않는 과

학기술정책을 적시에 조정함으로써 과학기술발전 촉진에 더욱 유리한 환경
을 조성해야 한다.

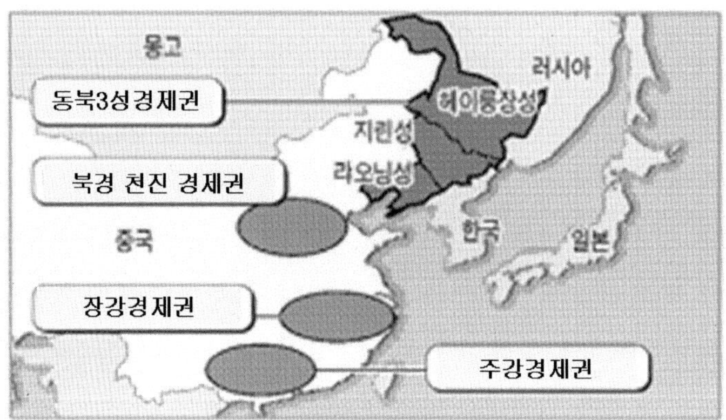

참조: 중국의 4대경제권[42]

---

42) http://knsi.org/knsi/admin/work/works/4%5B1%5D.%B5%BF%BA%CF%BE%C6%B0%E6%C1%
A6%C0%CC%BD%B4(6%BF%F9).pdf(검색일: 2009. 7. 24.)

제5장

민족문제

중국민족을 이해하려면 먼저 몇 가지 선입견과 편견을 제거해야 한다. 예를 들면 한족이 중국대륙에서 오랜 역사 기간 동안 주도적으로 역사적 활동을 하였다든가, 또 티벳과 신강위구르족의 민족운동을 분리주의 운동으로 간주한다든가, 그리고 중국에 한족과 55개 소수민족이 있고, 그중 한족이 약 92%를 차지하고 있다고 하는 선입견과 편견을 제거한 뒤, 중국민족을 새롭게 이해해야 한다. 그렇게 하기 위해서는 1949년 이후 중국정부가 어떻게 민족을 분류하였는지를 살펴보아야 한다. 또한 한족과 중화민족에 대한 개념을 명확하게 알고 있어야 하고, 이 용어들이 어느 시기에 어떻게 등장하였는가를 알도록 해야 한다.

중국민족

- 한족과 중화민족의 용어 기원
- 한족의 기원설
- 중화주의와 신중화주의
- 민족식별
- 운남성의 고대 한국 왕조의 후예들
- 소수민족의 광복운동

1. 중국민족 개황

중국민족을 이해할 때 용어와 숫자에 대해서 올바르게 알고 있어야 한다. 예를 들면 손문의 '오족공화(五族共和)'에서의 5개 민족은 한족(漢族), 만주족, 몽골족, 회족, 티벳족을 일컫는다. 그리고 중국이 건국할 때 인정한 소수민족은 불과 9개뿐이었다.

- 9개 민족: 몽골족, 회족, 장족(藏族, 티벳족), 위구르족, 묘족, 요족, 이족(彝族), 조선족, 만족(만주족)

---

1) 화하족, 한족, 중화민족

(1) 화하족

중국인들은 특히 한족(漢族)들은 자신들이 '염황(炎黃)의 후손'이라고 여기고, 화하족(華夏族)을 한족의 선민족이라고 여긴다. 이는 한족이 자신들의 민족역사를 확대하기 위한 중화민족주의적 역사관과 민족관에서 비롯되었다. 화하족의 '화하(華夏)'는 『左傳』「襄公26年」 "楚失華夏"에서 가장 먼저 보인다. 그리고 『尙書 周書』「武成」편에 나오는 "華夏蠻貊, 罔不率俾"의 '화하'를 중국에서는 '민족'의 의미로 해석하였다.

중국은 화하족을 민족체로 여기기 위해서, 화하족의 민족기원을 하(夏)나라로 삼았다. 그리고 상(商)나라의 동이족을 통합하고 춘추전국시대를 거치면서 여러 민족을 통합하였다고 보았다. 지금까지 화하족을 중국에서는 일반적으로 "화하족이 섬서성과 감숙성 일대 하수(夏水)에서 살고 있어서 '하족(夏族)'이라는 이름을 얻었고, 화산(華山)을 중심으로 살았기 때문에 '화족(華族)'이라는 이름을 얻었다"고 여긴다. 그리고 서북의 황제(黃帝)와 남방

의 염제(炎帝), 동부의 치우(蚩尤) 3대 집단이 충돌에서 화하민족(華夏民族)
으로 융합되었다고 보았다.

(2) 한 족

- 한인(漢人): 후한서에 처음 등장
- 한족(漢族): 양계초『망국편(亡國編)』(1901)
- 한족의 민족기원 9가지설

한족과 관련된 한인(漢人)이라는 단어는『後漢書』「西羌傳」"月氏來降,
與漢人錯居"라는 곳에 처음 등장하는 것으로 보인다. 중국에서는 그 의미
를 오늘날 '한족(漢族)'과 동일한 것으로 보았다. 중국사회과학원 민족연구
소의 한경춘(韓景春)과 이의부(李毅夫)는 한족이라는 단어를 가장 먼저 사
용한 사람은 황준헌(黃遵憲)이고, 1903년의『박혁명서(駁革命書)』에서 "倡
類族者, 不愿漢族, 鮮卑族, 蒙古族之雜居共治, 轉不免受治於條頓民族, 斯
拉夫民族, 拉丁民族之下也"라고 하였다고 주장한다. 또 어떤 학자는 '한족
(漢族)'이라는 단어가 민족명칭으로 가장 먼저 기재된 것은 태평천국 말년
이세현이 지은『致各國領事書』인데, 여기에서 한족이라는 단어가 있다는
것이다.[43]

그러나 일반적으로 한족이라는 단어를 처음으로 사용한 사람을 양계초(梁
啓超)로 보고 있다. 양계초의『망국편(亡國編)』(1901)에서 한족이라는 단어
가 처음 나오는데, 이 책에서는 '한족' 외에도 '한인(漢人)', '한민(漢民)', '한
종(漢種)', '한종(漢種)의 인(人)' 등을 사용하고 있다. 이때의 한인은 당시 청
정부, 즉 만주족(滿洲族)의 지배에 항거하는 사상에서 비롯되었다고 할 수
있다. 물론 '한인'이라는 단어는 이전에도 문학작품이나 사서에 나타나고 있
다. 이러한 단어는 시대에 따라 다른 의미로 사용되었다. 한 예로 5호16국
시대에 사용된 한인은 '호인(胡人)'과 구별하기 위해서 사용되었다.[44]

---

43) http://www.han-tang.org/php/bbs/archiver/?tid-1590.html(검색일: 2006. 8. 2.)

44) 王柯,『中國與國家 : 中國多民族統一國家思想的系譜』, 北京 : 中國社會科學出版社, 2001, pp.187

한족의 민족기원과 관련하여 9가지 기원설, 즉 감숙기원설, 몽골기원설, 중국토착기원설, 신강기원설, Malay반도기원설, 인도기원설, 터키기원설, 중동바빌론기원설, 이집트기원설이 있다. 하지만 아직까지 정론은 없다. 다만 역사적으로 한(漢)나라를 구성했던 사람들을 '한인'이라 불렀고, 청말 이후 서구로부터 들어온 '민족'이라는 개념을 '한인'에 적용하여 '한족'이라 부르기 시작했다. 그리고 1920년대부터 중국사를 편찬하는 과정에서 대부분의 학자들은 한족 중심의 민족주의 사관을 갖고 서술하였다. 결국 역사상 여러 왕조가 생겨나고 망하는 과정에서, 설사 이민족이 중국대륙을 지배하였더라도 한족으로 동화되었다고 간주하면서, 한족을 포괄적이면서 광범하게 해석하였다.

(3) 중화민족

- 양계초: 『中國學術思想變遷之大勢』(1902)에 처음 등장한 것으로 알려짐
- 한족과 중국 내 소수민족을 총칭하는 개념에서 비효통의 신중화민족 개념 등장 이후 실존적 개념
- 다민족 → 단일민족

중화민족의 개념에 대해서 『사해(辭海)』, 『간명사회과학사전(簡明社會科學詞典)』, 『현대한어사전(現代漢語詞典)』 등의 각종 사전에서는 '중국 각 민족의 총칭'이라고 적고 있다. 중국에는 중화민족의 별칭으로 '중화아녀(中華兒女, 중화민족의 아들과 딸)'와 '염황자손(炎黃子孫, 염제와 황제의 자손)'이라는 용어를 사용하고 있다.

중화민족은 '중화(中華)'와 '민족(民族)'의 합성어이다. 그 동안 중국에서는 중화민족을 중국 각 민족의 총칭이라고 규정지었다. 그리고 '중화'는 '중국(中國)', '화하(華夏)'와 상통하고 족명(族名), 국명(國名) 등의 여러 의미를 내포한다고 하였다. 또 역사상에는 한족을 가리키고, 근대에 이르러서는 역사상 중국 영토 내에 거주하던 모든 민족을 포괄하는 명칭으로 사용되었

<hr>

- 188.

다. 중국 성립 이후에는, 민족식별과정을 거친 뒤 확정된 소수민족정체성과 한족을 포함하는 민족의 총칭으로 사용되었다.[45]

중국에서는 한족과 소수민족을 '중화민족(中華民族)'으로 통합시키고자 하는데, 중화민족이라는 단어는 양계초의 『中國學術思想變遷之大勢』(1902)의 "上古時代, 我中華民族之有四海思想者厥惟齊"에서 가장 먼저 보이는 것으로 해석하고 있다.[46] 양계초는 한족 혹은 청나라를 구성한 모든 민족을 가리키는 것으로 혼용해서 사용하다가 점점 모든 민족을 총칭하는 포괄적인 의미로 사용하였다. 중화민족이라는 용어는 청말 지식인층의 새로운 국호와 새로운 국가 건설의 염원 아래에서 등장하였고, 중화민국이 건국되면서 중화민족은 중화민국을 구성하는 모든 민족을 지칭하는 단어로 확대되었다.

총통인 원세개는 중화민국을 이루는 국가 구성원을 중화민족으로 불렀는데, 이때의 중화민족은 '국민＝민족'의 의미였다. 그리고 현대 민족주의의 의식에서 중화민족을 사용한 사람은 이대쇠(이대교라고 부르고 있음.)였다. 이대쇠는 일본의 대아세아주의에 자극을 받아서 중화민족도 자각해야 한다고 주장하면서 점점 공동의 민족정체성을 갖도록 주장하였다.

1988년 비효통이 중화민족의 개념을 새롭게 정의내리기 이전에는 한족과 55개 소수민족을 총칭하는 개념으로 중화민족을 사용하였다. 그러나 그 이후에는 중국 건국 이후 동일한 국가체제 속에서 한족과 소수민족이 서로 동화하고 융화하였다며, 단일민족이며 실존적 민족으로 간주하고 있다.

2) 소수민족

중국에는 공식적으로 55개 소수민족이 있지만, 미식별민족과 각 민족에 포함된 민족체를 포함하면 중국 내 민족체는 더 많이 있다고 보아야 할 것이다. 다만 1953년이래로 민족식별을 통해 공인된 소수민족 숫자가 55개이

---

45) http://www.pep.com.cn/200410/ca530558.htm(검색일: 2006. 11. 29.)

46) http://www.han-tang.org/php/bbs/archiver/?tid-1590.html(검색일: 2006. 8. 2.)

다. 그리고 중국 소수민족 중에는 민족기원이 서로 동일하지만 서로 다른 민족으로 분류된 경우가 있기도 하고, 다른 민족이지만 동일한 민족으로 분류된 경우도 있다. 또 한족으로 분류된 사람 중 일부는 자신들이 한족이 아닌 독립된 민족이라 주장한다.

중국 내 소수민족 중에서 민족주의 운동을 하는 대표적인 소수민족은 티벳민족과 신강의 위구르족이다. 이 두 민족은 자신들의 민족운동이 주권회복을 위한 광복운동으로 간주하고 있다. 하지만 중국정부는 영토분할과 국정 불안정을 일으키는 분열주의로 간주하고 있다. 특히 티벳은 중국정부에 티벳·청해성·감숙성·사천성·운남성 등지의 티벳인 거주 지역[47]을 합쳐 특별행정구로 만들어 달라는 대장구(大藏區) 설립을 요구하고 있다. 현재 티벳의 면적은 120여만㎢로 중국 전체 면적의 1/8(남한의 12배), 신강의 면적은 166.49만㎢로서 중국 전 면적의 1/6(한반도의 8배, 남한의 17배)을 차지하고 있다.

조선족 → 한국에서는 '재중동포'라고 불러야 한다.

달알이족 → 거란족의 후예

만주족 → 만주족 신화에 신라족의 후예. 청 황제의 성은 '愛新覺羅'

몽고족 → 몽골족이라 불러야 한다.

중국 소수민족의 지역별 분포를 살펴보면 다음과 같다. 먼저 동북·내몽골 지역에는 '달알이족(達斡爾族, Dawor), 만주족(滿洲族, 만족), 몽고족(蒙古族, 몽골족), 악륜춘족(鄂倫春族), 악온극족(鄂溫克族, Ounke), 조선족(朝鮮族, Korean), 혁철족(赫哲族)', 서북지역에는 '가이극자족(柯爾克孜族, Kirghiz), 동향족(東鄉族), 백아라사족(白俄羅斯族, White Russia), 보안족(保安族), 살랍족(撒拉族), 석백족(錫伯族), 오자별극족(烏孜別克族, Uzbek), 유고족(裕固

---

47) 주로 티벳자치구 및 청해성(靑海省)의 해북(海北), 황남(黃南), 해남(海南), 과락(果洛), 옥수(玉樹) 등 몇 개의 티벳족자치주와 해서몽고족(海西蒙古族)티벳족자치주, 감숙성(甘肅省)의 감남장족자치주(甘南藏族自治州)와 천축장족(天祝藏族)자치현, 사천성(四川省)의 아파감자량개(阿壩甘孜兩個)자치주 및 목리장족(木裏藏族)자치현, 운남성(雲南省)의 적경장족(迪慶藏族)자치주에 모여 살고 있다.

族), 위구르족(維吾爾族, Uighur), 탑길극족(塔吉克族, Tadzhik), 탑탑이족(塔塔爾族, Tatar), 토족(土族), 합살극족(哈薩克族, Kazakh), 회족(回族)’, 서남지역에는 ‘강족(羌族), 경파족(景頗族), 기낙족(基諾族), 납서족(納西族), 노족(怒族), 덕앙족(德昂族), 독룡족(獨龍族), 동족(侗族), 락파족(珞巴族, Lepa), 랍호족(拉祜族), 묘족(苗族), 문파족(門巴族), 백족(白族), 보미족(普米族), 수족(水族), 아창족(阿昌族), 율속족(傈僳族), 와족(佤族), 이족(彝族), 장족(藏族, Tibetian), 태족(傣族), 포랑족(布朗族), 포의족(布依族), 합니족(哈尼族), 흘료족(仡佬族)’, 중남동지역에는 ‘경족(京族), 고산족(高山族), 마료족(仫佬族), 모남족(毛南族), 사족(畲族), 여족(黎族), 요족(瑤族), 장족(壯族), 토가족(土家族)’이 있다.

위의 소수민족 중에서 몇 가지 사실을 염두에 두어야 한다.

중국에서는 몽고족이라 부르고 있으나, 실질적으로는 몽골족이라 불러야 하고, 조선족은 한국의 재중동포이다. 달알이족은 거란족의 후예로 밝혀지고 있다. 악온극족과 악륜춘족은 러시아의 어벤키족과 민족정체성이 동일하지만, 중국과 소련 간의 영토분쟁이 발생할 가능성이 있어서 중국정부는 민족식별작업을 할 때 서로 다른 민족으로 분류하였다.

그리고 장족(藏族)은 보통 티벳민족이라 말하는데, 중남동지역의 장족(壯族)과 락파족 및 기낙족과 민족기원이 동일한 것으로 알려져 있다. 요족과 묘족은 일부 지역에서는 동일한 민족기원을 갖고 있으나 민족식별에 의해 서로 다른 민족으로 분류되었고, 광서장족자치구 전주(全州)에 거주하는 일부 요족은 백제의 후예로 알려져 있다. 운남성의 랍호족, 율속족, 이족 등은 고대 고구려의 후예로 알려져 있다. 사족은 객가족을 연구하는 데 있어서 매우 중요한 민족이다.

또 합살극족은 카자흐민족, 가이극자족은 키르키즈민족, 오자별극족은 우즈벡민족, 백아라사족은 백러시아민족, 탑길극족은 타지크민족, 탑탑이족은 타타르민족, 유오이족은 위구르민족으로 부르는데, 중앙아시아 여러 국가들의 민족과의 관련성을 이해할 수 있다.

중국에는 회족, 동향족 등 이슬람을 믿는 민족들이 많기 때문에, 중동과 중앙아시아의 이슬람 문화와 비교 연구하는 데 도움이 된다.

3) 민족식별

중국 민족공부를 할 때 민족식별은 매우 중요하다.
시기: 1953년
내용: 중국 내에 거주하는 어떤 민족인지 알 수 없는 사람들을 특정한 민족으로 판별하고 분류하며 민족명칭 확정
기준: 과학의거(科學依據, 스탈린의 민족특징 네 가지; 공동의 언어, 공동의 지역, 공동의 경제생활, 공동의 문화소양), 민족의원(民族依願)
왜: 국정의 안정과 영토보존

1953년에 실시한 민족식별을 중국에서는 "당과 국가가 민족의 종류와 민족 명칭을 판별하기 위해서 제정한 정책이다. 기본적인 내용으로는 스탈린의 민족정의가 민족식별의 이론적 근거가 되었고, 민족특징, 민족의원, 역사 사실과 동질감의 근접성은 실천적 표준이다."라고 하였다.

민족식별은 중국 내에 거주하는 어떤 민족인지 알 수 없는 사람들을 특정한 민족으로 판별하고 분류하는 작업이었다. 그리고 하나 이상의 민족명칭을 갖고 있는 민족을 하나의 이름으로 통일하였다.

중국정부는 민족식별을 할 때, 스탈린의 민족특징 네 가지(공동의 언어, 공동의 지역, 공동의 경제생활, 공동의 문화소양)를 기준으로 삼았다. 그리고 민족식별을 통해 각 민족의 기원과 역사, 민족 간의 관계 그리고 문화적 특징도 결정지었다.

중국에서 민족식별을 한 이유는 국정안정과 영토보존 때문이었다. 물론 1954년 제1차 전국인민대표대회에 참가할 소수민족대표를 선출해야 할 때, 전년도 1953년에 중국정부는 중국 내 민족들에게 민족등기를 하라고 하였을 때, 무려 400여 개의 인간공동체가 자신들이 독립된 민족이라고 주장하였다. 이에 정부는 각 민족에게 투표권을 부여한다면 국정의 혼란이 야기될 것을 우려하여, 이들이 실질적으로 독립된 민족인지, 한족인지, 그렇지 않으면 소수민족의 지계인지 조사하고자 하였다.

1949년 10월 1일 중국이 건국한 이후, 중국정부는 1950~1952년에 당지도부와 인류학자, 사회학자, 역사학자 등을 포괄하는 소수민족방문단을 구성하고, 서남·서북·중남·동북 및 내몽고 등지에 파견하여 당의 민족정책을 선전하며, 민족식별문제에 대해 초보적인 조사를 실시한 적이 있었다. 그러나 1953년 인구센서스의 예비적 작업과 같은 결과가 나오리라고 생각하지는 못하였다. 이로부터 중국정부는 민족식별의 문제를 중국 민족공작의 중요한 사안으로 상정하였다. 1953년 전국 제1차 인구센서스가 진행되었고, 1954년 전국인민대표대회 제1회 제1차 회의가 북경에서 열리게 되었는데, 이 사이에 정부는 전국인민대표대회 석상에서의 보고를 위하여, 전국 각 지역에 거주하는 민족에 대한 개괄적인 파악을 착수하였다.

건국당시: 9개 민족
1953년 제 1차 인구조사: 29개 민족식별(9+29=38개)
1964년 제 2차 인구조사: 15개 민족식별(15+38=53개)
1965년 1개 민족식별: (1+53=54개)
1979년 1개 민족식별: (1+54=55개)
총 55개 민족식별 분류. 1982년 국무원에서 55개 소수민족 공인

1953년 전국 인구 센서스조사 때 스스로 민족이라고 자칭하는 민족이 400여 개나 되었다. 1차 민족식별 조사 때 중국정부는 29개의 민족을 독립된 민족으로 인정하였다. 29개 민족은 '가이극자족, 강족, 경파족, 고산족, 납서족, 동(僮, 후에 장족(壯族)으로 개칭), 동족, 동향족, 랍호족, 려족, 백족, 보안족, 살랍족, 석백족, 수족, 아라사족, 악륜춘족, 악온극족, 오자별극족, 유고족, 율속족, 와족, 탑길극족, 탑탑이족, 태족, 토족, 포의족, 합니족, 합살극족'이다.

1964년 전국 제2차 인구조사에서 중국정부는 183개의 다른 민족에 대한 민족식별작업을 하였고, 이때 15개의 민족이 독립된 민족으로 인정되었다. 15개의 민족은 '토가족, 사족, 달알이족, 마료족, 포랑족, 흘료족, 아창족, 보미족, 노족, 붕룡족(후에 덕앙족으로 개칭), 경족, 독룡족, 혁철족, 문파족, 모난족(후에 모남족으로 개칭)'이었다. 이후 1965년에 락파족이, 1979년에 기낙족이 독립된 민족으로 공인되었다. 이로써 중국 건립 이래로 확인된 소수민족은 모두 55개가 되었고, 1982년 국무원이 공인하였다.

2. 운남성 민족과 소수민족의 민족주의 운동

1) 운남성 민족

중국 서남지역에 위치하는 운남성은 해발 2,000m가 넘는 고산지대이다. 이 지역은 구석기시대부터 철기시대에 이르는 유물들이 많이 발굴되었다. 이러한 역사유물은 고대 운남 지역이 문명이 발달한 곳이었음을 알 수 있게 한다. 그리고 운남지역에는 당나라 시기의 남조국(南詔國)과 대리국(大理國, 937~1252)이 있었는데, 이 중에서 남조국은 당나라와 비견되는 고도의 문명과 강한 군대를 가진 왕조였다.

운남성은 소수민족의 보고(寶庫)이기 때문에 중국 소수민족을 이해하는데 매우 중요한 지역이다. 운남성에는 다양한 민족이 많이 거주하고 있다. 특히 전쟁을 피해 오지로 숨어 든 민족이 많다 보니, 이들 민족은 오늘날에도 자신들의 고유한 문화를 갖고 있을 뿐만 아니라 고대 역사왕조와도 밀접한 관련이 있다. 대표적인 사례는 지난 1996년 운남성 봉암동굴촌에 숨어 살던 사람의 발견이다. 이들은 명나라 시기에 청나라 군사를 피해 이곳에 숨어서 약 300년간 살아온 사람이었다.

더욱 중요한 것은 이 지역에 한국 고대 왕조와 관련 있다고 알려진 민족들이 살고 있다는 점이다. 특히 고구려와 관련 있는 민족들이 많다. 예를 들면 랍호족(拉祜族, 라후족)과 율속족, 이족(彝族) 등이다. 역사 기록에는 "고구려가 망하면서 산남(지금의 사천성 서남부), 농우(지금의 청해, 섬서 및 신강위구르), 강회남(안휘성) 등지로 붙들려 간 20여만 명의 고구려 포로 중 일부가 그때쯤 중국 사람들의 학대에 못 이겨 계속 남하하여 운남 고원에 도달했다."고 하는데, 이들이 고구려 포로와 관련이 있는 것으로 여긴다.

먼저 가장 고구려인의 후예로 간주되고 있는 랍호족이다. 미얀마 고산지역에서 고구려 역사를 배우고 있는 라후족과 동일한 민족정체성을 지닌 운남성 랍호족은 운남성 서남부에 거주한다. 고대 랍호족의 일부는 지금의 청해성 청해호 부근에서 살았고, 일부는 농우(당나라 때 산남, 지금의 난주와 서녕 부근)에서 살았는데, 사천성을 거쳐 운남성까지 내려온 것으로 알려졌다. 랍호족의 풍습은 한국과 흡사하다. 특히 타이의 랍호족에 대해 한국 학계에서는 '**눈 오는 나라에서 쫓겨 이곳에 온 고구려 후예**'라고도 한다. 이곳의 랍호족은 "중국과 싸움을 해서 농우로 끌려 와서 살았고, 그 이전에는 북방 흰 눈이 오는 나라에서 살았지."라고 말한다. 랍호족은 음식을 먹을 때 젓가락과 숟가락을 사용하고, '앗찌'라는 김치를 담그는데, 고대 한국에서는 김치를 '아찌'라고 불렀다. 그들의 복장은 마치 고구려 벽화 속에 나오는 옷차림과 비슷하게 여자는 긴 두루마기 같은 옷을 입고 남자는 웃옷과 아래옷을 따로 만들어 입는다. 놀라운 것은 랍호족이 고사를 지낼 때 돼지머리를 올려놓는다는 것이다. 랍호족이 아기를 낳으면 문밖에 인줄(금줄)을 쳐서 외부 사람들이 집 안으로 못 들어오게 한다. 왼손 새끼줄에 푸성귀, 창호지로 오린 사람, 숯 그리고 빨간 고추를 매달아 놓는다. 또 랍호족의 씨름은 고구려의 씨름인 수박과 거의 흡사하였다. 이 외에도 많은 문화풍속이 고구려와 유사한 게 많다.

다음은 율속족(傈僳族)이다. 운남성 서북쪽 국경일대에 주로 사는데, 이들의 현재 풍속이 고구려와 거의 흡사하다. 율속족이란 '**전쟁에 져서 고향에 돌아갈 수 없다.**'라는 뜻이다. ≪위서(魏書)≫＜高句麗전＞에 "꿇어 엎드려 절을 할 때는 한쪽 다리를 뻗는다."라고 하였고, ≪북사(北史)≫＜高句麗

전>에 "절을 할 때는 한쪽 다리를 뒤로 뻗는다."라고 하였다. 그런데 율속족 여인들은 두 손을 공손히 땅에 짚고 절을 한다. 또 율속족 남자들은 두 손을 모으고 왼쪽 다리를 앞으로 내밀며 오른쪽 다리를 뒤로 뻗어 절을 한다.

그리고 곤명시에 사는 이족(彝族)은 오만(烏蠻), 라라(羅羅), 나라(倮倮) 혹은 나나(裸裸)로 부르기도 했으나 1949년 이후 '이족(彝族)'으로 통일해 부른다.[48] 초웅(礎雄)이족자치현에 사는 사람들은 앞머리에 새 깃을 길게 꽂는데, 이러한 형태는 고구려 사람들의 전형적인 모습이다. 특히 꿩의 꽁지털 같은 것을 앞머리에 꽂는 풍습은 1300년 전의 고구려인뿐이다. ≪위서(魏書)≫<고구려전>에 "머리에는 절풍건을 쓰는데 그 모양은 변과 같다. 그 옆에는 새 깃을 꽂는데 귀한 사람과 천한 사람의 차이가 있다."고 하였다. 그리고 석림에는 이족(彝族)의 한 갈래인 사니족이 있는데, 이들의 모습, 언어, 풍속 놀이 등은 한국과 유사하다. 특히 김치 담그기와 꿩의 깃털을 두어 개 꽂는 사니족 남성의 전통 모자는 고구려 벽화에 나오는 무사의 것과 거의 같다.

운남성 납서족(納西族)의 나를 '냐', 너를 '너'라고 한다. 그리고 이곳 박물관에 있는 한 장의 그림에 아홉 사람이 모두 고대 한국 도포를 입고 있으며 머리에는 상투를 틀고 있다. 그래서 납서족 또한 고대 한국 왕조와 관련이 있는 것으로 보인다.

2) 티벳과 위구르족의 민족주의 운동

1949년 신강 중국영토로 병합
1950년 중국공산당 티벳 공격
티벳 민족과 위구르족의 민족주의 → 주권회복을 위한 독립운동
1959년 티벳독립운동
1987년~89년 티벳 민족운동
1990년대 위구르족 민족운동
2008년 3월 14일 티벳민족운동
2009년 7월 5일 신강위구르족 민족운동

---

48) 모택동과 주은래는 이족(彝族)이라고 바꾸어 불렀다.

중국은 1980년대 이래로 민족융합정책을 실시하면서 민족통합을 이루고
자 한다. 그러나 티벳과 신강지역에는 중국 건국 이래로 끊임없이 민족주의
운동이 일어나고 있다. 특히 티벳과 신강위구르족의 민족운동은 단순한 민
족갈등으로 발생한 것이 아니라 주권문제와 관련이 있다. 즉 티벳과 신강
위구르족은 주권회복을 위한 광복운동을 하고 있다.

'광복운동'이라는 용어는 굉장히 민감하다. 중국정부의 입장에서는 티벳과
신강위구르족의 민족주의 운동을 광복운동이 아닌 중국분열을 야기하는 분
열주의 운동으로 간주하고 있다. 즉, 중국의 민족통합과 민족통일을 방해하
는 행위인 셈이다. 이는 2008년 4월 12일에 개최된 보아오포럼(BFA: Boao
Forum for Asia) 당시 호금도 국가주석과 케빈 러드 호주 총리와의 대화에서
잘 알 수 있다. 호금도는 2008년 티벳 사태와 관련하여 "우리와 달라이 라
마 집단과의 갈등은 민족문제도, 종교문제도 아니며 인권문제는 더더욱 아
니다."라며 티벳문제를 보다 직접적으로 언급했다. 또 "티벳 라싸 등지에서
발생한 사건은 일부 인사들이 주장하는 것처럼 평화 시위도, 비폭력 행동도
아니며 적나라한 폭력 범죄"라면서 "티벳문제는 전적으로 중국의 내정에 속
하며 조국의 통일과 분열의 문제"라고 주장했다. 그리고 개막식에서 호금도
는 "티벳 사건은 인권문제가 아니다."라고 선언하였다.[49] 중국은 1980년대
이후 각 소수민족의 종교, 문화적 자율성을 인정하면서도, '分離不許, 當家
作主(분리는 허용하지 않는다. 한 지역에 살아온 그 지역 소수민족이 그 지
역의 주인)'라는 원칙하에 소수민족이 중국 영토에서 분리되어 나가는 것을
허용하지 않고 있다.

그러나 티벳과 위구르족의 입장에서 보면 중국정부와는 상반된다. 이들은
중국 건국 이전에 티벳과 신강 지역에 이들의 독립된 국가가 존재하였으나,
중국이 건국한 이후 중국에 병합되어 식민지로 전락되었다고 여긴다. 그래
서 이들은 해외에 망명정부를 설립하고 지속적으로 주권회복을 위한 광복운
동을 해 왔던 것이다. 특히 티벳은 1950년 중국공산당군의 침략을 받았을

때 유엔에 도움을 요청하였으나 유엔의 무관심 속에 중국 지배하에 들어갔고, 1959년 3월 독립운동을 하다가 실패하여 달라이 라마를 비롯한 많은 티벳인들은 인도로 피난하였다. 1989년에도 독립운동을 하다가 실패하였고, 2008년 3월 14일에도 티벳뿐만 아니라 세계 곳곳에서 독립운동을 하며 세계 많은 사람들로부터 지지를 받았으나, 중국정부는 내정 간섭이라며 티벳의 민족운동을 무력으로 진압하였다. 또 2009년 7월 5일 신강 우루무치에서 발생한 위구르족과 한족 간의 유혈 충돌은 광복운동으로 확대되었다. 위구르족의 광복운동은 1990년대 이래로 지속적으로 행해졌다. '7·5 우루무치 사태', '7·5 신강위구르족사건'이라 불리는 위구르족의 민족주의 운동은 지난 1989년 6·4 천안문사건 이후 최대의 유혈사태이다. 중국정부는 위구르족의 민족주의 운동이 티벳이나 다른 지역으로 확대되고, 나아가서는 전 세계 위구르족과 민족정체성이 동일한 국가나 이슬람을 믿는 민족에까지 확대될까봐 우려하였다.

개혁개방 이후 소수민족과 한족 간의 경제격차가 심화되면서 민족 간의 갈등이 더 많이 발생하는 것으로 보고, 신강생산건설병단과 서부대개발정책 등 경제발전전략을 실행하였다. 그런데 이 과정에서 한족들이 티벳과 신강 지역으로 많이 이주하게 되었고, 현지 소수민족들의 경제권을 빼앗기 시작하였다. 뿐만 아니라 소수민족의 전통문화를 말살하려는 교육정책 등이 실시되면서 소수민족들의 불만은 오히려 고조되었다.

티벳과 신강위구르족의 민족주의 운동을 이해하려면 1949년 중국 건국 전후 시기의 티벳과 신강의 역사를 알아야 할 것이다.

티벳은 1911년 신해혁명 이후부터 1950년까지 외부의 영향력에서 벗어나 독립국가를 유지하였다. 당시 중화민국은 '한, 만(만주족), 몽고, 회, 장(티벳족) 등 민족이 하나로 뭉친 공화국'이라 선언했으나 이미 티벳에 대한 통제권을 상실한 이후였다. 당시 티벳은 영토와 영토 내에 거주하는 국민과 국제관계를 유지할 수 있는 정부가 있었고, 정부조직, 사법조직, 군사조직 등을 갖추고 있는 등 국제법적으로 독립국가로서 인정할 수 있는 특성을 갖추고 있었다. 1945년 제2차 세계대전이 종결된 이후 인도가 독립할 때, 1947

년 티벳도 독립을 선언하였다. 하지만 중국 건국 이후 모택동은 티벳의 독립이 무효임을 선언하였다. 그러나 티벳은 그해 11월 전 세계에 독립국가임을 재차 선언하였다. 1950년 10월 7일 중국공산당은 티벳을 공격하였으며, 티벳은 중국의 티벳 침략을 UN에 알려 도움을 청하였지만 UN은 티벳의 요구를 들어줄 상황이 아니었다. 티벳을 점령한 중국정부는 11월 1일 티벳에 '서장장족자치구' 인민정부를 설립하였다.[50]

한편, 신강은 청대에 청의 영토[51]로 복속되었다. 청 왕조가 망한 이후 신강지역에는 위구르족이 중심이 된 세력이 형성되었다. 1933년 합밀(哈密) 봉기를 통해 객십(喀什)에서 '동투르키스탄이슬람공화국(East Turkistan Islamic Republic)'을 건국하였다.[52] 1930년대 신강은 신해혁명 이후 권력을 장악한 양증신(楊增新)과 김수인(金樹仁) 등에 대항하여 민족주의 운동이 일어났고, 1944년 9월에는 위구르인들을 비롯하여 신강지역 소수민족들은 '중국정부를 타도하자'라는 구호를 외치며 독자적인 임시정부를 수립하면서 '동투르키스탄 공화국'을 건국하였다. 그러다 1949년 중국군은 동투르키스탄을 침공하여 점령하였고, 위구르족은 모택동에게 신강의 명칭을 'Eastern Turkestan'으로 바꿔 달라는 요청을 하였고, 그것이 불가하다면 'Uighuristan'으로 불러 달라고 요청하였지만 중국공산당은 이를 거절하였다.

1949년 9월 25일, 신강은 중국 영토로 편입되었고, 1952년 '중화인민공화국민족구역자치실시강요'에 따라 '중국 영토로서 분리할 수 없는 일부분'이자 '중앙인민정부가 통일적으로 지도하는 1급 지방정권'으로 되었다.

중국정부는 티벳과 신강지역을 차지한 이후, 청 왕조 멸망 이후 일시적으로 잃어버렸던 옛 영토를 되찾았다고 주장하였는데, 이러한 주장은 청말 이후 형성된 한족 중심의 중화주의적 인식에서 비롯되었다.

티벳과 신강위구르족의 지속적인 주권회복을 위한 광복운동은 2008년과

---

50) http://blog.daum.net/m-silkroad-spring/5722022 (검색일: 2009.3.30.)

51) 동투르키스탄은 1762년에 청의 지배하에 들어갔고, 1884년에는 신강이라는 이름으로 청 왕조의 행정구역으로 편입되었다.

52) http://www.globalview.cn/ReadNews.asp?NewsID=251 林旲 "'疆獨'分裂祖國活動及其背景"(검색일: 2008. 10. 20.)

2009년에 거세게 일어났는데, 이 때 전 세계 사람들에게 각인되었다. 이들의 지속적인 민족주의 운동은 티벳처럼 망명정부를 중심으로 해서 이루어지는 경우도 있지만, 신강위구르족처럼 독립적으로 이루어지기도 한다. 티벳민족운동을 하는 이들은 서로 협조하며 중국 내외에서 티벳의 광복운동을 하고 있다. 그리고 1970년 티벳의 독립을 위해 활동하는 사람들이 '티벳청년대회'를 만들었고, 이후 티벳청년대회는 망명정부의 핵심세력이 되었다.[53]

티벳과 신강위구르족의 민족운동 단체

- 티벳 광복을 위한 단체: 티벳청년대회, 티벳전국민주당, 티벳부녀협회, 자유학생운동, 티벳국가민주당, 국제원장망(國際援藏網) 등
- 신강위구르족의 민족주의 운동 관련 조직(약 50여 개): 동투르키스탄해방조직(ETLO), 동투르키스탄 이슬람운동(ETIM), 세계위구르청년회의(WUYC), 동투르키스탄 정보센터(ETIC), '동투르키스탄성화당(星火黨)', '동투르키스탄청년당', '동투르키스탄요원당(燎原黨)', '동투르키스탄독립조직', '동투르키스탄인민혁명당', '동투르키스탄중앙집행위원회', '천산민주연맹', '성화당', '성화연맹', '신강이슬람천산당', '모색' 및 '독립당' 등

신강위구르족의 민족운동을 가장 활발하게 하는 단체는 동투르키스탄해방조직이다. '동투르키스탄조직(東突解放組織)' 또는 '동투르크민족당(東突民族黨)'이라 부르기도 하는데, 1996년 MAMTIMIN HAZRAT(영문, MUHANMET EMIN HAZRE)가 터키에서 조직하였으며, 주요 목표는 폭력수단으로 신강에 동투르키스탄(東突厥斯坦)을 성립시키는 데 있다.

위구르족은 지난 1992년 12월 신강 광복 세력은 사우디아라비아와 터키의 자금 원조를 받아 이스탄불에서 '동투르키스탄 민족대표대회'를 개최하였다. 중앙아시아, 미국, 호주, 파키스탄, 독일, 사우디아라비아, 터키, 스위스 등으로부터 30여 개의 신강독립조직의 대표자들이 회의에 참가하였고 '동투르키스탄 국제민족연합위원회'를 발족시켰다. 이 회의에서 '동투르키스탄(東突厥斯坦)'을 국명으로 정하고, 국가·국기·국가를 대표하는 휘장의

<hr>

53) http://cpc.people.com.cn/GB/64093/64099/7225744.html "西藏日報: 實質是分裂和反分裂的主權問題－揭批達賴分裂集團圖謀‘西藏問題’國際化系列評論之四"(검색일: 2008. 7. 30.)

디자인 등을 결정했다.[54]

위구르족의 광복운동을 이끌 정신적인 지도자가 없다고 그동안 알려졌으나, 2009년 신강 사태를 주도하였다고 알려진 재미(在美) 위구르협회장 레비야 카디르가 등장하면서 앞으로 신강위구르족의 민족운동은 이전과는 다르게 진행될 것으로 보인다.

3. 중화민족주의와 애국주의

1) 중화민족주의

중국이라는 거대한 국가를 유지하기 위해 중국정부는 지난 1980년대부터 중화민족주의를 강조하기 시작하였다. 특히 1988년 비효통의 신중화민족 개념이 거론되면서 중국정부는 신개념의 '중화민족'을 강조한 중화민족주의 정책을 실시해 왔다. 이를 신(新)중화주의라고 명명하기도 한다.

중국정부는 추상적인 중화민족 개념을 실체화하기 위해서 중국 건국 이래로 동일한 국가 테두리 속에서 한족과 소수민족은 서로 융화되어 새로운 민족체가 되었다고 간주하였고 '하나의 중국'을 만들고자 하였다. 이를 위해 중국정부는 역사를 재정립하는 것에서 시작하였다. 현재까지 알려진 역사 재정립의 정책은 단대공정, 탐원공정, 동북공정 등이다.

신중화주의란 기존의 중화주의에서 한층 더 나아간 중국 중심의 애국주의이고 중화민족주의이다. 즉 신중화주의는 중국 건국 이래로 한족과 소수민족이 하나의 민족으로 융화하여 새로운 민족체인 중화민족이 되었다고 보고, 이를 토대로 하여 중국을 구성하는 국민과 민족을 중심으로 하여 중국 대륙에서 발생한 역사와 문화를 해석하는 것이다. 기존의 중화주의는 '중화

---

54) http://blog.daum.net/_blog/BlogView.do?blogid=04dwc&articleno=10952412&categoryld=58
1288#ajax_history_home(검색일: 2008. 8. 10.)

세계' 혹은 '중국적세계질서관'를 통해 이해할 수 있는데, 중국은 근대 이전 동아시아의 국제질서가 '한족(漢族)을 중심으로 한 중화세계(中華世界)'라고 여겼다.

신중화주의는 '단대공정, 탐원공정, 동북공정, 서북공정, 서남공정, 북방공정, 남방공정, 시조공정, 청사공정, 시조공정, 성씨공정' 등에서 적나라하게 드러났다. 중국정부는 여러 프로젝트를 통해 중국에서 발생한 역사와 문화를 모두 중화민족의 것으로 간주하였다. 여기에는 한족(漢族)이라는 민족정체성이 내재된 중화민족을 강조하는 것이다.

비효통은 지난 1988년 중화민족의 개념을 새롭게 정의 내렸는데, 이후 중국정부는 중화민족 개념을 중국을 구성하는 민족의 단결의 수단으로 삼아왔다. 비효통은 "중화민족이란 만들어진 하나의 자각적 실체로서 오랜 역사 과정에서 형성되어 왔다고 하면서, 다원일체(多元一體)로 이루어져 있으며, 한족이 지속적으로 타민족을 흡수하거나 한족 중심으로 융합되었다."고 보았다. 1996년 비효통은 "중화민족은 중국 영토 내에 56개 민족을 포괄하는 민족 실체이다. 결코 56개 민족을 더한 총칭을 아니다."라고 말하였다. 즉 중국을 구성하는 56개 민족이 서로 의존하고 결합하여 이제는 더 이상 분리할 수 없는 존재가 되었다고 해석하였고, 이들의 민족 실체는 고도의 민족의식을 갖고 있다고 하였다.

중화주의와 신중화주의

	중화주의	신중화주의
중심민족	○ 화하족, 한족	○ 중화민족
민족관	○ 대부분의 고대민족과 역사민족이 한족으로 동화됨 ○ 중국 내 소수민족 인정	○ 1949년 중국 건국 이래로 점점 한족과 소수민족은 동화와 융화를 통해 새로운 중화민족으로 됨. 중국을 구성하고 있는 한족과 소수민족은 중화민족이고 중국민족임. ○ 중국은 고대부터 통일된 다민족국가임. ○ 중국 내 소수민족 인정 → 불인정
역사관	○ 한족의 관점	○ 중화민족의 관점

중국의 신중화주의적 성격을 띠고 있는 프로젝트를 살펴보면 다음과 같다.

단대공정과 탐원공정

프로젝트	정식명칭	주요 내용
단대공정(斷代工程) 1996-2000	하상주단대공정 (夏商周斷代工程)	– 약 200명의 역사학자와 고고학자, 천문학자 등 각 분야 전문가 참가 – 하·상·주 3대 왕조의 연대를 확정
탐원공정(探源工程) 2003.6-2008	중화문명탐원공정 (中華文明探源工程)	– 단대공정을 계승 – 중화문명의 시원(始源)을 캐는 계획 – 신화와 전설을 역사 영역으로 포함시키는 일 – '중국'이라는 실체를 1만 년 이상 끌어올림 – 화하족(華夏族)의 활동영역을 추정

동북공정(2002-2007)

정식명칭	동북변강사여현상계열연구공정(東北邊疆史與現狀系列研究工程)
의미	동북변경의 역사와 그것으로 파생되는 오늘의 현상에 대한 연구
실질적 내용	한국의 고대 역사를 왜곡하였다. 특히 고구려와 발해 등 동북3성 지역에서 활동하였던 고대 한국 왕조를 중국역사로 편입

　동북공정이 중국사회과학원의 핵심 연구과제로 지정된 것은 1996년으로, 중국이 오랜 기간 동안의 준비과정을 거쳐서 2002년부터 본격적인 조사와 연구를 하였다고 볼 수 있다. 동북공정이 본격적으로 실시될 때 중국정부는 1948년 이전의 한국 역사를 모두 부정하였으며, 심지어는 한국민족의 민족 정체성을 훼손하였다. 이에 대응하기 위해 한국에서는 고구려연구재단을 설립하기도 하였으나 소극적인 방안에 불과하였다. 중국정부가 동북공정을 실시한 가장 커다란 이유는 한국과 북한이 통일되었을 때 발생할 동북3성 지역의 영토분쟁을 미리 예방하기 위함이었다.

　동북공정의 연장선으로 시조공정과 성씨공정(족보연구)을 들 수 있다. 먼저 시조공정의 주요 내용은 한국 민족의 고대민족으로 알려져 있는 동이족에 대한 중국 한족으로의 흡수이다. 중국은 고대 동이족의 군장이라 일컬어지며 천자인 치우(蚩尤)를 한족의 선민족으로 간주하고 있다. 중국인들은 자신들이 염황제(炎黃帝)의 후손이라고 여기고 있다. 그러나 중국은 1994년부터 3년 이상 걸려 삼조당(三朝堂)을 만들어 염제와 황제에다가 동이족의 군장인 치우를 자신들의 시조로 넣었다. 다음은 성씨공정인데, 중국에서는 이미 동북공정에서 고려를 건국한 왕건이 한사군 때 한반도에 남은 한족의 후예라고 주장하면서 시작되었다고 할 수 있다. 또 공자의 족보를 만들면서 한국에 있는 공(孔)씨를 고려공파로 두었다. 이 외에도 최(崔)씨 성도 동한 말 최비(崔毖)가 조선으로 건너온 성이라고 해석하고 있다. 또 한국 이(李)씨 성 109개 본관 중, 약 30여 개는 중국에서 들어왔고, 정(鄭)씨 35개 본관 중 서산정씨(瑞山鄭氏)와 랑야정씨(琅琊鄭氏)는 본관의 시조가 중국에서 들어왔다고 밝히고 있다. 또 북한과 한국의 안(安)·변(卞)·변(邊)·채(蔡)·조(曹)·진(陳)·지(池)·정(丁)·범(範)·방(方)·홍(洪)·길(吉)·공(孔)·염(廉)·노(盧)·남(南)·천(千)·진(秦)·추(秋)·임(任)·심(沈)·석(石)·송(宋)·위(魏)·엄(嚴)·양(楊)·은(殷) 등은 한당(漢唐)에서 명(明)시기의 중국에 그 집안의 족보가 보이고 있다고 한다. 또 임(林)·로(魯)·류(柳)·차(車)·라(羅)·여(呂)·남궁(南宮)·예(芮)·왕(王)·오(吳) 등의 성씨는 시조가 상주전국진한(商周戰國秦漢)시대에 조선(朝鮮)으로 들어온 중국인이라고 밝히고 있다. 한국에서는 중국의 중화민족주의적 색채가 농후한 시조공정과 족보연구를 경계하고, 실질적인 의도를 간파하여 한국의 역사와 민족 정체성을 보존해야 할 것이다.

북방공정은 중국정부가 1995년 '몽골국통사' 3권을 출판하면서 '몽골의 영토는 중국의 영토'라고 주장한 것을 일컫는다. 몽골공화국은 강하게 반발하였지만, 중국정부는 단지 "학술활동일 뿐 중국정부의 공식 입장은 아니다."라는 말로 비켜갔다. 중국은 칭기즈칸이 중국인이라고 얘기하는 것은 마치 고구려 광개토대왕이 중국인이라는 것과 같은 맥락인데, 중국은 중국에서 발생하였던 역사와 문화를 중국의 것으로 편입하여 중국 역사를 확대하고 있다. 중국이 몽골 역사에 강하게 집착하는 것은 몽골과 중국 간의 영토분쟁 발생 가능성 때문이다. 현재 몽골은 몽골공화국과 중국의 내몽고자치구로 분할돼 있어 언제든지 영토분쟁이 일어날 수 있다. 몽골은 청의 멸망을 틈타 1911년 독립을 선언했다. 현재 몽골공화국인 당시의 외몽골은 소련의 지원을 받아 1924년에는 몽골인민공화국의 개국을 선언했다.

서북공정과 서남공정

명칭	내용	실질적 목적
서북공정 (2002)	신강위구르자치구에 거주하는 위구르족을 대상으로 한 역사 및 지리에 대한 종합연구	– 위구르족의 독립운동을 막기 위함 – 1991년 소련의 해체에 영향을 받은 신강(新疆) 위구르 지역에서 활발하게 진행되었던 민족운동을 사전에 차단하기 위함.
서남공정 (1986)	인도차이나 지역의 국경 정리와 운남성에 거주하는 소수민족을 효율적으로 관리하기 위한 정책	– 운남성 소수민족의 정체성을 약화와 티벳의 독립운동을 저지. – 티벳이 13세기 원나라 이후 중국의 일부였다며 티벳의 역사를 중국사에 포함

서남공정의 티벳 관련 주요 내용은 티벳의 역사, 지리, 민족문제 등에 관한 연구이다. 티벳 연구의 핵심은 '한장동원론(漢藏同源論)'으로 요약되는데, 한족(漢族)과 티벳인(장족, 藏族)은 문화와 언어의 뿌리가 같다는 주장이다. 그리고 중국은 당 대 장안(長安, 현재의 西安)까지 세력을 넓혔던 8세기의 티벳 역사를 완전히 빼버렸다.

2) 애국주의

> – 1990년대의 '中國可以說不(중국은 '아니요'라고 말할 수 있다.)'라는 말을 할 수 있다는 것에서 매우 국가 민족의 자긍심을 찾는다.
> – 1991년 공산당 창당 70주년 기념식에서 강택민은 "애국주의는 평화연변에 대응하는 효과적인 무기로 전환될 수 있다."고 하였다.
> – 1994년에는 "愛國主義敎育實施綱要"를 발표하여 애국주의 교육을 전국적으로 전개
> – 신애국주의: 2008년에 있었던 중국인들의 행동들이 전례 없이 광범하고 신속하게 일어난 애국행동이었기 때문에 신애국주의라 부른다.

2008년 3·14 티벳 민족주의 운동 당시 중국과 세계 각 지역에서 발생하였던 일련의 사건에서 중국인들의 애국주의를 엿볼 수 있다. 또 5월 12일 사천성 지진 발생 때 사천 지역 돕기 운동은 기존 중국인들의 애국주의와는 사뭇 다른 모습이었다. 특히 티벳사태와 관련하여 서방의 매체들이 왜곡하여 방송한다고 중국인들은 비난하고 항의하였으며, 세계 여러 지역에 거주

하는 중국인들 또한 전례 없는 단결과 신속한 행동을 취했다. 예를 들면 중국 주요 도시의 까르푸 매장 앞에서의 시위, 미국에서 CNN의 티벳사건 보도에 불만을 갖고 'No CNN (Chinese Negative News)'이라 적힌 피켓을 든 시위, 한국 서울 수도에서 발생한 유학생들의 사건 등은 중국인들의 애국주의를 보여준다. 국제선구도보 등의 중국 언론은 이러한 열기를 '신애국주의'로 규정하였다. 진영(陳瑛) 등의 중국학자들은 티벳사건과 관련된 여러 일련의 사건들을 가리켜 일종의 '새로운 애국주의'가 구현되었다고 말한다.

'신애국주의'라고 부르는 것은 2008년에 있었던 중국인들의 행동들이 전례 없이 광범하고 신속하게 일어난 애국행동이었기 때문이었다. 그리고 민족 자신감, 자존심과 자긍심의 기초 하에서 생겨난 애국주의이기 때문이다. 특히 1990년대의 '中國可以說不(중국은 '아니요'라고 말할 수 있다.)'라는 말을 할 수 있다는 것에서 매우 국가 민족의 자긍심을 가졌다.

중국의 학자와 여러 매체들은 늘 감정이 고조된 어조로 민족주의를 '애국주의'로 풀이하고 있다. 그러나 서방의 학자들과 매체들은 오히려 매우 위험성이 잠재되어 있는 '중국민족주의'로 부르고 있다. 한마디로 중국 애국주의는 1949년에 건국된 중화인민공화국이라는 국가의 국민이 애국심을 발양하는 것이다.

중국의 애국주의는 1990년대 애국주의 교육과 밀접한 관련이 있다고 볼 수 있다. 1990년대에 시작된 중국 애국주의는 당시 급변하고 있던 세계와 중국의 변화 속에서 중국을 온전하게 지켜야 한다는 것에서 출발한다. 대외적으로 동부유럽 사회주의 체제의 붕괴와 소련의 붕괴 등은 사회주의 국가인 중국을 긴장케 하였다. 대내적으로 1980년대 말 발생하였던 소수민족의 민족운동과 6·4 천안문사건은 중국 지도자로 하여금 국정안정을 필요로 느끼도록 하였다. 중국정부는 중국국민에게 중화민족을 강조하면서 조국에 대한 애국심을 갖도록 교육하고자 하였다.

강택민은 1991년 공산당 창당 70주년 기념식에서 "애국주의는 평화연변에 대응하는 효과적인 무기로 전환될 수 있다."고 하였다. 이후 1994년에는 "愛國主義教育實施綱要"를 발표하여 애국주의 교육을 전국적으로 전개하였다.

애국주의 교육 주요 목적과 내용[55]

- 주요 목적: 민족정신을 드높이고, 민족응집력을 증강시켜 민족의 자존심과 자긍심을 확립하고, 광범위한 애국통일전선을 공고하고 발전시키며, 중국인민의 애국열정을 중국특색의 사회주의를 건설하는 데 인도하고 결집하고, 또 통일과 번영 및 부강을 위해 인도하고 결집하는 데 공헌한다. 그리고 이상, 도덕, 문화, 기율이 있는 사회주의 공민을 만들고, 4개 현대화를 실현하며, 중화의 공동 이상을 위해 단결하고 분투하도록 하는 데 있다.
- 주요 내용: 중화민족의 유구한 역사교육, 중화민족의 우수한 전통문화 교육, 공산당의 기본노선과 사회주의 현대화 건설의 성취교육, 중국국정의 교육, 사회주의의 민주와 법제에 관한 교육, 국방과 국가 안보에 관한 교육, 민족단결에 관한 교육, 평화통일과 일국양제에 관한 교육 등

한편, 최근 중국에서는 애국주의의 기본적인 특징으로서, 호금도는 2008년에 8가지의 영예와 수치를 언급하였다.

8가지의 영예와 수치

① 조국을 열렬히 사랑하는 것은 영예이고, 조국에 해를 끼치는 것은 수치다.
② 인민을 위해 봉사하는 것은 영예이고, 인민을 위배하는 것은 수치다.
③ 과학을 숭상하는 것은 영예이고, 우매하고 무지한 것은 수치다.
④ 근면 성실하게 일하는 것은 영예이고, 편한 것만 찾고 일하기 싫어하는 것은 수치다.
⑤ 단결해 서로 돕는 것은 영예이고, 남에게 해를 끼치며 자신의 이익만을 좇는 것은 수치다.
⑥ 성실하게 신의를 지키는 것은 영예이고, 이익을 좇아 의를 저버리는 것은 수치다.
⑦ 법과 규율을 지키는 것은 영예이고, 법을 어기고 규율을 혼란하게 하는 것은 수치다.
⑧ 어려움을 참으며 분발하는 것은 영예이고, 교만하고 사치하며 방탕한 것은 수치다.

---

55) http://www.xauat.edu.cn/jgsz/xsc/read.php?id＝304 "愛國主義教育實施綱要"(검색일: 2008. 4. 30.)

4. 문화대국화 전략

- 2006년 중국은 '문화대국화' 전략 연구 프로젝트를 착수
- 세계 최초의 공자학원: 2004년 11월에 대한민국 서울에서 공자아카데미라는 이름으로 설립
- 중국어 표기: 孔子學院, 영어 표기: Confucius Institute

1) 문화발전전략

2006년 중국은 '문화대국화' 전략 연구 프로젝트를 착수하였다. 중국은 종합국력 면에서 세계의 주요 대국임을 자처하며 국제무대에서 날로 영향력을 확대해 가고 있지만, 어떻게 하면 경제대국과 함께 문화대국이 될 수 있을까를 고민한 끝에 민족적 가치관의 교육·보급 방안과 중국문화의 해외진출 전략 수립 등을 골자로 하는 국가 차원의 문화발전전략 연구에 착수했다.

중국 언론은 2006년 8월 25일 문화산업 및 문화체제 개혁 연구에 이은 '중국문화발전전략 연구' 프로젝트가 지난 2006년 8월 22일 본격적으로 착수됐다면서 "과학발전관의 지도 아래 중국문화의 체계적인 발전전략 이론을 세운다."는 것을 목표로 하고 있다고 밝혔다.

문화부 산하 중국예술연구원이 수행하게 될 프로젝트의 4대 과제는 "중화민족의 핵심적인 가치관과 사회주의 조화사회 건설, 중화문화의 해외진출(走出去)전략, 공공 문화서비스 체계 수립, 과학발전관과 문화 창신(創新, 창조)전략" 등이고, 이들 과제는 다시 50개 연구 분야로 세분된다.

중국예술연구원은 이를 위해 중국에서는 처음으로 문화발전전략연구센터를 설립하고 해당 분야 인력을 대규모로 배치해 문화전략과 공공문화정책, 문화산업, 문화안전, 인터넷 등의 분야에 대한 연구를 크게 강화하고 있다. 이 같은 프로젝트 추진은 현재의 글로벌화 환경과 부단한 발전과정에 처해

있는 중국이 대중의 레저생활 등 일상적인 문화소비 부문에서는 물론 고급 국가 문화예술과 학술 부문에서까지 갈수록 많은 문화적 도전에 직면하고 있다는 인식에 따른 것이다.

2006년 6월 22일 프로젝트 착수 기념 토론회에서 참석자들은 인터넷의 신속한 발전으로 국가의 문화발전전략과 '문화안전'에 일련의 새로운 문제가 나타난다며 서방문화의 잠재적인 '이데올로기 패권'에 대응해야 한다고 지적했다. 또 어떻게 중국문화의 전통적 가치관을 유지하고 전승하며, 어떻게 공공문화정책 체계를 수립해 서방문화의 잠재적 이데올로기 패권에 대응하고 중화민족의 선진적인 문화이미지를 형상화하느냐 하는 것은 대단히 중요한 현실적 문제라고 강조했다.

2) 공자학원의 설립

공자학원(孔子學院)은 중국 교육부가 세계 각 나라에 있는 대학교들과 교류해, 중국의 문화나 중국어 등의 교육 및 전파를 위해 세워진 교육 기관이다. 중국정부가 운영비를 매년 20~30% 정도를 지원하는 세계 최초의 공자학원은 2004년 11월에 대한민국 서울에서 공자아카데미라는 이름으로 설립되었으며, 아시아와 아프리카 및 유럽 각지에 분포되어 있다.

공자학원은 '공자아카데미'라고도 하고 있는데, 중국어 표기로는 '孔子學院'이고, 영어로는 'Confucius Institute'다.

목적: 현지인에게 중국어를 가르치고 중국의 문화와 정치 이념, 정책을 소개해 중국에 대한 이해를 높이고자 하고 있다.

교육내용: 중국어와 무술, 수묵화, 젓가락 사용법 등을 가르치고 중국의 고전과 사회주의 이론 등 중국문화 전반에 대한 정보를 제공하는 기능을 갖추고 있다.

중국이 공자학원 설립을 대규모로 추진하고 나선 직접적인 이유는 경제 발

전에 따라 중국어와 중국문화를 배우려는 사람이 급속히 늘어나고 있기 때문
이다.

중국이 한국에 제1호 공자학원을 세운 것은 중국에 있는 해외 유학생 가운
데 절반가량이 한국 학생으로서 한국의 중국어에 대한 관심이 높기 때문이다.
중국에서 중국어와 중국문화를 세계에 널리 알리기 위해서 '공자'를 붙인 것
은 공자가 세계적으로 널리 알려진 대학자이기 때문이다.

제6장

중국사회

개혁개방 이후 나타난 중국사회의 문제점으로는 '민족문제, 계층문제, 농촌문제, 도시문제, 실업문제, 호구문제, 환경문제, 질병문제' 등이다. 지도층의 부정부패와 대학생들의 실업문제, 농민공의 강제이주로 인한 사회문제, 민족 간의 격차는 중국정부가 해결해야 할 과제이다. 특히 농촌문제는 중국정부가 해결해야 할 중요한 과제로서 지난 2004년부터 중앙1호문건의 주된 내용이었다. 최근에는 황사와 지진, 대기오염 등과 같은 환경문제와 사스(SARS: 중증급성호흡기증후군)와 페스트 등과 같은 질병이 중국인들의 생명을 위협하는 중요한 문제로 등장했다.

그리고 계층 간의 소득격차가 심해지면서 빈부격차는 더욱 벌어지고 있다. 호남성 등 일부 지역에서는 돈이 없어 매혈을 하였다가 마을 사람 대부분이 AIDS에 걸리는 사태가 벌어지기도 하였고, 도시로 이주해 온 일부 젊은 여성들이 자신들의 처녀성을 파는 현상도 발생하였다.

중국의 3단계 사회발전 목표

2000년 온포사회(빈곤해소 단계)
2020년 소강사회(먹고 살만한 단계)
2050년 대동사회(이상적 복지사회)

---

1. 중국 계층 분화

1) 신(新)사회계층

― 강택민, 2001년 '공산당 성립 80주년 경축' 행사에서 언급
― 高학력자, 高소득자

신사회계층은 강택민이 2001년 '공산당 성립 80주년 경축' 행사에서 언급한 용어이다. 개혁개방 천명 이후 급속한 경제성장에 따라 등장하게 된 신(新)직업군을 말한다. 신사회계층에는 '민영 과학기술기업의 창업자, 변호사 의사 회계사 등 프리랜서 직업군, 외국 자본 기업의 경영진 및 기술자, 자영업자' 등을 가리키는데, 이들은 주로 高학력자이고 高소득자들로서 비공유제 경제인과 프리랜서 지식인이다.

2008년 3월 8일 전국정치협상회의(정협)에서 "新사회계층 사회 책임을 논하다."라는 주제로 기자회견을 열었다고 중국경제망(中國經濟網)은 보도했는데, 정협에 따르면 현재 중국의 新사회계층은 약 7,500만 명에 달하며, 지금도 여전히 급속하게 증가하고 있는 추세라는 것이다. 이들은 10조 원(RMB)의 자본을 굴리고, 국내총생산(GDP)에서 차지하는 비중도 전체 ⅓ 이상이다. 또 중국 세금의 ⅓ 이상을 납부하고 있으며, 무역 수출입 총액의 40% 이상을 차지하고 있다. 중국공산당은 2010년에는 非공유제 경제의 세수 기여도가 50%를 차지할 것으로 예상하고 있다.

2) 신흥부유층(신부호층)

최근 한 보고에 따르면 중국에 '신부호층(新富階層)'이라는 새로운 부자들의 숫자가 급격하게 늘어나고 있는 것으로 나타났다.[56]

2008년 5월 18일, 북경에서 열린 심포지엄에서 상해 복단대학 관리학원(上海復旦大學管理學院)이 발표한 '신부호층' 연구보고에 따르면 연간 소득이 30~100만 원(RMB) 새로운 부호층의 숫자가 5천만 명에 달하는 것으로 나타났다. 보고에서는 세금을 제한 연간 소득이 30만 원(RMB) 이상인 계층을 '신부호층'이라고 정의하고 있다.

중국 부호 변천

단계	주요 인물	내용
1단계	상징적 인물: 1999년 최고 부자로 등극한 대표적인 '홍색(紅色)자본가' 영의인(榮毅仁)	− 가업을 이은 영의인은 1956년 자신의 기업을 무상으로 국가에 헌납해 홍색자본가라는 명예를 얻음.
2단계	상징적 인물: 2003년에 최고부자를 차지한 중국의 빌 게이츠 정뢰(丁磊)	− 외국계 회사에서 엔지니어로 근무하던 장뢰는 1997년 광동성 광주에서 인터넷 포털사이트인 망이(網易)를 설립해 부의 새로운 지평을 염
3단계	상징적 인물: 부동산개발업체 컨트리가든 양국강 회장의 딸인 양혜연(楊惠姸)	− 주식과 부동산 가격 폭등으로 부가 급격히 불어난 시기 − 주식과 부동산으로 재벌되는 사례가 많아짐

북경·상해·광주 등 10개 대도시, 25~50세 연령대의 사람들을 조사한 결과, 현재 중국내 신부호층은 사회 총 인구의 5%를 차지하고 있으며, 이들의 주요 투자 1순위는 부동산을 통해 이루어지고, 이들 대부분은 주식과 금융 자산을 소지하고 있는 것으로 나타났다. 한편, 연간 소득이 100만 원(RMB) 이상인 사람도 약 500만여 명에 달하는 것으로 나타났다.

3) 중간계층[57]

서구에서는 'middle class'라고 불리는 중산계층의 용어가 중국에서는 명확한 구분 없이 '중간계급', '중간계층', '중산계급', '중산계층', '중간층', '중

---

56) http://cafe.daum.net/kangsm1008/Hiuj/3966?docid＝a81a|Hiuj|3966|20080522195249&q＝%C1%DF%B1%B9%20%BB%E7%C8%B8%20%B0%E8%C3%FE&srchid＝CCBa81a|Hiuj|3966|20080522195249(검색일: 2008. 8. 15.)

57) 김도희, 『전환시대의 중국 사회계층』, 폴리테이아, 2007, pp.105－108.

등소득 집단' 등으로 다양하게 사용한다. 중국에는 중산층이란 말보다는 중간계급이란 말을 더 많이 쓰고 있는데, 이는 '중간계층'의 의미이다.

중간계층 구분

- 직업
- 경제적 자원
- 중산계층은 소득, 소비와 직업 등 다양한 기준을 통일해서 적용하기 어렵다.

(1) 직업에 의한 구분

중국에서 중간계층을 구분하는 데 우선적으로 쓰이는 범주는 직업이다. 10대 사회계층도 직업을 기준으로 범주화했다. 그러나 10대 사회계층을 구분하면서 중국에서 쓰이는 세 개의 중간층은 중산계층과는 거리가 있다. 세 개의 중간층에는 전문기술직, 사무직, 자영업자 계층이 포함되지만 중국의 중산계층에는 자영업자 비율이 낮다. 대신 세 개의 상층이라고 불리는 국가, 사회관리자와 경영자, 사영기업주의 일부가 중산계층의 범주에 든다. 직업에 의한 구분은 중산계층이 화이트칼라 직업에 종사하는 사람들의 집단이라고 본다. 여기에는 방송이나 언론, 연예계 스타 등 자유 직업인도 포함된다.

(2) 경제적 자원에 의한 구분

두 번째 범주는 경제적 자원이다. 경제적 자원은 재산, 소득과 소비의 구분에 의해 중산계층을 산출한다. 물론 이에 대한 기준이 통일되어 있지 않으며 지역마다 도시와 농촌의 경우도 다른 기준이 적용된다.

소득의 경우 다양한 기준이 있는데, 국가통계국은 한 가정의 연소득이 6만원(RMB)에서 50만원(RMB)까지를 중산계층이라고 보았다. 상한선인 50만원(RMB)을 기준으로 할 경우, 한 가정의 식구를 세 명으로 해서 연간 1인당 소득을 17만원(RMB)원으로 잡은 것이다. 이 기준은 국가통계국이 2004

년 1인당 평균 GDP와 1인당 소득, 달러와 인민폐, 구매력 평가기준으로 환산한 것이다.

소비수준으로 중산계층을 구분하는 경우는 엥겔지수 40% 이하를 기준으로 1인당 혹은 한 가정의 소비액수를 근거로 한다. 자기 주택과 자가용차를 구입할 수 있는 소비능력도 포함시킨다. 이 외에 주관적 인식에 대한 조사를 통해 중산계층의 범주를 정하기도 한다. 이와 같이 중산계층을 각각의 기준으로 산출할 수도 있고, 모든 기준을 다 갖춘 집단만을 중산계층이라고 볼 수도 있다. 중국사회의 중산계층은 소득, 소비와 직업 등 다양한 기준을 통일해서 적용하기 어렵다.

4) 빈곤계층(빈민층)

각 지역에서 정하는 빈곤계층은 소득이 해당 지역주민 평균소득의 50%에 못 미치는 집단을 말하거나 지역에서 정한 빈곤선에 못 미치는 사람들을 말한다. 주로 농민, 노동자, 일부 서비스직 종사자, 실업자, 농민공 등이 이에 해당한다.[58] 빈곤선(貧困線)[59]은 기본적으로 중국과학원과 국가통계국, 민정부가 정하지만, 구체적인 빈곤선의 설정은 각 지역이 정하게 되어 있다. 중국에는 2개의 빈곤선(절대빈곤선과 상대빈곤선)이 있다. 2008년 중국의 절대빈곤선은 1인당 연평균 786원(RMB)이고, 상대빈곤선은 연평균수입이 1067원(RMB)이다.[60] 2008년 17차 3중전회에서 "농촌부빈(扶貧)개발을 추진하고, 새로운 부빈기준을 실행한다고"고 하였다. 2009년부터 중국의 절대빈곤기준과 상대빈곤기준은 하나로 통합되는데, 현행 저수입기준을 새로운 부빈기준으로 삼는데, 부빈기준은 연수입 1067원(RMB, 약 150달러)이다.

도시의 빈곤계층 구성에서 높은 비율을 차지하는 것이 농민공과 실업노동

---

58) 김도희(2007), pp.140 - 141.

59) 빈곤선은 빈곤기준을 말한다. 빈곤기준은 특정한 시기, 공간, 사회발전 단계 하에서 사람들이 기본적인 생존을 유지하는데 필수적으로 소비해야 하는 물품과 서비를 받는데 필요한 최저비용을 말한다.

60) http://news.163.com/08/1230/10/4UDGAJU90001124J.html (검색일: 2009.8.8.)

자이다. 농촌에는 여전히 많은 수의 빈곤 농민들이 존재한다. 농촌의 절대 빈곤층은 1978년 전체 인구의 4분의 1인 2억5천 만명이었던 것이 2007년 말 현재 전체 인구의 1.6% 수준인 1,479만명으로 크게 줄었다.[61] 농촌인구의 소득을 1이라고 할 때 도시민 소득은 3.4에 달하고 있다. 2008년 말 현재 전국 농민공의 총 숫자는 2억2,542만 명에 달했다. 이 중 고향을 떠나 도시 공장에서 일하는 농민공 수는 1억4,041만 명으로 전체 농민공의 62.3%를 차지했다. 나머지는 자기 고향 인근 지역에서 일하는 농민공이다. 그리고 2008년 말 도시지역의 실업자는 886만 명으로 4.2%의 실업률을 기록했다. 하지만 전문가들은 이러한 수치는 신고실업자만을 대상으로 했을 뿐 실제 실업률은 10%를 넘는 것으로 본다.[62]

중국에 빈민인구가 감소하지 않는 원인은 다음 세 가지로 요약된다.[63]

- 첫째, 남아 있는 빈곤층의 대부분은 생산, 생활조건이 특히 열악한 지역에 살고 있어 온 포문제의 해결이 현재 이상으로는 근본적으로 해결이 어렵다
- 둘째, 온포문제를 해결한 빈곤층의 일부가 또다시 재해 등의 피해로 인해 다시 빈곤화되고 있다
- 셋째, 일부 지역에서 전개한 사업은 빈곤구제와는 거리가 멀다

5) 중국 계층 분화의 특징

첫째, 이미 공업화를 실현하거나 공업화 과정에 있는 국가와 마찬가지로 현재 중국사회의 계층분화도 직업의 분화에 따라 진행되고 있다. 직업이 사회계층분화에 미치는 영향은 육체, 비육체노동자 간, 관리자와 비관리자 간의 사회적 위치와 경제조건의 차이가 갈수록 커지고 있다는 점에서 두드러진다.

---

61) http://www.yonhapnews.co.kr/bulletin/2009/09/08/0200000000AKR20090908102800083.HTML?did=1179m (검색일: 2009.9.9.)

62) http://kr.news.yahoo.com/service/news/shellview.htm?linkid=15&articleid=2009090900140047519&newssetid=87 (검색일: 2009.9.9.)

63) 권용옥, "21세기 중국사회 계층분화의 신추세", 『중국연구』 제38권. 2006.

둘째, 중국특색의 제도가 사회계층 분화에 큰 영향을 미치고 있다는 것이다. 예를 들어 소유제, 호구제도, 국가의 강제적 자원배치 등이 계층 간의 이동을 제한하고 새로운 형태의 계층을 양성하는 효과를 낳고 있다.

셋째, 생산자원에 대한 소유권이 사회계층 분화에 중요한 요소로 작용하고는 있지만, 분화과정에의 영향력이 아직도 자본주의 국가에 비해 약한 것으로 나타났다.

넷째, 경제체제 전환기의 과도기라는 점이 사회계층의 분화에 많은 영향을 미치고 있다. 시장경제의 과도기에서 대부분의 경우 수입이 증가하고 생활수준이 점차 향상되지만, 이와 반대의 경우도 적지 않게 존재한다. 또한 과도기의 특성상 어느 계층에도 속하지 않는 집단의 규모도 크며, 이는 과도기를 거치면서 더 많이 생성될 수도 있고, 각 계층으로 흡수될 수도 있는 가능성을 항상 내포하고 있다.

2. 중국 10개 사회계층

사회계층

- 2개 계급(노동자, 농민 계급)과 1개 계층(지식분자 계층)
- 대관(大款), 노백성(老百姓), 기개(乞丐)
- 10개 사회계층 : 국가사회관리자, 대·중형 기업체 관리자, 사영기업주, 전문기술자, 행정사무인력, 개체 상공업자, 상업 서비스 종사자, 노동자, 농업노동자, 도시 실업·반실업자

중국 봉건사회에서는 '사농공상(士農工商)'이 사회의 계층구조였다면, 현대중국에서는 3개의 계급(노동자, 농민, 자산계급)이 있었다가 개혁개방 이후 새로운 계층이 등장하였다.

개혁개방을 실시한 지 얼마 되지 않았을 때의 중국사회계층을 '대관(大款)', '노백성(老百姓)', '기개(乞丐)'로 구분하기도 하였다. 먼저 대관(大款)

은 신흥부유층으로 '기업경영인, 자영업자, 연예인, 운동선수, 변호사, 주식투자자, 개인교습자' 등이 속한다. 다음은 노백성(老百姓)으로 일반계층이며 아주 평범한 사람들이다. 개혁개방 이후 중국인들의 소득수준이 높아졌다 하더라도 그것은 일부 도시민 계층에 해당된다. 끝으로 기개(乞丐)로서 '거지'를 가리킨다. 지금은 거의 보이지 않지만, 1990년대만 하여도 기차역·터미널·부둣가 등지에 가족 등 집단적으로 밀집해 있었는데, 주로 노인·장애인·어린아이가 딸린 여자이다. 이러한 구분은 개혁개방 천명이후 변화하는 중국사회의 모습을 엿볼 수 있게 한다.

중국사회과학원은 1999년부터 3년 동안 12개 성과 시, 자치구, 72개 현, 구의 주민 1만 1000명을 대상으로 조사를 실시하였고, 그 내용은 '당대중국 사회계층연구보고'에 잘 나타나 있다. 보고에 따르면, 중국의 사회계층은 과거 '2개 계급(노동자·농민 계급)과 1개 계층(지식분자 계층)'에서, 개혁개방 이후 10개 계층으로 분화됐다. 10개 계층은 국가사회관리자(2.1%), 대·중형 기업체 관리자(1.5%), 사영기업주(0.6%), 전문기술자(5.1%), 행정사무인력(4.8%), 개체 상공업자(4.2%), 상업 서비스 종사자(12%), 노동자(22.6%), 농업노동자(44%), 도시 실업·반실업자(3.1%) 등이다.

개혁개방 이후 소속조직, 경제기반, 문화수준을 계층구분의 기준으로 삼고 있다. 소속조직은 행정조직과 정치조직을 포함하고 있으며, 이는 주로 정부조직과 당 조직 등을 통하여 사회의 인적 혹은 물적 자원을 지배할 수 있는 능력을 나타낸다. 경제기반은 생산자원에 대한 소유권, 사용권 및 경영권을 나타낸다. 문화(기술)수준은 정식 증서 혹은 자격 인증을 통해 사회가 인정한 지식과 기술의 소유를 나타낸다.

1) 국가 및 사회관리자 계층: 전체 사회계층구조에서 가장 높은 계층에 속한다. 이들은 사회경제의 발전 및 시장개혁을 계획하고 선도하며, 결정적인 영향력을 지니고 있다. 개혁개방 이후 초기 10년 동안 국가 및 사회관리자 계층은 개혁개방의 주요 동력이었지만 그 정치적 지위에 상응하는 경제적인 보상이 없었다. 그러나 이후 10년 동안은 정치적 지위에 못지않게 경

제개혁과 경제성장의 이익을 가장 많이 향유하는 계층이 되었다. 국가 및 사회관리자계층은 집권당과 정부의 의지를 대표하고 구현하는 역할을 하고 있다.

국가 및 사회관리자 계층

주로 당과 정부조직, 사업 및 사회단체에서 실질적인 행정관리권을 행사하는 간부가 속한다.

2) 경영자 계층: 국가 및 사회관리자 계층과 사영기업주 계층 간의 중간에 위치한다. 그래서 출신성분과 정치 성향 등에 의해 구분선이 모호해지기 쉽고, 계층내부에서도 세 가지 그룹으로 나누어진다. 첫째는 국유 및 집체기업의 최고 경영자 그룹으로, 현대기업제도의 발전에 따라 행정관료에서 이탈하여 전문 경영인이 된 경우이다. 둘째, 90년대 후반부터 출현한 비교적 규모가 큰 사영기업 혹은 하이테크 기술산업에 속하는 민영기업의 최고 경영자 그룹으로, 전문 경영인으로 채용된 경우가 많으며, 기업의 주식회사화가 진행되면서 소유지분에 의해 창업자의 신분에서 전문 경영인으로 전환된 경우이다. 셋째, 외상투자기업의 전문경영자 그룹이다.

경영자 계층

- 중·대형기업의 소유자 신분이 아닌 전문경영인들이 속해 있다.
- 시장경제체제의 가장 적극적인 추종자이자 제도를 만들어 나가는 계층이다.
- 선진적인 생산력과 현대경제체제의 발전 방향을 대표한다.
- 경제적 자원을 지배하는 능력이 뛰어나고 고학력과 전문지식을 보유하고 있다.
- 정치·사회적 지위가 높아 새로운 '노총(老總, 높은 신분에 붙이는 존칭)'으로 불린다.

3) 사영기업주 계층: 사영기업주 계층은 개혁개방정책의 산물로서, 사회주의 시장경제의 발전과정에서 형성되었다. 이들은 사회주의 국가인 중국의

시장경제화를 구체적으로 실천해 온 계층으로 고속경제성장의 주요 동력으로 인정받고 있다. 사영기업주는 비교적 지위가 낮은 농촌과 소도시 출신이 대부분이었으나 1992년 이후 전문지식을 갖춘 국유기업과 집체기업의 경영인, 전문 기술인 및 기관의 간부들이 대량으로 이 계층에 유입되면서 계층 자체의 수준이 높아졌다. 이 때문에 계층 내부의 자본규모도 다양하고 출신 성분에 따라 정치·문화적 소양도 다양하여 사회적 지위와 명성 또한 많은 차이가 있다.

사영기업주 계층

일정한 개인자본 혹은 고정자산을 통한 투자로 인해 이윤을 획득하고, 현행 정책규정에 따라 8인 이상의 고용인을 두고 있는 사영기업의 기업주가 속한다.

4) 전문기술인 계층: 전문기술인은 현대사회의 중간계층을 이루는 주요 구성원이며 선진적인 생산력과 문화를 대표하고 있다. 이들은 과학기술발전과 시장경제이론을 주도하여 사회의 새로운 가치체계와 의식을 창조하고 전파하는 역할을 하고 있어 사회발전과 진보를 추구하는 중요한 동력이 되고 있다. 정치권력과 경제자원을 장악하고 있는 국가 및 사회관리자계층, 경영인계층, 사영기업주계층과 우호적이고 밀접한 관계를 맺고 있다.

전문기술인 계층

- 각종 경제조직(국가기관, 당 조직, 전민소유제조직, 집체조직, 비공유제 경제조직 포함) 내에서 전문성을 띠는 업무와 교육, 연구, 과학기술 분야에 종사한다.
- 대부분 고등교육이나 전문직업기술교육을 받았다.
- 현대사회의 요청에 부합되는 분업화, 전문화된 지식과 기술을 갖추고 있다.

5) 사무직 계층: 사무직은 국가 및 사회관리자, 경영인, 전문기술인의 예비군인 동시에 노동자와 농민들이 이 계층을 통해 신분상승을 할 수 있는

사회계층 간의 이동에 중요한 연결고리 역할을 하고 있다. 전체 인구의 약 4.8%를 점하고 있으며 도시에서는 10～15%, 농촌에서는 2～6%의 분포를 보이고 있다.

사무직 계층

- 해당 부서의 책임자를 도와 일상적인 행정업무를 처리하는 직업적인 사무직원이 속한다.
- 주로 당과 정치기관의 중·저급 공무원. 각종 소유제 기업의 기층 관리인 및 비전문 사무직원으로 구성되어 있다.

6) 개체공상호 계층: 1949년 이전에는 다량의 개체공상호와 자영업자가 있었지만 1950년대 '공상업개조와 수공업개조', '인민공사운동'을 거치면서 이 계층은 거의 소멸되다시피 했는데 1978년까지 전국에 약 15만 개의 개체공상호만이 존재했었다. 개혁개방 이후 가정청부책임제가 실시되면서 농촌에서 수많은 개체공상호가 출현하면서 다시 조성된 이 계층 역시 경제개혁의 산물이고 경제발전속도에 따라 더욱 증가하고 있는 추세이다.

개체공상호 계층

- 개체공상호, 자영업자, 소규모 주식투자자, 소액주주, 부동산 임대업자 등이 속한다.
- 개체공상호: 소수의 고용인을 두되, 자신 또한 직접 노동과 생산경영에 참가하는 이를 말한다.
- 자영업자: 자기자본으로 사업을 시작하지만 고용인을 두지 않는 이를 말한다.
- 소액의 개인자본(부동산 포함)을 생산, 유통, 서비스업 등의 경영활동 또는 금융채권시장에 투자하거나, 이를 생업으로 삼는 이들로 구성되어 있다.

1980년대의 주요 구성원은 농민과 성(城)·진(鎭)지역의 실업자 및 취업 대기자(하향운동에서 도시로 돌아온 청년 지식층)들이었지만, 1990년대 이후에는 국유기업개혁과 산업구조조정으로 인해 다량의 국유기업 노동자와 도시주민들이 이 계층으로 유입되었다. 현재 이 계층은 하강(下崗)노동자(퇴출되었으나 형식상 기업에 소속되어 있는 노동자), 실업자 및 취업대기자, 도시에 진입한 농민에게 사회와의 중요한 연결고리가 되고 있다. 그리고 사회주의 시장경제에 활력을 주는 역할을 하고 있다. 조사결과에 의하면 개체공상호가 많은 지역일수록 경제발전의 정도 또한 높은 것으로 나타났다. 3차 산업이 발전할수록 이 계층은 확대되고 다량의 노동력을 흡수할 수 있는 거대한 잠재력을 지닌 것으로 평가받고 있으며, 사영기업주 계층으로 진입할 수 있는 기회도 증가하고 있다.

7) 상업서비스직 계층: 현재 중국의 상업서비스업은 미발달 단계이기 때문에 이 계층의 구성원 또한 아직 소수이며, 절대다수 구성원의 경제적 수입도 산업노동자에 비해 낮은 편이다. 국제교류가 잦은 대도시의 상업서비스 부문에서는 사회적 지위와 경제수준이 사무직 계층과 비슷하다.

상업서비스직 계층

- 상업과 서비스 부문에 종사하는 비전문적, 非육체노동자들로 구성되어 있다.
- 현재 중국의 서비스업은 요식업 등의 전통적인 분야에만 집중되고 있으나, 점차 여행업, 스포츠산업, 과학기술교육 분야, 문화오락업, 사회서비스사업이 발전함에 따라 계층도 급속하게 확대되고 있다.

8) 산업노동자 계층: 산업노동자 계층은 생산력 발전의 기본 역량이며, 공업화가 진행될수록 구성원의 정치적 역량, 전문적인 기술, 문화소양 등이 강화되고 있는 추세이다. 오랜 기간 동안 중국의 산업노동자 계층 내부에는 기업소유제 형태와 출신 호적의 내용에 따라 신분의 차이가 있어 왔다. 이러한 차이는 수입, 복지후생, 사회적 지위, 노동보장 등 다방면에서 두드러지게 나타났다. 최근 들어 국유기업의 개혁과 시장경제화가 심화되면서 소유제 형태에 따른 차이는 축소되었지만 호구제도에 의한 영향은 여전히 강

하게 남아 있다. '농민노동자(농민이 아닌 농촌호구를 가진 노동자)'는 산업노동자의 구성원임에도 불구하고 농촌호구를 가지고 있다는 이유로 상대적으로 도시노동자에 비해 수입, 복리후생 방면에서 낮은 대우를 받고 있다. 호구제도로 인한 차별 이외에도, 정규직과 비정규직, 사양산업과 최신기술산업, 국가독점산업과 사영기업 간의 차이로 인한 산업노동자 계층의 내부분화가 점점 심화되는 추세에 있다.

산업노동자 계층

2차 산업에 종사하는 육체 또는 반육체노동으로 생산활동에 종사하는 노동자, 건설노동자 및 관련 사무직원으로 구성되어 있다.

개혁개방 이후 산업노동자 계층에서도 근본적인 변화가 발생하고 있는데, 이는 일부 노동자들이 성인교육기관과 기술훈련기관을 통해 비교적 높은 지위의 기타 사회계층으로 진입하면서 두드러졌다. 1990년대 중반 이후 국유기업의 개혁으로 종신고용의 개념이 사라지고 국가가 취업을 보장해 주지 않게 되었다. 이는 산업노동자에게 크게 두 가지 정도의 중요한 영향을 미쳤다. 하나는 기술연마와 전문기술학습을 통해 적극적인 자세로 임하는 것이고, 다른 하나는 새로운 경쟁체제에 적응하지 못하여 더욱 무기력해지고 불만세력을 조성하는 경우이다.

9) 농업노동자 계층: 개혁개방의 과정 중 농업노동자 계층은 계획경제를 탈피하고 청부제를 도입하는 데 커다란 공헌을 했으며, 이러한 과정을 통해 자주의식과 실리의식을 스스로 배양하고 생산력을 증대시켜 중국인의 식량문제를 해결해 온 중국체제개혁의 원동력이다. 또한 자체 계층의 분화를 통해 개체공상호 계층과 사영기업주 계층, 산업노동자 계층을 배출해 온 가장 기본적인 계층이기도 하다.

농업노동자 계층

중국의 최대계층으로 청부제로 소유하게 된 경지에 농업(임업, 목축업, 어업이 포함된 의미)을 유일한 혹은 주요 직업으로 삼거나, 유일한 혹은 주요 수입원으로 삼는 노동자들로 구성되어 있다.

1980년대 중반 이전에 농업노동자 계층은 개혁과 발전의 이익을 가장 많이 향유하는 계층이었지만 1997년 이후 농산품시장이 판매자시장에서 구매자시장으로 전환되면서 영업판로에 어려움을 겪게 되고, 가격 또한 하락하여 직업을 바꾸고 싶어도 향진기업 또한 불경기에 있어서 다른 길을 모색하기가 힘든 상황에 처하게 되었다.

10) 과도기성 특수계층: 체제전환과 산업구조조정을 거치면서 대량의 노동자, 상업서비스직의 실업 및 반실업이 양성되고 이로 인해 새로운 취업기회를 얻지 못한 청년 노동력이 장기간 취업대기상태에 놓이면서 이 계층은 더욱 확대되었다.

과도기성 특수계층

노동연령에 속하지만 고정된 직업이 없는 사람들(학생 제외)로 구성되어 있으며, 도시에서 다량의 농지를 회수하면서 양성된 농민실업자들, 장애 혹은 장기적인 와병으로 직업을 구할 능력이 없는 무능력자 등이 이에 속한다.

중국에서 무직, 실업, 반실업자들이 이러한 하나의 계층을 형성하게 된 것은 현재 중국이 처한 특수한 과도기적 상황의 산물이다. 이 계층은 그 숫자가 매우 크고, 모두 비슷한 사회적, 경제적 배경을 지니고 있다.

3. 실업문제

- 실업자의 유형: 과잉근로자, 하강(下崗) 해고근로자, 실업자
- 1986년 제6기 전국인민대표대회 상무위원회 제18차 회의에서 〈중화인민공화국 기업파산법〉 통과
- 1998년 6월에는 해고된 근로자의 지원을 강화하기 위한 중국공산당 중앙위원회와 국무원이 공동으로 문건 발표
- 1999년 1월 국무원은 실업보험에 관한 새로운 규정 발표

중국에서 실업자의 유형으로는 과잉근로자, 하강(下崗) 해고근로자, 실업자 세 가지가 있다.

과잉근로자 (surplus employees)	– 1980년대 중반경에 나타나기 시작 – 이들은 구조조정으로 자리를 떠나지만 보통 기업 내의 다른 자리로 옮김으로써 일자리를 잃지는 않음 – 과잉근로자는 일시적으로 자리를 떠난 고용상의 지위를 의미
하강 해고근로자 (laid - off formal employees)	– 1990년대 중반에 등장 – 일자리를 잃었지만 기업과의 고용관계를 유지하는 자를 의미 – 기업은 해고근로자를 계속적으로 부양하며, 보통 3년 정도의 기간 동안 기업이 설치한 재취업서비스센터에서 필요한 지원을 제공
실업자 (unemployed)	– 만약 해고된 근로자가 일정한 기간 동안 일자리를 얻지 못하면 가 되며, 최장 2년 동안 실업급여를 받게 됨 (해고자와 실업자 차이) – 해고근로자는 계획경제로부터 시장경제로의 전환에 따라 직장을 잃은 자 – 실업자는 시장경제 내에서 직장을 찾을 수 있는 능력이 부족한 자

1951년 중화인민공화국노동보험조례의 보험제도에는 실업보험이 없었고, 국가는 높은 취업률 유지정책으로 근로자의 생활을 보장하였다. 그런데 중국이 개혁개방을 실시하면서 구조조정에 의한 실업자들이 나타나게 되었고, 중국정부는 이를 대처하기 방안을 모색하였다. 중국 국무원은 1986년 7월에 <국영기업의 노동합동제의 임시집행의 규정>, <국영기업의 공인 초빙 임시집행의 규정과 국영기업직원의 사퇴>, <위반규율의 임시집행의 규정>에 이어 <기업파산법>이 제정되어 기업은 고용자주권이 있고, 근로자는 업종

선택권을 갖게 되었다.

1986년 제6기 전국인민대표대회 상무위원회 제18차 회의에 통과된 <중화인민공화국 기업파산법> 제4조에 의하면, 새로운 역사적 조건하에서 국가는 노동자의 실업 후 재취업과 재취업 전 기본생활의 책임을 필수적으로 부담해야 하며, 실업보장의 건립은 국가경제발전의 절박한 요구라고 규정하였다.

1986년 7월, <국유기업 직원 대업 보업의 임시집행규정>을 정하였는데, 이것은 중국의 실업보험제도의 건립을 의미한다.

1986년 국무원 규정 실업보험 내용

- 주요 내용 : 계약노동제 수립, 정부에 의한 근로의 기업배치 폐지, 공개경쟁을 통한 노동력 충원, 기업에 근로자를 해고할 수 있는 자율성 부여
- 국영기업에 실업보험 도입
- 적용 범위 : 파산된 기업의 근로자, 지급불능기업에서 구조조정 된 근로자, 노동계약의 종료로 직장을 잃은 근로자, 해고된 근로자
- 참여 기업 : 표준임금 총액 1%를 기여금으로 납부
- 근로자를 위한 급여 : 구제금, 의료비용, 사망보조금, 장례비용, 유족보상금
- 실업자를 위한 최대 급여기간 : 5년 이상 재직의 경우 2년, 5년 미만 재직한 경우 1년으로 제한
- 실업급여 : 최초 1년 동안은 표준임금의 60~75%, 나머지 1년 동안은 표준임금의 50%를 받을 수 있음

1998년 6월에는 해고된 근로자의 지원을 강화하기 위하여 중국공산당 중앙위원회와 국무원이 공동으로 문건을 발표하였다. 문건에서 세 가지 사항을 다음과 같이 규정하였다.

첫째, 해고된 근로자가 있는 모든 기업은 재취업서비스센터를 설치할 것을 요구하였다. 이 센터는 해고된 근로자를 위하여 생활수당을 제공하고, 사회보험기여금을 납부하며, 훈련과 직장을 구할 수 있도록 도움을 제공할 책임을 갖는다.

둘째, 모든 해고된 근로자는 정부에서 규정한 생활수당을 받도록 하였다.

이를 보장하기 위하여 문건은 3층의 재정체계방식을 구체적으로 규정하였는데, 기업 정부 실업보험기금이 각각 생활수당비용의 1/3을 담당하게 하였다.

셋째, 각 재취업서비스센터는 1년 내에 해고된 근로자의 절반이 직장을 구하도록 원조하는 것을 목표로 한다.

1999년 1월 국무원은 실업보험에 관한 새로운 규정을 발표하였다. 이것은 실업보험의 확대발전의 기초가 되었다.

<table>
<tr><td>

 — 첫째, 실업보험 목표: 실업자를 위하여 재취업의 증진과 적절한 생활수준의 보장을 위한 지원체계로 규정
 — 둘째, 실업보험 적용대상: 모든 형태의 근로자와 도시의 공식적 노동조직에 적용
 — 셋째, 기여금의 비율: 0.6–1%에서 2%로 상향 조정. 근로자들은 총 임금의 1%를 납부. 실업보험을 위한 총 기여금의 비율은 3%가 되었음
 — 넷째, 급여 기간: 이전에는 근속기간에 따라 두 가지 등급이 있었으나 다음 등급으로 확대
 → 1년 이상 재직기간: 실업자가 급여를 받기 위한 최소한의 기준이 되었음
 → 10년 이상 근속: 21개월간 급여를 받을 수 있음
 → 5년 이상 10년 미만 근속: 18개월간 급여를 받을 수 있음
 → 1년 이상 5년 미만 근속: 1년간 급여를 받을 수 있음
 → 실업자: 최초 1년 동안은 표준임금의 60–75%의 실업급여를 받고, 나머지 1년 동안은 표준임금의 50%를 받을 수 있게 되었음.
 — 다섯째, 실업기금에서 충당되는 급여 종류와 비용 변화: 급여수급기간 중에 실업자는 실업급여, 의료비용, 장례비용과 유가족보상금, 훈련과 직업소개서비스를 위한 보조금, 기타 관련 비용 등 다섯 가지 급여 제공

</td></tr>
</table>

4. 사농문제(삼농문제와 농민공문제)

- 3농문제는 '농촌 · 농업 · 농민'문제를 가리킨다.
- 〈2009년 중앙재정의 네 가지 '삼농' 지원 조치〉에서 '삼농' 지원에 예산과 재정을 집중적으로 배치
- 농민공: 1978년 개혁개방 이후 산업화와 도시화 · 현대화와 맞물려 대량의 농촌 잉여 노동력이 도시 지역으로 이동해 취업하는 직공

1) 삼농(三農)문제

중국에서 말하는 3농문제는 '농촌 · 농업 · 농민'문제를 의미하는 것으로, 농업이 부실하고 농촌이 낙후하며 농민의 처지가 열악하다는 것이다. 협소한 농지, 낮은 농업생산성, 호주제를 통한 도시 · 농촌분리정책 등으로 인한 도농(都農) 소득격차 확대 등의 문제를 지칭하는 것이다.

중국정부는 지난 2004년부터 계속해서 공산당 1호문건에 농촌 문제를 다루고 있다. 2009년 1호 문건의 주요 내용은 "농업에 대한 지원과 보호 역량 강화, 농업생산의 안정적 발전, 현대농업을 위한 물리적 지원 및 서비스 강화, 농촌 기본경영제도의 안정적 추진, 도농경제발전 일체화 추진" 등이다. 현재 중국정부는 2006년부터 모든 농민에게 세금을 면제했고, 2007년부터는 '농촌의무교육경비보장' 시스템을 가동하며 학비를 면제하는 등 각종 지원을 강화하고 있다. 그리고 중국의 삼농문제를 해결하기 위해서 중국정부는 관리들을 한국에 파견시켜 한국의 새마을운동 등을 배우도록 하였다.

2006년 중국정부는 사회주의 신농촌(새마을) 건설을 위한 '사관학교'를 출범시켰다. 신농촌 사상으로 무장한 촌지부서기를 매년 1만 명씩 양성한다는 뜻으로 정식 이름을 '1만 명 촌지부서기 훈련반(萬名村支書培訓計劃)'이라 붙였다. 이 학교는 중국에서 가장 잘사는 농촌마을로 알려진 강소성 강음(江陰)시 화서(華西)촌에서 문을 열었다.

<2009년 중앙재정의 네 가지 '삼농' 지원 조치>를 살펴보면, 재정부의 발표에 의하면, 2009년 '삼농' 지원에 예산과 재정을 집중적으로 배치하였다. 2009년 중앙재정이 '삼농' 분야에 배정한 자금은 7161.4억 원(RMB)으로 작년보다 1205.9억 원(RMB) 증가하였다.[64]

주요 내용으로, 첫째, 농민보조역량 확대이다. 식량 직불보조, 농자재 종합보조, 우량종 보조, 농기구 구매보조 등 네 가지 보조에 1230.8억 원(RMB)을 배정하였다. 전국 모든 농목업현에서 실시하며, 농작물 우량종 보조자금의 경우 밀, 옥수수 등 우량종보조 범위를 한층 확대하며 총 154.8억 원(RMB)을 배정하여 25.4% 증가하였다. 둘째, 농촌의 생산생활조건 개선 지원이다. 농업생산 분야에 배정된 지출은 2642.2억 원(RMB)이다. 계획적, 단계적으로 전국에 천억 근 식량을 새롭게 증가하는 생산능력건설을 지원하고, 농촌의 저소득 인구에 대하여 새로운 빈곤구제정책을 전면 실시하며, 농업 구조조정을 추진해 현대농업의 발전을 지원한다. 중저산 농경지의 개조를 가속화하여 농업의 종합생산능력을 증대하며, 현행 농업보험 보험비 보조정책의 안정적인 토대에서 재배업의 보조비례를 적절하게 제고하는 방안을 연구하여 보조 품종을 안정적으로 늘린다. 셋째, 농촌의 공공사업의 가속 발전 지원한다. 농촌의 사회사업발전 분야에 배정된 지출은 2,693.2억 원(RMB)으로, 농촌문화의 번영을 지원하고 농촌교육사업을 대대적으로 추진하고 농촌의료위생사업의 발전을 촉진한다. 그리고 농촌의 사회보장체계를 확립하고 농촌의 환경건설을 강화하고 농촌 보장형 안거(安居)공정을 실시하며 농촌의 재해 방지, 재해 감소능력 건설을 강화한다. 넷째, 주요 농산품 비축비용과 이율지출에 576.2억 원(RMB)을 배정한다.

---

64) http://krei.re.kr/kor/info/cha_izine_view.php?bn_idx=13422&bc_cd=081202&cpage=3&(검색일: 2009. 3. 20.)

2) 농민공문제

농민공이란 "1978년 개혁개방 이후 산업화와 도시화·현대화와 맞물려 대량의 농촌 잉여 노동력이 도시 지역으로 이동해 취업하는 직공"을 말한다. 이들의 수는 중국 전역에서 1억 명 이상에 달하는 것으로 알려졌다.

농민공의 경제적 지위는 경제개혁으로 시장경제가 도입되면서 호적제도의 이농 금지 기능이 사실상 약화되어 왔다. 그 결과 내륙 농민들이 보다 나은 경제적 생활을 위해 도시로 몰려든 민공조(民工潮) 현상이 발생했다. 농민공들은 직업선택 면에서 호적제도에 인하여 도시주민들과 동등한 취업경쟁을 하지 못하고 주로 조건이 열악한 비국유 부문에 취업하고 있다.

농민공들은 일부 도시호구를 지닌 사람들(도시주민)이 기피하는 직종을 제외하고는 국유기업의 정식직공이 될 기회는 거의 없었다. 이는 농민공이 도시주민에 비해 노동시장에서 기회의 불평등을 받고 있음을 보여준다. 취업기회의 불평등은 경제적·사회적 불평등으로 직결되었다.

농민공은 임금이외의 비화폐성 혜택이 없는 저임금 노동을 주로 한다. 그래서 농민공의 임금수준은 이들이 주로 취업하고 있는 사영기업·외자기업은 국영·집체기업보다 화폐임금은 약간 높으나 임금 안에 각종 보조금과 수당이 포함되어 있다. 그리고 농민공들은 위험한 환경에서 주로 일을 하는데, 이들이 취업해 있는 사유경제 부문은 국유경제 부문에 비해 장시간 동안 노동을 한다. 호구제도로 인한 농민공들의 취업기회 불평등은 이들의 직업과 수입의 불안정성에 중요한 영향을 미치고 있다.

한편, 농민공들은 임금 중 자신들이 도시에서 생활하는데 필요한 기본적인 생계비를 제외하고는 대부분의 돈을 고향에 남아 있는 부모와 자녀가 생활하거나 학업을 하는데 도움이 되도록 송금한다.

농민공들은 도시에 살면서도 농촌호구를 가지고 있기 때문에 도시주민들처럼 정상적인 생활을 하지 못하고, 불법체류자가 생활하듯 힘들게 생활한다. 그리고 해당도시에서 주는 교육이나 의료보험 혜택 등을 누리지 못한다.

이들 농민공들은 다른 지역에서 온 농민공들과 왕래를 하며 생활하기도 하는데, 대체적으로 성중촌(城中村)이라 불리는 곳에서 모여 살기도 한다. 또 동향인과 함께 생활하면서 동향촌(同鄕村)을 형성하기도 한다. 이들은 도시에서 장기간 거주하기 위해 임시방편으로 돈을 주고 도시호구를 사기도 하고, 불법적인 행동을 일삼아 사회적 문제가 되기도 한다.

중국에서 귀향 농민공의 취업문제 해결은 현재 가장 시급하고도 중요한 문제이다. 중국정부는 2,000만 실업 농민공 문제를 해결하기 위하여 5개 조치를 발표하였다. 중앙재경영도 소조령판공실(中央財經領導 小組領辦公室) 부주임이자 중앙농촌공작영도 소조령판공실(中央農村工作領導 小組領辦公室) 주임인 진석문(陳錫文)은 2009년 2월, 금융위기의 영향으로 금년에 총 2,500만 명의 농민공이 취업에 어려움을 겪고 있으며, 국가에서는 이를 해결하기 위한 5개 조치를 실시하여 당면 문제를 해결, 농업농촌의 발전을 도모할 것이라고 밝혔다. 전국적으로 약 2,000만 명의 농민공이 금융위기로 인해 직업을 잃었거나, 직업을 찾지 못하여 고향으로 돌아갔으며, 이는 전체 농민공의 15.3%에 해당한다. 매년 취업을 위해 도시와 연해지역으로 진입하는 농민을 포함하여 올해 총 2,500만 명의 농민공이 취업에 어려움을 겪고 있다는 것이다.

2008년 12월 20일 중국 국무원에서 2,000만 실업 농민공 문제를
해결하기 위해 발표한 5가지 조치

첫째, 도시와 연해지역 소재 기업은 농민공 해고를 최소화해야 한다.

둘째, 임시적으로 직업이 없는 농민공에 대해서는 각급 정부에서 더 많은 직업훈련 기회를 제공해야 한다.

셋째, 정부가 실시하는 공공시설 건설에 가능한 더 많은 농민공이 취업할 수 있도록 해야 하며, 이미 고향으로 돌아간 농민공의 경우에는 공공근로 방식으로 농촌의 기초시설 건설에 참여할 수 있도록 해야 한다.

넷째, 농민공이 귀향한 후 스스로 창업할 수 있도록 도와야 한다.

다섯째, 도시취업 농민공의 토지도급경영을 보장해 주어야 한다.

진석문은 "금융위기의 영향으로 수출 수요가 감소하여 특히 연해지역에서 대외무역에 종사했던 기업이 경영상 어려움을 겪게 되었고, 이로 인해 상당 부분의 농민공이 일자리를 잃었다. 따라서 현재 취업을 보장하고, 민생을 보장하는 것이 바로 농촌의 안정을 보장하는 것이다."라고 밝혔다.

5. 호구문제

- 1954년 9월 20일 발표된 중국 헌법은 공민의 거주 이전의 자유를 허용
- 도시인구가 증가하자 1955년 6월 9일 국무원 제11차 회의에서 "국무원 호구 등기 제도 설립에 관한 지시에 관하여"라는 문건이 통과: 호구제도의 발단
- 1958년 1월 9일 중국공산당이 '호구등기조례'를 공포: 본격적으로 도시인구를 제한하기 위한 정책

중국 건국 이후 도시인구가 증가하자 1955년 6월 9일 국무원 제11차 회의에서 중국정부는 "국무원 호구 등기 제도 설립에 관한 지시에 관하여"라는 문건을 통과시켰다. 이것이 바로 호구제도의 발단이었다. 본격적으로 도시 인구를 제한하기 위한 도농분리정책이 실시된 것은 1958년 1월 9일 중국공산당이 '호구등기조례'를 공포하면서부터이다. 1966년 이후 정치색이 짙은 문화혁명의 시작으로 농민의 도시 유입은 더욱 엄격하게 통제되었다.

계획경제하에서 호구제도의 역할은 다음과 같다.

첫째, 농민의 도시로의 이동을 막는 이농 금지 역할을 함으로써 도시 인구를 제한했다. 따라서 개혁 전까지는 한번 농민으로 태어나면 평생을 농민으로 살다가 죽는 것이 일반적이었다. 둘째, 계획경제하에서 회소자원 분배의 기준으로서 사회 통제 제도의 역할을 했다. 즉 호구제도는 단순히 '농업호구'와 '비농업호구'라는 두 종류의 신분 구별의 차원을 넘어서 계획경제하에서 배급 제도를 실시하기 위한 일종의 경제 제도였다고 할 수 있다. 셋째, 정부는 호구제도를 통해 도시 주민의 수를 제한하고 도시 주민들의 특

권을 보호함으로써 사회 안정을 유지하려 했다.

농민공의 급증으로 호구제도의 이농 금지 규정이 사실상 유명무실해졌고, 더 나아가 농민공들의 호구제도에 대한 대응은 호구의 불법거래와 같은 호적제도 왜곡현상으로 나타나고 있다. 결국 호구의 불법거래 성행은 정부에 의해서 강력하게 통제되던 호구이전 금지조항의 약화를 보여주는 것이라 할 수 있다. 농민들은 도시인들의 상대적으로 안정되고 질이 높은 생활수준을 끊임없이 동경했으나, 정부의 허가 없이는 도시에 거주할 수 없었다.

일부 도시공공재에 농민공들이 무임승차할 수 있게 된 것은 호구제도의 자원분배 통제 기능의 약화를 보여주는 한 예라고 볼 수 있다. 농민공들은 도시의 전기·가스·상하수도·쓰레기수거·사회간접자본·도시치안유지 등에 무임승차하고 있다. 이에 도시 주민들은 농민공 때문에 자신들의 기득권을 침해받고 있다는 생각이 강하다. 농민공과 도시주민 간의 막연한 감정적 갈등은 이런 경제적 이익갈등과 관련이 있다.

6. 도시와 농촌문제

1) 도시의 변화(단위에서 사구로)

단위(單位)는 도시의 기본생활 조직이었다. 중국말로 '단위(單位)'는 '근무처(직장)'라는 뜻으로 과거에는 사회활동이 모두 단위를 통해 이뤄졌다. 단위는 취업의 유일한 선택이었고 신분 결정과 호구, 사회보험, 출생, 혼인승낙 등에서 막강한 권한을 가졌다. 중국에서 단위제도는 국가가 자원을 소유하고 통제·분배하던 계획경제 시대에 만들어진 제도로 경제적 자원의 분대, 정치적 통제를 위한 기초조직으로 국유기업, 대학, 연구소 등과 같은 국가 소유의 직장을 의미한다.

'집을 떠나서는 살 수 있어도 단위가 없는 생활은 상상할 수 없다.'는 말이 나올 정도였다. 지금도 중국인들은 누군가를 만나면 고향을 묻기에 앞서 습관적으로 '당신 단위가 어디냐'고 먼저 묻는다.

사구(社區)는 도시 기층에서의 국가 – 사회관계를 보여주는 공간이다. 사구는 국가와 사회가 마주치는 구체적 공간이며 사회 각 집단의 이익을 표출되는 공간이기도 하다. 서구의 커뮤니티(Community) 개념을 도입해 중국에서 시작된 사구 건설은 1990년대 중반부터 시범도시를 중심으로 광범위하게 전개되었다.

오늘날의 사구(社區)는 단지 도시관리체로서가 아니라 보다 확대된 의미로서의 다양한 의미를 내포하고 있다. 즉 Community, 지역사회, 공동체, 한국의 아파트 단지, 구역, 지역 단위 등으로서 도시뿐만 아니라 농촌, 인터넷 등에서 다양하게 사용된다. 그 사례는 공동체(社區, Community), 문명아파트단지(文明社區), 시범아파트단지(示范社區), 무마약단지(無毒社區), 지역사회(社區), 사교구역(社區), 주민공동체(社區), 지역사회정부 회사주의(社區政府公司主義), 天涯社區(www.tianya.cn) 등이다.

사구협의조직은 사구 주민들의 의견을 수렴하여 주민의 의지와 필요에 따라 움직이는 협의조직이다. 사구협의조직의 예는 심양모델과 무한모델 등이 있다. 심양사구에서의 협의조직에는 사구주민회의와 사구구성원대표대회가 있는데, 이러한 조직은 사구의 정책결정기구로 작용하고 있다. 이 두 협의조직이 사구 내부의 정책결정권, 사구의 재정권, 사구 업무요원 선택권, 일상 업무관리권을 직접 가질 수 있게 하였으며, 사구자치 권력의 합법성을 갖기 위해 지역인민대회 대표의 보장을 받는다.

무한 사구의 협의조직에는 사구 협상의사위원회와 사구 평의회가 있다. 무한모델은 사구의 정책수행에서 자율성을 갖는 조직의 형성을 통해 정부로부터 사구를 분리하는 시도가 성공적으로 이루어진 사례이다. 이는 '강한(江漢)모델'로도 불리는데, 강한구의 사구조직이 도시기층의 자치 실현의 가장 뚜렷한 변화를 보여주었기 때문이다.

사구협상위원회는 사구주민위(社區住民委)와 가도(街道), 정부의 관계를 조정함으로써 가도가 행정임무만을 담당하고 사구 자치는 사구주민위가 하도록 협의를 중재했다. 가도(街道)는 중국의 지방도시 최소 행정구역을 가리킨다. 구(區)인민정부의 파견기관을 가도판사처(街道辦事處)라 부르고, 가도판사처의 관할구역을 가도(街道)라 한다. 한국의 동(읍, 면)사무소와 같은 기능을 한다. 사구평의회는 사구지역에서 정부의 대리기능을 하는 조직을 감독하는 역할을 하는 동시에 정부 기능을 사구에 위임해 전문 요원을 사구에 배치하고 사구 서비스를 사구 스스로 운영하도록 했다.

사구지도위원회는 사구지역의 다양화 사회집단의 이익을 대표하는 엘리트들을 사구에 참여시켜 사구자치를 실현하기 위함이다.

– 사구협의조직은 정부의 명령을 일방적으로 하달하는 것이 아니라 사구 주민들의 의견을 수렴하여 주민의 의지와 필요에 따라 움직이는 협의조직이다.

그리고 도시에는 도농이 혼합되어 있는 빈민촌이 있는데, 이를 흔히 '성중촌(城中村)'이라 부른다. '도시 속의 마을(都市裡的村庄)'이라고 불리지만, 통상적으로는 '성중촌'으로 부른다. 중국의 성중촌은 대도시로 편입된 농촌이 대도시에 편입되어 농촌이 받는 혜택을 누리지 못하게 되고, 어중간한 지위를 갖고 있다. 경제가 빠른 속도로 발전하고, 도시화가 끊임없이 진행되는 과정에서 성중촌은 도시의 가장자리의 위치하고 있다. 구역상으로는 이미 도시의 일부분이지만, 토지권과 호적 및 행정관리체제상은 여전히 농촌규모를 갖고 있다.

– 성중촌은 도시와 농촌 사이에 낀 어중간한 위치에 처해 있다.
– 성중촌의 독특한 지위와 현상으로 인해 여러 사회문제를 야기하고 있다.

중국이 경제발전을 하면서 농촌토지 대부분이 국가에 귀속되면서 농민들은 농민신분에서 거민(居民, 주민)신분으로 바뀌게 된다. 성중촌은 그들의 원래의 마을에서 개조하여 변화된 거민구에서 사는 것을 가리킨다. 혹은 도시화 발전과정에서 농촌의 대부분의 토지가 징발(수용)당하면서, 시대발전에 뒤처졌거나, 현대도시 관리와는 동떨어져서 여전히 원래의 마을에 거주하면서 형성된 마을을 가리킨다.

거민신분증(居民身份證)

– 주민신분증(한국의 주민등록증에 해당된다.)
– 중국의 신분증은 사진, 성명, 성별, 민족, 생년월일, 주소, 그리고 열여덟 자리의 숫자로 이루어진 신분증 번호가 기록되어 있다.

참조: 시역(市域), 시구(市區), 성구(城區), 건성구(건성구, 도시지역)

·시역: 도시행정구역에 속하는 전체 지역을 가리킨다. 즉 시역은 공간상 시구와 광대한 농촌지역을 포함한다.
·시구: 이른바 성구(즉 도시지역)와 인근의 교외지역을 포함한다.
·교외지역: 도시와 인접한 지역을 가리키는데, 일반적으로 도시의 채소, 우유와 고기 등 부식물품의 공급기지로서의 역할을 한다. 대도시에서는 교외지역이 근교와 원교로 구분되지만, 작은 도시일 경우에는 근교에 해당하는 지역만 존재한다.
·성구: 교외(郊外)와 상반되는 개념으로, 도시적 토지이용이 집중적으로 이루어진 지역을 가리킨다.
·건성구: 도시행정관할구 내의 비농업생산지역으로서 도시건설계획에 따라 건설된 지역을 가리킨다. 건성구는 건축물이 집중된 성구 지역과 교외지역(근교에 한함) 중 성구와

밀접한 관계가 있는 건설된 지역을 포함한다.

도시의 규모
초대(超大) 도시: 인구 200만 이상
특대(特大) 도시: 200∼100만 명
대도시: 100∼50만 명
중도시: 50∼20만 명
소도시: 20만 명 이하

참조: 상합촌(上合村)은 심수지역의 슬럼가를 지칭하는 용어로 사용되고 있다.

2) 사회주의 신농촌 건설

- 2005년, 중국정부는 제11차 5개년 규획(2006∼2010)에 '사회주의 신농촌 건설'을 주요한 목표로 제시
- 2006년에는 국무원이 '중앙1호문건'으로 발표
- 사회주의 신농촌 건설은 '생산의 발전, 풍족한 생활, 농촌환경의 개선, 농촌문명과 관리의 민주화'를 구체적인 목표로 하고 있다.
- 2006년 중국정부는 전인대에서 신농촌 건설을 제11차 5개년 규획의 핵심과제로 선택

인민공사는 중국 농촌의 기본 생활조직이었다. 1978년 12월, 11차 3중전회에서 인민공사제도의 폐지방침이 확정된 후 지금은 실제적으로 완전 해체된 이후, 많은 농촌호구를 가진 사람들이 대도시로 이주해 갔다.

"아무리 열심히 일해도, 하루에 밥 두 끼 먹기도 힘들어요." 이 말은 비단 중국만이 아니라 한국에서도 통하는 말이다.

중국은 빈부격차만큼이나 도시와 농촌 간의 격차가 심각하다. 농촌에서는 열심히 농사를 지어도 하루 두 끼 밥도 챙겨 먹기 힘들다. 그러다 보니 모두들 도시로 떠나고 농촌에는 노인들과 아이들밖에 남아 있지 않다.

돈 벌러 도시로 간 부모를 기다리는 아이들, 아이들과 헤어져 도시에서 일을 하는 부모들(打工, 민공), 그러나 이들 부모들이 힘들게 공사장의 일용 노동자나 가사도우미 일을 해도 한 달 수입은 1,000원(RMB) 정도이다.

중국의 농촌문제를 해결하기 위해 중국정부는 제11차 5개년 규획(2006~2010)에서 '사회주의 신농촌 건설'을 주요한 목표로 제시하였고, 2006년에는 국무원이 '중앙1호문건'으로 발표하였다. 사회주의 신농촌 건설은 '생산의 발전, 풍족한 생활, 농촌환경의 개선, 농촌문명과 관리의 민주화'를 구체적인 목표로 하고 있다.

2006년 중국정부는 전인대에서 신농촌 건설을 제11차 5개년 규획의 핵심과제로 선택하였다. 중국의 중앙정부가 신농촌 건설을 중요한 정책으로 내세운 이유는 농업·농촌 발전에 방해가 되는 농촌기초시설의 약화, 농촌사회사업발전의 정체, 도농의 소득격차 확대를 의미하는 삼농문제를 해결하기 위함이었다. 다른 한편으로는 도시와 농촌을 동시에 발전시키기 위해서 그동안 15% 이상의 성장을 보여 온 국가재정을 수입분배의 차원에서 농민에게 더 많이 투입하기 위한 것이었다.

신농촌 건설의 중요한 임무는 7가지로 정리된다.

- 첫째, 도시가 농촌을 이끌고, 공업이 농업을 보조하는 경제시스템을 건설하는 것
- 둘째, 곡물과 육류 등의 안정적인 식품생산기지를 건설하고, 농업의 종합생산력을 제고하며, 농업구조정리를 추진하고, 농업유통체계를 완비하는 것
- 셋째, 농민수입의 제고를 위해 농민의 비농업취업의 기회를 증진시키고 농민에 대한 국가의 보조정책을 마련하는 것
- 넷째, 농촌의 식수, 전기, 도로 등 주민생활과 관련된 기초 인프라를 구축하는 데 재정을 투입하는 것
- 다섯째, 농민에 대한 광범위한 교육을 실시하여 농민의 농업생산기술능력과 기타 산업의 직업능력개발을 하도록 하는 것
- 여섯째, 농민조직의 협력과 정책결정능력을 제고하기 위해 공공사업에서 농민 간의 협업을 중시하게 하는 것
- 일곱째, 농촌민주정치의 발전을 추진하는 것

　2007년 국무원은 "농촌 최저생활보장제도 수립 관련 통지"를 통해서 다음과 같은 문제를 각 성, 자치구, 직할시 인민정부, 국무원 각 부위, 각 직속기구에 통지하였다.

"농촌 최저생활보장제도 수립 관련 통지"

(1) 농촌 최저생활보장제도 수립의 중요성에 대한 충분히 인식

　개혁개방 이후, 중국경제는 지속적으로 빠르고 건전하게 성장해 왔다. 당과 정부가 '삼농' 문제를 높이 중시하고 빈곤층 보조 및 빈곤 지역 개발, 사회보조 등을 강화하여 농촌 빈곤층 인구가 대폭 감소하였다. 그러나 일부 빈곤인구의 온포문제(먹고 입는 문제)를 아직 해결하지 못하고 있다. 이들은 기본생활 보장을 위하여 정부에서 필요한 보조를 받아야 하고 노동능력이 있는 자는 적극적으로 노동하여 빈곤한 처지를 벗어나고 부유해질 수 있도록 도움을 받아야 한다. 당의 16차대회 이후, 일부 지역은 중앙 배치에 근거하여 적극적으로 농촌 최저생활보장제도를 구축하고자 하였고, 농촌 빈곤인구의 기본생활문제를 전면적으로 해결하기 위한 기반을 다져 왔다. 전국 농촌 최저생활보장제도의 수립은 '3개대표'사상을 실천하는 것이며 과학발전관과 조화로운 사회주의 구축의 필연적 요구이다. 그리고 농촌빈곤문제를 해결하는 데에 중요한 대책인 동시에 도시와 농촌 사회보장시스템의 중요한 조치이기도 하다. 농촌 최저생활보장 제도의 구축은 농촌경제와 사회발전을 촉진할 것이고 도시와 농촌 차이를 줄일 것이며 사회공평을 유지하는 데에 중요한 의미가 있다. 각 지역, 각 부서는 농촌 최저생활보장제도 구축의 중요성을 충분히 인식하고 사회주의 신농촌 건설운동의 1개의 중요한 임무로 높이 인식하여 점차적으로 착실히 추진하여야 한다.

(2) 농촌 최저생활보장제도 수립 목표와 전체 요구

　① 수립 목표: 전국 범위 내에서 농촌 최저생활보장제도의 구축을 통해

조건에 부합되는 농촌 빈곤인구를 모두 보장범위에 포함시켜 안정되고 지속적으로 유효하게 전국 농촌 빈곤인구의 먹고 입는 문제를 해결하여야 한다.

② 전체 요구: 농촌 최저생활보장제도의 구축은 지방인민정부가 담당하고, 관할 지역별로 관리한다. 각 지역은 현지의 농촌 경제·사회의 발전 수준과 재정 상황에 부합하게 합리적 보장기준과 대상범위를 선정한다. 아울러 제도는 완전하고 절차는 명백하고 실행은 규범화하고 방법은 간편하게 공개·공평·공정을 보장하여야 한다. 동적 관리 모드를 실시할 것이며 보장 대상이 접수·탈퇴 할 수 있어야 하며 보조 수준도 변화가 있어야 한다. 빈곤지역 개발·취업 추진·기타 농촌 사회보장정책 및 생활보조정책과 결합하여 정부구제·가정부양·사회부조 및 개인자립과 결합하여야 한다. 노동능력 있는 빈곤인구가 생산하여 빈곤한 처지에 벗어나고 부유할 수 있도록 격려하고 지지해야 한다.

(3) 농촌 최저생활보장 기준과 대상범위의 합리적 규정

① 기준: 현급 이상의 지방 인민정부가 현지 농촌 주민이 일 년에 기본 생활을 하는 데에 필요한 의·식·물세·전기세 등을 확정한 후, 상급 지방 인민정부에 보고한 후 공포·집행한다. 농촌 최저생활보장 기준은 현지 생활필수품의 가격변동 및 인민 생활수준의 향상에 따라 그 기준을 적절히 조정한다.

② 대상자: 가정 1인당 연평균 순수입이 현지 최저생활보장의 기준보다 낮은 농민·주로 장애자·노약자·노동능력 상실자·생활조건 열악 등 요인으로 장기적으로 생활난을 겪고 있는 농민을 포함한다.

(4) 농촌 최저생활보장 관리 규범화

농촌 최저생활보장을 엄격히 관리하며 농촌 실제상황과 결합하여 간편한 실행 방법을 취하여야 한다.

① 신청·심사·허가: 농촌 최저생활보장은 일반적으로 본인이 호적 소재지의 향진인민정부에 신청한다. 촌민위원회가 향진인민정부의 위탁을 받고 신청 접수를 받을 수 있다. 향진인민정부의 위탁을 받고 촌 당조직의 지도하에 촌민위원회가 신청자 가정경제 상황조사를 실시한다. 촌민회의나 촌민대표회에 민주적인 평가 후 의견을 제출하고 향진인민정부에게 보고한다. 향진인민정부가 심사한 후 현급인민정부민정부서에 허가를 보고한다. 향진인민정부와 현급인민정부는 신청자의 가정수입을 조사하여 가정재산, 노동력상황과 실제 생활수준을 알아야 한다. 아울러, 촌민의 민주적 평가 후, 심사·허가 의견을 제출한다. 신청자가 국가 규정에 따라 받는 우대무휼금·산아제한상금·보조금 및 교육 등은 가정수입에 포함시키지 않으며 구체적인 계산방법을 지방인민정부가 제정한다.

② 민주 공시: 촌민위원회와 향진인민정부 및 현급인민정부 민정부서가 수시로 관련 정보를 공시하여 대중의 감독을 받는다. 공시의 주 내용은 최저생활보장대상의 신청 상황과 최저생활보장대상에 대한 민주평가의견, 심사·허가 의견, 실제 보조수준 등이다. 공시에 대하여 다른 의견이 없는 경우 절차에 따라 신청자의 최저생활보장대우를 지급하며 다른 의견이 있는 경우에 조사·처리 한다.

③ 자금 지급: 최저생활보장금은 원칙적으로 신청자 가정 1인당 연평균 순수입과 보장기준의 차액을 지급한다. 신청자 가정 수입을 조사한 상태에 가정 빈곤 정도와 분류에 따라 구분하여 지급한다. 국고집중지불방식을 조속히 추진하여 대리 금융기구를 통하여 최저생활보장금을 직접, 즉시로 보장대상자 계좌에 지급한다.

④ 동적 관리 모드: 향진인민정부와 현급인민정부 민정 부문은 다양한 형식을 취하여 정기적이나 수시로 농촌빈곤인구의 생활 상황을 조사하여 조건에 부합한 빈곤인구를 보장범위에 포함시키고 가정경제상황의 변화에 따라

지급 중단, 지불 감소, 지급 증가 절차를 이행한다. 보장 대상자 및 보장 기준 변경이 있으며 즉시 사회에 공시하여야 한다.

(5) 농촌 최저생활보장자금 집행

농촌 최저생활보장자금 마련은 지방 인민정부 위주로 하고, 최저생활보장금을 재정예산에 포함시키며, 성급 인민정부는 지출을 증가하여야 한다. 지방 각급 인민정부 민정부서는 보장대상 인원들 자금 제출요구에 따라 동급 재정부서가 심사 후 예산에 포함시킨다. 중앙재정에서는 재정이 어려운 지역을 지원하여야 한다.

지방 인민정부 및 관련 부서는 농촌 각종 사회보조 제도를 고려하여 농촌 최저생활보장금을 합리적으로 사용하고 자금사용 효과와 이익을 향상시켜야 한다. 아울러 농촌 최저생활보장제도에 기증·원조하는 인사와 부서를 격려하고 인도한다. 농촌 최저생활보장금을 전용자금으로 관리하며 전용장부로 계산하고 타 용도 사용을 금지한다.

(6) 농촌최저생활보장제도 순조로운 실시를 위한 지도 강화

전국 농촌 최저생활보장제도의 수립은 중요하고 복잡한 계통적인 업무이다. 지방 각급 인민정부는 이를 중요시 여기며 정부업무의 중요한 일정표에 포함시키고 지도를 강화하며, 책임을 명백히 하고 총괄·조정하여 착실히 실행하여야 한다.

치밀하게 제도방안을 계획하여 주도면밀하게 실시하여야 한다. 각성, 자치구, 직할시 인민정부가 제정·수정한 방안을 민정부와 재정부에 보고하고 등기한다. 농촌 최저생활보장제도를 이미 구축한 지역은 제도를 보완하고 실행을 규범화하여 관리수준을 향상시킨다. 농촌 최저생활보장제도를 아직 실행하지 못한 지역은 제도를 조속히 제정하며 금년 내에 최저생활보장제도를 제정·실시한다. 농민들이 모두 이해할 수 있도록 정책 홍보를 많이 하며 방송, TV, 신문, 인터넷 등 매체를 이용해서 홍보·보급한다. 협력을 강화하며 각급 민정부서가 직능부서별 역할을 발휘하여 각 규정제도를 보완·구축하고 정보화 건설을 추진하고 규범화·제도화·과학화 관리수준을 향상시킨다. 재정부서가 자금을 지불하며 자금 사용과 관리 감독을 강화한다. 빈곤보조부서가 협력을 잘하며 최저생활보장제도를 실시한 다음에도 개발적인 빈곤보조 방침을 견지하며 노동능력이 있는 자에게 빈곤한 처지를 벗어나고 부유할 수 있도록 협조를 제공해 준다. 신형 농촌합작의료와 농촌의료 구조업무를 잘하여 질병으로 인하여 빈곤하게 되는 경우를 방지한다. 감독검사를 강화하며 현급 이상 인민정부와 관련 부서가 정기적으로 전부검사나 일부분검사를 하여야 하며 위법행위를 발견할 경우에 수정·처리하고 업적이 있는 부서를 표창하며 상급 인민정부와 관련 부서에 정기적으로 업무추진현황을 보고한다. 각 성, 자치구, 직할시 인민정부가 매년 연말에 농촌 최저생활보장제도의 실시 상황을 국무원에 보고해야 한다.

　농촌 최저생활보장업무가 많은 분야와 관련 있고 정책성이 강하고 업무량이 많다. 지방 각급 인민정부가 농촌종합개혁을 추진하고 농촌공동서비스능력을 건설하는 과정에 농촌 최저생활보장제도의 필요성을 충분히 고려하여 현과 향의 관리기구와 인적자원을 과학적으로 배치하며 인사와 경비관리를 합리적으로 사용하고 필요한 근무 조건을 제공하며 점차적으로 농촌최저보장의 정보화관리를 실현하고 관리와 서비스를 향상시킴으로써 농촌 최저생활보장제도를 순조로운 실시와 지속적인 보완을 확실하게 확보해야 한다.

7. 중국인의 라이프스타일의 변화

- 1995년 5월 1일 중국정부가 토요일과 일요일을 모두 휴무일로 정함
- 3대건(三大件)의 변화
- 1980년대 후반부터 취미생활의 다양화

1978년 개혁개방 천명 이후 중국의 경제발전은 중국인들의 라이프스타일에 많은 변화를 가져다주었다. 소득의 증가, 노동시간의 단축은 중국인들이 가족과 함께하는 시간을 증가시켰고, 특히 자녀들과 함께 휴가를 떠나 '도가촌(渡假村, 리조트)'이라는 휴양시설에서 온천욕이나 해수욕 그리고 명승지관광을 즐기는 현상이 늘어났다. 또한 자동차를 통해 여행을 떠나는 사람도 늘어나고 있고, 여행범위도 점차 국내지역으로부터 해외로 확대되고 있다. 소득수준의 증가로 여행을 떠나는 사람들이 늘어나고 있으며, 여행이나 여가는 이제 중국인의 새로운 소비패턴의 일부분이 되고 있고 '먹는 것'과 '입는 것'에 이어 '第3需要'로 자리 잡아 가고 있다.

특히 1995년 5월 1일 중국정부가 토요일과 일요일을 모두 휴무일로 정한 이래 중국인들은 '쌍휴일(雙休日)'을 보내고 있는데, 과거와는 달리 휴일을 자신의 취미생활과 오락에 할애하고 있다. 휴일을 활용하려는 주민들이 늘어나는 것은 자연 '휴일소비붐'을 일으켰고, 생활수준의 향상과 주 2일 휴일제의 실시로 여가시간이 늘어난 중국인들의 소비는 주로 토요일과 일요일에 집중되며 과거보다 소비액이 증가하고 있다. 의복, 가전제품, 건강기구, 스포츠용품, 신발 등과 같은 제품의 구매가 주말에 이루어지고 있으며 과거에는 불가능했던 인근지역으로의 여행이나 레저, 관광 등이 이루어지고 있다.

중국에서는 1980년대 후반부터 취미생활로 다양한 옥내·외 활동들이 소개되기 시작하였고, 특히 소득과 시간적 여유가 생긴 주민들은 국내의 명승지로 여행을 떠나거나 가족단위의 관광여행을 즐기게 되었다.

중국인들의 소득수준의 변화는 '3대건'의 변화에서 명확하게 드러나고 있다. 중국인들이 선호하는 '大件'의 종류는 시대와 소득수준 그리고 생활양식과 소비행태에 따라 변화해 왔다.

시기	주요 내용
1960,70년대	老四件 : 손목시계, 자전거, 재봉틀, 라디오나 가정용 내구재 舊三種神器 : 손목시계, 자전거, 재봉틀
개혁개방단계 (溫胞 단계)	新三種神器 : 컬러텔레비전, 냉장고, 세탁기 新六件 : 컬러텔레비전, 냉장고, 세탁기, 선풍기, 녹음기, 카메라 – 老四件에 비해 고소비의 성향을 띰
개혁개방단계 (小康 단계)	現代三件 : 전화, 에어컨, 가정용 컴퓨터 超級兩件 : 새집과 자가용, 현재 중국의 주민들이 갖고 싶어 하는 ‘中國夢’ 新新三種神器 : 퍼스널 컴퓨터, 자동차, 주택
2000년대	자동차, 집, 지폐
2000년대 대학생	컴퓨터, 휴대폰, MP3

　2000년대에 들어와서는 더욱 변하고 있는데, 특히 2008년의 산채(산짜이: 山寨, 짝퉁)[65]에 대한 관심은 중국인들의 소득수준과 밀접한 관련이 있다. 오래전부터 중국에는 짝퉁이 존재하고 있었다. 그러나 최근 중국에서 일고 있는 산채는 중국정부가 통제하기 힘들 정도로 활개를 치고 있다. 중국의 산채는 세계 최고 기업들을 긴장시킬 정도의 기술력을 갖추고 있다. 그래서 중국에서는 기존의 ‘가짜 – 저질 짝퉁’과는 다르다고 본다. 물론 유명 상품 을 모방한다는 점에서는 짝퉁과 같지만, 공개된 기술과 자체 노하우를 활용 하여 정품 수준의 제품을 만든다는 점에서는 짝퉁과 다르다. 중국인들은 이 런 제품을 ‘산채’라 부른다.

　산채는 품질 검사와 세금 납부를 거치지 않은 무적(無籍)제품이긴 하지만, 일반 판매업소에서 정품과 당당히 경쟁한다. 이런 점에서 산채는 짝퉁이 한 단계 진화한 것이라고 할 수 있다. 중국에서의 산채 현상은 2008년에 휴대 폰을 비롯하여 컴퓨터와 디지털카메라, 컬러액정TV, 자동차, 탱크, 심지어 비행기까지로 영역을 확대하고 있다. 특히 2009년 1월 11일 중국 심수시 복 원(福園)호텔에서는 ‘2009년 초대 심수 노트북 교류회’라는 행사가 개최되 었는데, 실질적으로는 ‘산채 노트북 컴퓨터 제작자 단합대회’였다고 알려졌 다. 참가한 업체 대표들은 “아기자기하고 다양한 외관, 낮은 가격, 품질의

---

65) 산채는 수호전(水滸傳)의 양산박 같은 산적들의 소굴을 뜻하는데, 현대에 들어와서, 중국 무명 기업이 세 계적 브랜드에 대항하는 양상이 옛날의 ‘산채’를 연상시킨다는 데서, 짝퉁과는 다르게 산채라는 용어를 사용하고 있다.

안정성으로 정품과 경쟁할 것"을 다짐하였고, "우리 제품이 과거의 가짜나 사기성 제품과는 근본적으로 다르다."고 주장하였다.[66]

산채의 시발점으로 중국 토종 체리자동차의 'QQ'를 든다. 2000년대 초반 등장한 QQ는 GM대우의 '마티즈' 외관과, 외국 합작사와 공동 개발한 엔진을 장착해 중국 시장에서 큰 인기를 얻었다. 2008년에는 휴대전화 시장에서 산채 제품이 대거 출품되었는데, 이는 중국정부가 2007년 10월 휴대전화 제조·판매 허가를 개방한 것이 결정적 계기가 되었다.

광동성 지적재산권국의 도개원(陶凱元) 국장은 "산채 제품은 이미 다른 기업에서 투자하여 개발한 연구 성과를 훔치는 절도 행위이며 위조·불법 복제는 명백한 침권 행위"라며 "소비자들이 개인 이익을 위해 산채 제품을 이용하다 보면 아무도 연구개발을 하지 않게 되어 국가적으로 큰 손실을 가져온다."고 비판했다. 또 2001년에 WTO에 가입하고 지적재산권 보호를 외치는 중국정부의 이미지에도 타격을 줄 수 있어서 산채에 대한 비난은 거세다. 그럼에도 불구하고 중국정부가 산채를 강력하게 단속하지 못하는 것은 국민 절대다수가 산채를 심정적으로 지지하고 있다는 것을 알고 있기 때문이다.

8. 중국 환경문제

중국의 황사와 대기오염, 수질오염 등과 2008년 사천 지진, 2003년 사스(SARS: 중증급성호흡기증후군)와 2009년 청해성 페스트 발병 등의 질병은 중국정부가 해결해야 할 중요한 문제이다. 중국 내 민족문제, 사회갈등 문제와 더불어 중국 환경문제는 중국 국정에 위협을 줄 수 있는 중요한 문제라고 할 수 있다.

---

66) http://kr.news.yahoo.com/service/news/shellview.htm?linkid=4&articleid=2009022803145118
634&newssetid=746(검색일 : 2009.7.8.)

- 2008년 4대 주요 걱정거리의 하나: 환경오염문제
- 2008년 6월부터 비닐봉투를 제공하거나 생산·판매하는 행위를 금지
- 2008년 '환경보호총국'을 '환경부'로 승격
- 2009년 이후 환경 관련 허가서 없는 기업의 조업 금지, 환경법규 위반 기업 수출 금지
- 2010년부터 자동차배기가스에 대해 세금부과 검토, 오염유발기업 은행대출 중지, 선별적 외자유치

1) 중국의 환경오염 현황

2008년 중국인들이 꼽은 '4대 주요 걱정거리'에 환경오염문제가 포함되었다. 중국 인민일보에 따르면 '부패'와 '사회 안전망(복지 등)', '높은 주택·교육 비용' 다음으로 많은 '환경오염' 문제를 가장 심각한 사회문제로 손꼽는다는 것이다. 중국 성인들의 10.2%가 '환경오염 문제가 최우선적으로 해결돼야 한다.'고 응답했으며, '차선' 또는 '3순위'로 해결해야 한다고 응답한 사람들은 각각 9.1%, 13.2%에 달한 것으로 나타났다. 이에 중국정부는 2008년 '환경보호총국'을 '환경부'로 승격시켜 물·토양·대기 등 문제를 모두 아우르도록 하는 등 환경정책을 대폭 강화하고 있다. 2008년 6월부터 비닐봉투를 제공하거나 생산·판매하는 행위를 금지한 것은 환경정책 강화의 대표적인 사례이다.

중국의 환경 관련 조치들을 살펴보면, "오염유발기업 주식 상장 금지, 2009년 이후 환경 관련 허가서 없는 기업의 조업 금지, 환경법규 위반 기업 수출 금지, 2010년부터 자동차배기가스에 대해 세금부과 검토, 오염유발기업 은행대출 중지, 선별적 외자유치" 등이다.

매년 봄이 되면 중국에서 불어오는 황사로 인해 한국의 대기는 늘 모래바람이다. 아침에 일어나면 길거리나 차 위엔 온통 노란색으로 물들어 있다. 중국의 경우는 더 심각하다. 모래바람으로 인해 앞이 보이지 않는다. 중국엔 황사뿐만 아니라 대기오염, 수질오염 등도 매우 심각하다.

국가환경보호총국이 발표한 '중국 도시환경보호' 보고에 따르면 중국 도

시환경 보호사업은 3가지 새로운 문제에 직면하고 있다.[67] 보고는 "중국에서 원래 존재하던 도시환경문제가 아직 기본적으로 해결되지 못한 상황에서 여러 가지 새로운 도시환경문제가 연달아 나타나고 있다."고 지적했다.

도시환경문제

- 첫째, **도시 주변 환경오염 문제 심각**: 중심 시가지의 생산, 생활폐수, 쓰레기, 공업 폐기 등 오염이 도시 주변으로 밀려들면서 도시 주변 지역의 수체(지표수와 지하수를 포함), 토양, 대기 오염 문제가 더욱 심각해지고 있으며 도시와 농촌의 조화로운 발전에 영향을 줌
- 둘째, **자동차 오염 문제 심각**: 자동차 보유량의 급속한 증가로 도시 공기 오염은 도시 발전 특히, 대도시 발전에 큰 영향을 줌
- 셋째, **도시 생태 불균형 문제 심각**: 도시 자연 생태 시스템이 심각하게 파괴되어 '도시의 열도', '도시의 사막' 등 문제가 돌출. 동시에 도시 자연 생태 시스템의 퇴화로 도시 자연 생태 시스템의 환경적재량이 한층 내려감으로써 자원 환경 공급과 도시 사회 경제 발전의 모순이 심해짐

2) 최근 몇 년간 발생한 주요 오염 사건

(1) 하얼빈 대단수(大斷水)

2005년 11월 13일 길림성 길림시의 길림석화공사의 벤젠공장 폭발로 인해 오염물질이 유출되었고, 11월 24일 오염 띠가 흑룡강(黑龍江)성 하얼빈시까지 도달하였다. 이 사고로 인해 11월 23일부터 4일간 하얼빈 도시 전체가 단수되었고, 시민 380만 명을 공황상태로 빠뜨렸다. 백혈병을 유발시키는 벤젠은 제조 과정의 부산물인 벤조파이렌(BAP)과 다핵탄화수소(PAH)는 소량이라도 유출되면 분해가 되지 않아 생태계에 큰 피해를 준다.

---

67) http://www.konetic.or.kr/chinanews/bbs_view.asp?num=187&page=8&ho=24 (검색일: 2008. 8.30.)

(2) 감숙성 신사촌 납 중독

감숙성 휘(徽)현 롱남(隴南)시 신사(新寺)촌 500여m 떨어진 휘현유색금속 제련유한공사(徽縣有色金屬製鍊有限公司)의 납 제련 공장에서 배출한 오염물질로 전체 주민 1800여 명 전원이 부근 제련 공장에서 배출한 납에 중독되는 사건이 발생하였다. 검사를 받은 어린이 250명 전원이 기준치인 혈액 ℓ 당 100μg 이상의 납에 중독되었다.

(3) 호남성 신장강 비소검출

2006년 9월 8일 호남성 악양(嶽陽)현 신장(新墻)강에서 악양현 8만 명이 마시는 식수원에 허용치의 10배가 넘는 비소가 검출돼 주민들에게 수돗물 공급이 전면 중단되었다. 사람의 간과 폐에 심각한 장애를 유발하는 발암물질로 알려진 비소는 한번 중독되면 복통과 경련을 일으키고, 심할 경우 의식불명 상태에 빠지거나 숨진다. 당시 조사결과 악양에서 50㎞ 떨어진 화학공장에서 흘러들어간 것으로 파악돼 보건당국은 문제의 공장을 즉각 폐쇄하였다.

3) 중국 수자원의 오염

21세기에 들어와서 중국에서 발생한 환경오염 관련 내용을 살펴보면 다음과 같다. 중국의 환경오염의 주된 원인은 급격한 산업화 때문이다. 중국환경연합은 특히 수질오염의 가장 큰 원인을 무분별한 경제개발에 따른 산업폐기물로 꼽았다.

'2004년 중국 환경 보고서'에 따르면 송화강은 중급 오염 하천으로 판정받았다. 중국 전역의 7대 하천 가운에 5번째로 오염이 심각했다. 1970년대만 해도 청정 수역이었던 송화강은 80년대 중반부터 상류 길림성에 석유화학 공장들이 많이 들어서면서 상황이 달라졌다.

중국 제2의 강인 황하(黃河)도 수량이 줄어들고 강 유역의 오염 상황이 심각하다. 전체 강물의 29.5%가 5급 미만의 검은 강물이어서 "차라리 강 이름을 '흑하(黑河)'로 바꾸라."는 말이 나올 정도 심각하다. 황하의 오염 상황이 심각한 이유로 유역 인근에 공업 생산과 생황 용수 급증, 오염 방지 처리 및 정화시설 낙후, 기업의 폐수 무단방류, 화학비료 사용 등으로 오폐수 유입이 늘고 있으나 유역의 생태계가 파괴되고 강우량이 감소해 자정 능력이 줄어들고 있기 때문으로 분석됐다.

그리고 강소성 남쪽에 있는 3대 담수호인 태호(太湖)를 비롯해 안휘성에 있는 5대 담수호인 소호(巢湖) 등은 부영영화(적조) 현상이 심각하다.

중국의 수자원 총량은 약 2만 7115만㎥로서 브라질, 러시아, 캐나다, 미국, 인도네시아에 이어 세계 6위에 해당된다. 그러나 1인당 수자원 점유량은 2300㎥에 불과해 세계 88위로 세계에서 가장 물이 부족한 12개 국가에 속하기도 한다.

중국 전 연안해역의 환경오염 상황은 전반적으로 매우 심각하다. 특히 요동만, 발해만, 장강 하구, 항주만, 강소성 연안, 주강 및 기타 대규모 도시에 인접한 수역은 오염이 심각하다. 주요 오염물질은 무기 질소, 활성 인산염 및 석유류 등이다.

중국의 각급 해양행정기관은 2006년부터 육지 오염물 배출구에 대한 감시를 강화하기 위해, 측정 강도를 대폭 강화했다. 당시 전국 600여 개 오염물 배출구에서 오염물 배출 상황 및 배출구 인근 해역의 생태환경에 대한 조사를 전면 실시했다. 조사 결과 약 81.4%의 배출구가 기준치를 초과하여 오염물을 배출하는 것으로 나타났다. 기준치를 초과한 오염물(혹은 지표)은 화학적 산소요구량(COD－Cr), 인산염, 암모니아 질소, 석유류 및 분변 대장균 등이다. 기준치를 초과한 오염물 배출구의 비율이 제일 높은 해역은 발해 연안으로 90.4%에 달하고, 황해는 77.3%, 동해 79.4%, 남해 88.2% 등이다. 광서, 상해 및 산동 지역에서 기준치를 초과해 오염물을 배출하는 배출구는 90%를 초과한다. 배출 오수 중 폴리사이클아로마틱스(polycycle aromatics), 유기계 염소 농약, 폴리클로로바이페닐(polyclorobiphenyl) 등 지속성 유기 오염물 및 탈륨(Tl), 베릴륨(Be), 안티몬(Sn) 등 극독류 중금속이 일반적으로 검출되었다.

4) 중국 환경보호의 기본정책[68]

─ 3대 환경보호정책: 예방위주, 오염원인자의 오염관리, 환경관리 강화

중국은 '**예방 위주**', '**오염원인자의 오염관리**', '**환경관리 강화**'의 3대 환경보호정책을 제정하여 중국환경보호업무의 대강과 원칙으로 확립하였다.

3대정책의 근본 출발점과 목적은 곧 오늘날 환경문제의 기본적인 특성과 환경문제를 해결하는 일반규율을 기초로 하여 중국의 정세, 특히 다년간 중국 환경보호업무의 경험과 교훈을 조건으로 하고 환경관리강화를 핵심으로 하여 경제·사회와 환경의 협조발전전략을 목적으로 하는 중국특색의 환경보호의 길을 마련하는 것이다.

(1) 예방 위주 정책

이는 예방을 위주로 하고 예방과 개선을 결합하여 종합적으로 개선하는 원칙을 말한다. 이 정책의 주요 사상은 오염제거와 환경보호 조치를 경제개발과 건설과정 전이나 과정 중에 실시하여 근본적으로 환경문제가 발생될 근원을 제거하고 사후 개선에 소요되는 대가를 크게 낮추는 것이다.

주요 내용

① 환경보호를 국민경제와 사회발전계획에 포함시켜 전체적으로 평형되도록 한다
② 도시환경 종합정비 실시로서 주로 환경보호계획을 도시 전체 발전계획에 포함시키고, 도시의 산업구조와 공업배치를 조정하며, 자원의 종합이용을 실현하고 도시의 에너지 구조를 개선하고 오염의 배출과 발생총량을 감소시키는 것이다.
③ 건설항목 환경영향평가제도의 실행
④ 오염방지조치는 반드시 주체공정과 동시에 설계하고 동시에 시공하며 동시에 생산에 투입한다는 '三同時'제도의 실행

---

68) http://china.enn21.com/chinaenv/zhengce/huanbaozhengce_02.htm (검색일: 2008.8.28.)

(2) 오염원인자의 오염관리 정책

오염원인자의 오염관리 정책의 사상은 오염을 처리하고 환경을 보호하는 것은 생산자의 회피할 수 없는 책임이자 의무로서 오염이 발생시킨 손해 및 오염 개선에 소요되는 비용은 반드시 오염자가 부담하고 보상하여야 한다는 것으로서 '외부 불경제성'을 기업의 생산과정에 반영한 것이다. 이 정책은 환경책임을 명확히 하여 환경개선의 자금원을 개척했다.

주요 내용

① 기업이 오염방지와 기술개조를 결합할 때 기술개조자금은 환경보호조치에 사용한 것과 비례하여 요구하여야 한다.

② 공업오염에 대하여 기한 내 처리를 실행한다. 1987년부터 전국에는 모두 기한 내 처리항목이 12만여 개로서 대량의 오래된 오염원 문제를 해결하였다.

③ 오염물 배출비용의 징수이다. 국가기준을 초과하여 오염물을 배출하는 경우에는 법에 의거하여 오염물배출비를 납부하여야 하며, 이 비용은 오염개선기금 건립에 사용되고 기업이 오염문제를 해결할 수 있도록 돕는다.

(3) 환경관리 강화 정책

3가지 정책 중에서 핵심은 환경관리 강화이다. 이는 한편으로 환경관리의 개선과 강화를 통하여 많은 자금을 사용하지 않고서도 환경오염문제를 해결할 수 있다. 또 한편으로는 환경관리 강화로 인하여 유한한 환경보호자금으로 양호한 투자환경을 창조하고 투자효율을 높일 수 있다. 이 정책의 주요 내용은 다음과 같다.

종류	구체적 내용
① 환경보호입법과 법 집행 강화	− 1979년에 반포한 '환경보호법(試行)' 이래 '대기오염방지법', '수질오염방지법', '해양환경보호법' 등 단독의 환경보호법률이 제정 − '삼림법', '水法' 등 일련의 관련 법률 중에 환경보호를 두드러지게 강조하였다. 1989년 국가는 정식의 '환경보호법'을 공포하여 비교적 완비된 환경보호법규체계를 형성 − 환경보호업무의 근거와 도구가 되었으며 환경보호의 권위성을 확립하였고 실천과정에서 중요한 작용을 발휘
② 전국적인 환경보호관리 체계 건립	− 각급 정부는 대부분 환경보호기구를 갖추고 동시에 전국성의 환경보호를 위하여 지지수단을 제공하는 선전, 교육, 과학연구, 측정, 관리 등 일련의 기구를 수립 − 전국에는 직접 환경보호업무에 종사하는 인원이 20여만 명에 달하고 환경보호업무는 기본상 전국 각 지방을 커버하고 있고 도시와 대중형 기업의 환경보호도 비교적 유력
③ 신문이나 영화 등 전달매체를 운용하여 광범위하게 민중과 환경보호 동원	− 아울러 교육체계 중 점차로 환경지식운동을 강화
④ 8항제도를 핵심으로 하는 환경관리제도 체계 강화 수립	− 환경관리업무가 새로운 단계에 진입

9. 2020년 전면적 소강사회 건설

중국의 국가발전 목표로 식품, 의복, 주택, 교통 등 물질조건, 공기, 수질, 녹화 등 생활환경, 사회질서, 안전, 사회도덕풍기 등 사회환경 등이 일정 수준에 오른 상태를 말하며, 현재 중국은 초급 소강단계라고 규정하고 있다.

제17차 전국대표대회에서 제시한 '소강(小康)' 목표는 다음과 같다. 첫째, 제16차 전국대표대회에서는 2000년 기준 2020년까지 GDP 총량의 4배이었으나, 이를 수정하여 평균 GDP의 4배이다. 2000년 기준으로 중국의 평균 GDP는 800~1000달러 정도인데, 2020년에는 3200~4000달러에 도달하겠다는 것이다. 둘째, '소모를 줄이고 환경을 보호하겠다.'는 것이다. 국제적으로나 중국정부에서 1992년부터 강조하기 시작한 지속 가능한 발전을 항시 주의하고 가능한 단계에서 적용하려는 의지이다. '소강사회'의 목표 달성은 국제적 기준으로는 중진국수준으로의 진입 바로 직전의 단계(2020년 전후)

이고, 진행 정도에 따라 중진국수준의 국가진입을 목표로 하고 있다. 중국은 목표 진입시기를 2050년 전후로 전망하고 있다.

중국 2020년 전면적인 소강사회 주요 목표[69]

구 분	목 표
국내총생산(GDP)	2000년의 4배, 연평균 7.2% 성장
1인당 국민소득	4000~5000달러
비농업 부문 취업 배율	60~70%
엥겔계수	도시주민 30% 이하, 농촌주민 40% 이하 (2000년엔 도시주민 39.4%, 농촌주민 49.1%)
농촌 · 도시 소득비율	2.5 : 1 (2000년엔 2.8 : 1)
지니계수	0.4 이하

엥겔계수: 지출에서 식료품비가 차지하는 비중. 저소득층일수록 높다.
지니계수: 소득불평등 정도를 나타내는 수치. 0으로 갈수록 평등해진다.

---

69) http://news.mk.co.kr/outside/view.php?year=2008&no=428695 (검색일: 2008.8.30.)

제7장

중국외교

21세기 중국외교의 가장 두드러진 특징은 자원외교이다. 현재 중국은 아프리카, 중앙아시아 등지의 여러 국가를 통해 자원을 확보하고자 노력하고 있다. 그리고 앞으로도 중국이 지속적인 경제성장을 하기 위해서는 우선적으로 확보해야 할 게 자원이다. 그러한 이유 때문에 자원이 풍부하게 매장되어 있는 티벳과 신강지역을 포기하지 못한다. 그리고 현재 중국은 아프리카, 중동, 중앙아시아 등의 여러 국가들과의 자원외교를 통해 자원을 확보하고자 노력하고 있다.

중국 외교를 학습할 때 알아두어야 할 내용이 많으나, 여기에서는 중국 외교수립단계, 양안관계, 영토분쟁, 한중 관계 등을 살펴본다.

중국 외교

1. 외교단계: 단순 수교 → 선린우호 → 동반자 → 전통적 우호협력 → 혈맹
2. 한중수교: 1992. 8. 24. → 전략적 협력동반자(2008.5.27.)
3. 양안관계
4. 영토분쟁: 조어도, 남사군도
5. 자원외교, 환경외교

---

1. 외교수립단계와 외교전략

1) 외교수립단계

중국은 상대국과의 친소(親疏) 관계에 따라 외교 용어를 달리 사용하고 있다. 중국은 1996년부터 수교국과의 관계를 '단순 수교 → 선린우호 → 동반자 → 전통적 우호협력→ 혈맹'의 5단계로 분류하여, 관계 증진에 따라 등급을 변화시키고 있다. 선린우호는 경제·통상 중심의 관계이다. 그리고 동반자 관계는 "서로 대항하지 않고, 같은 것을 추구하고 생각이 다른 것은 일단 제쳐 둔다는 '구동존이(求同存異, 이견은 뒤로 미루고 같은 분야부터 협력한다.)' 원칙을 지키고, 어느 특정한 제3국을 겨냥하지 않는다."는 특징을 갖고 있다. 이 중 동반자 관계는 다시 '협력 동반자 → 건설적 협력 동반자 → 전면적 협력 동반자 → 전략적 동반자 → 전략적 협력동반자 → 전면 전략적 동반자'로 구분한다.

동반자 관계 중에서 '전면적 협력동반자 관계'란 정치·경제·사회·문화 등의 제반 분야에서 공동이익을 창출하는 호혜적 협력관계의 확대를 의미한다. 동반자 앞의 '전략적'이라는 용어는 선진국이나 강대국과의 외교 관계 설정에 주로 사용된다. 즉 세계 경영을 함께 논하는 수준이라는 뜻을 내포하고 있는 것으로, 정치·경제·외교는 물론 군사·문화 등 모든 부문에서 협력이 가능한 큰 상대라는 의미를 갖고 있다.

한국은 2008년 5월 27일 중국과 '전략적 협력 동반자' 관계를 수립하였다. 수교할 당시 1992년에는 단순 수교 관계였다가 경제·통상 중심의 '선린우호' 관계를 거쳐 1998년 '협력 동반자', 2003년 이후엔 '전면적 협력 동반자' 관계로 상향 조정됐다.

반면, 북한은 최고 수준인 '혈맹' 관계였다가 한·중 수교 이후 '전통적 우호협력 관계'로 한 단계 내려앉았다. 지난 2008년 5월 7일 호금도가 일본을 방문하였을 때 후쿠다 야스오 일본 총리와의 정상회담에서 양국 외교단계를 전략적 호혜관계로 격상하였다. 그 밖에 중국은 미국과는 '건설적 협력 동반자', 러시아와는 '전략적 협력 동반자' 관계이다.

2) 대외 외교정책 전략

도광양회(韜光養晦) → 화평굴기(和平崛起) →
유소작위(有所作爲) → 화해세계(和諧世界)

- 도광양회(1980년대): 대외적으로 불필요한 마찰을 줄이고 내부적으로 국력을 강화
- 화평굴기(2003): 대외적으로 우호, 공동이익, 공동번영을 모색하고, 대내적으로는 개혁개방의 강화를 통해 국력을 신장시키고, 환경과 에너지 문제 등 고도성장의 후유증을 최소화시킴
- 유소작위(2004): 적극적인 관여와 개입, 중국의 역할 강조, 공세적 외교
- 화해세계(2005): 중국이 조화로운 국제사회 건설에 공헌

(1) 도광양회(韜光養晦)

도광양회는 "자신의 재능을 밖으로 드러내지 않고 인내하면서 기다린다."는 고사성어이다. 도광양회의 한자를 풀이하면 "칼날의 빛을 칼집에 감추고 어둠 속에서 힘을 기른다."는 뜻이다. 이 외교전략은 등소평 집권 시절의 중국대외정책의 대표적인 전략이다. 등소평은 대외적으로 불필요한 마찰을 줄이고 내부적으로 국력을 발전시키는 것을 외교정책의 기본으로 삼았다.

중국이 도광양회 외교정책을 실시한 이유는 당시 중국이 서구 열강들을 대항할 만한 국제적 위상을 갖추지 못하였기 때문이었다. 도광양회 전략은 1990년대 고도 경제성장을 통해 중국의 위상이 오르는 데 중요한 역할을 하였다.

(2) 화평굴기(和平崛起)

호금도가 새롭게 추진한 외교정책인 화평굴기는 "평화롭게 일어선다."는

뜻으로, 주변국과의 외교관계 설정에 있어서 중국을 '화목한 이웃(睦隣)', '안정된 이웃(安隣)' 그리고 '부유한 이웃(富隣)'이 될 수 있도록 하겠다는 삼린(三隣)정책을 기본 축으로 삼았다.

중국은 경제발전을 통해 힘이 축적되자, 2003년부터는 세계평화를 지지하면서 대국으로 발전하겠다는 뜻의 화평굴기(和平崛起) 정책을 펼쳤다. 이 외교전략은 2003년 10월 보아오포럼에서 정필견(鄭必堅) 중앙당교 상무부장이 주창하였고, 호금도 국가주석이 2004년 1월 유럽순방을 하면서 새로운 외교노선으로 떠올랐다. 당시 중국은 이미 경제대국으로 성장하였고, 앞으로도 계속해서 경제성장을 할 것으로 전망하였다. 이러한 전망 때문에 당시 미국은 중국을 세계에서 가장 위협적인 국가로 여겼고, 전략적 경쟁자로 간주하였다.

화평굴기 외교는 당시 거론되었던 중국위협론을 완화시키는 데 1차적인 목적이 있었다. 하지만 그 내면에는 미국보다는 유럽을 중시하고, 대국외교의 틀을 이어받아 국제사회에서 중국의 위치에 걸맞은 행동과 책임을 다하겠다는 자주성과 독립성의 의미도 숨어 있었다.

화평굴기는 대외적으로는 우호, 공동이익, 공동번영을 모색하고, 대내적으로는 개혁개방의 강화를 통해 국력을 신장시키고, 환경과 에너지 문제 등 고도성장의 후유증을 최소화시킨다는 것이다.

(3) 유소작위(有所作爲)

유소작위는 "적극적으로 참여해서 하고 싶은 대로 한다."는 뜻으로, 2002년 이후 중국이 취하고 있는 대외정책 전략이다. 구체적인 의미로는 "어떤 일에 적극적으로 개입해 자신의 뜻을 관철시킨다."는 뜻으로, 2002년 11월 호금도 체제가 들어서면서 중국정부가 취하였다.

중국이 유소작위 외교전략을 본격적으로 펼치기 시작한 것은 2004년부터이다. 2004년에 이르러 중국정부는 화평굴기 대신 '적극적인 관여와 개입'을 뜻하는 새로운 외교 전략을 펼쳤다. 유소작위는 국제 관계에서 관여와 개입을 통해 중국의 역할을 강조하고, 국익을 확대하고자 하는 적극적이고 공세적인 대외정책이다. 이는 경제력뿐 아니라 국방력에서도 국제적 위력을 행사한다는 부국강병 정책의 전 단계에 해당한다. 중국이 미국·북한 사이의 핵 문제 해결에 적극 뛰어들어 6자회담을 성사시킨 것이 유소작위 정책의 대표적인 예라고 할 수 있다.

(4) 화해세계(和諧世界)

중국의 화해세계 건설은 "중국이 조화로운 국제사회 건설에 공헌하겠다."는 의미를 담고 있다. 화해세계는 호금도 국가주석이 2005년 9월 유엔 창립 60주년 기념식 연설에서 '화해세계(和諧世界)'라는 말을 언급하였고, 이후 중국 언론에서는 외교사안을 보도할 때 화해세계란 용어를 사용하기 시작하였다.

화해세계는 중국이 내치(內治) 분야의 국정 이념으로 내세웠던 '화해사회(和諧社會)' 개념을 대외전략으로 확장한 것이다. 중국에서는 정치, 경제 등 모든 분야에서 '화해'라는 말을 사용하였고, '화해'는 한국에서는 '조화'로 해석하여 사용하고 있다. 중국 내 화해사회의 취지는 빈부격차를 줄이고, 지역 간 불균형을 없애며, 또 민족과 종교 간 갈등을 완화하여 사회갈등을 없애자는 의미이다. 이러한 의미가 확대되어 "평화적인 발전의 길을 견지하고 조화로운 세계를 건설하는 데 공헌해야 한다."고 중국은 강조하고 있다. 이는 세계에서 일고 있는 중국위협론에 대응하는 한편, 능동적으로 세계질서 구축에 나서겠다는 적극적인 외교전략 개념이라 할 수 있다.

3) 중국대외협력 현황

(1) 상해협력기구(SCO: Shanghai Cooperation Organization)

- 상해협력기구는 중국, 러시아, 카자흐스탄, 키르기스스탄, 타지크스탄, 우즈베키스탄의 6개 국가로 이루어져 있음
- 1996년 4월 상해에서, 이들 국가 간의 첫 정상회담이 개최
- 옵서버 국가로 몽골, 이란, 파키스탄, 인도 등이 참여
- 중국어와 러시아를 공용어로 사용
- 중국 내 처음으로 성립한 국제기구

상해협력기구는 1989년 5월 중·소 관계 정상화 이후, 같은 해 11월부터 중소 양국은 국경지역 군사력 축소 및 군사적 신뢰구축 문제를 협의하기 시작하였다. 소련이 해체됨에 따라 이 의제는 러시아 및 중앙아시아 3개국(카자흐스탄, 키르기스스탄, 타지키스탄)과 중국 등 5개국 간 문제로 확대되었다.

1996년 4월 상해에서, 이들 국가 간의 첫 정상회담이 개최되었고, '상해 - 5'가 탄생하였다. 상해에서 개최된 제1차 정상회담에서는 국경지역에서의 신뢰 구축을 통한 안정 확보 및 우호 왕래를 목적으로 '국경지역의 군사적 신뢰구축에 관한 협정'을 체결하였다.

2001년 6월 상해에서 제6차 정상회담이 개최되었는데, 이때, '상해 - 5' 정상회의를 한 차원 높은 협력기구로 출범시키기로 합의하였고, 지역안보뿐만 아니라 국제정치 문제 및 회원국 간 경제 통상 분야에서의 협력 확대를 합의하였고, '상해협력기구를 공식적으로 출범한다.'고 선언하였으며, 對러 독자노선을 추구해 온 우즈베키스탄을 6번째 회원국으로 정식 영입하였다. 그리고 '테러리즘 분리주의 및 극단주의 척결을 위한 상해 협약'에 서명함으로써 중앙아시아 지역에서의 이슬람 테러단체의 활동을 막기 위한 각국 안보기관 간 협력 및 반테러센터 설립을 위한 법적 기초를 마련하였다.

상해협력기구의 설립 목적은 회원국 상호간의 신뢰와 우호 증진, 정치·경제·무역·과학기술·문화·교육·에너지 등 각 분야의 효율적인 협력

관계 구축, 역내 평화·안보·안정을 위한 공조체제 구축, 민주주의·정의·합리성을 바탕으로 한 새로운 국제정치·경제질서 촉진 등이다. 그리고 기본 이념은 국제연합헌장의 목적과 원칙 준수, 상호 독립과 주권존중 및 영토적 통합 존중, 회원국 사이의 내정간섭과 무력 사용 및 사용 위협 배제, 회원국 사이의 평등 원칙 준수, 모든 문제의 협의를 통한 해결, 역외 국가·기구와 적극 협력 모색 등이다.

지난 2008년에는 상해협력기구 성원국들은 대만이 '유엔가입 공민투표'를 추진하는 것에 반대하기도 하였는데, 성원국은 대만의 행위는 '유엔헌장' 관련 규정에 어긋날 뿐만 아니라 양안 간에 긴장을 초래하고, 지역안정과 인민들의 안전에 위협적이라고 밝혔다. 또 대만은 중국 영토에서 갈라놓을 수 없는 한 부분이라고 하면서 중국정부의 입장을 지지하였고, 대만의 '독립'을 도모하려는 모든 시도를 반대한다고 밝혔다. 한편 2009년 7월 5일 신강 우루무치에서 위구르족과 한족 간의 유혈사태가 벌어졌을 때 중앙아시아 일부 국가들이 중국의 무력진압을 비난하지 않은 것은 중국의 외교관계 때문으로 지적되고 있다.

(2) 환경관련 대외 협력

- 중국의 환경외교 정책결정과정은 국가이익을 우선적으로 생각하는 외교부, 에너지부, 국가 발전계획위원회 등에 의해 주도
- 국가환경보호총국과 기상국 등도 어느 정도는 개입함

중국의 환경외교[70]는 중국외교 전체를 구성하는 중요한 부분으로서 중국 당국이 매우 중시하고 있다. 모든 환경 관련 국제협약 및 협력과 관련한 담판은 외교부가 담당하지만, 국내적으로 각 부서의 입장을 조율하는 책임은 국

---

70) 환경외교(environmental diplomacy)란 외교활동의 한 분야로서 주권국가를 중심으로 국가를 대표하는 기관과 인원들의 방문, 담판, 교섭, 조약 체결 등의 활동과, 외교문건을 발송하거나 국제회의 및 국제조직에 참여함으로써 환경영역에서의 국제관계를 처리하고 조정하는 대외활동을 총칭한다.

가발전계획위원회가 담당하고 있다.

중국의 환경외교 기본원칙은 "국가주권과 국가의 근본이익보호, 환경보호와 경제발전의 조화, 공동의 그러나 차등적 책임, 개도국 이익의 옹호와 불평등한 국제경제질서 타파" 등이다. 이 입장과 원칙은 1990년 7월 중국 국무원 환경보호위원회 제18차 회의에서 통과된 '지구환경문제에 대한 중국의 원칙입장'과 1996년 10월 고위급회의에서 해진화(解振華) 중국환경보호국장이 제기한 '환경과 무역문제를 해결하기 위한 중국의 4가지 기분원칙'에서 기원하고 있다.

동북아지역에서 형성된 조직을 살펴보면 다음과 같다.

먼저 동북아환경협력프로그램(NEASPEC, North‒East Asian Subregional Program of Environment Cooperation)이다.

‒ 1993년에 출범
‒ 한국의 제안에 근거하여 월경성 대기오염 등 지역환경문제의 해결책을 모색하기 위해 시작된 지역 환경회의체

NEASPEC는 중국을 비롯해 한국, 북한, 러시아, 몽골, 일본 등 동북아 지역 6개국 정부 간 환경협력기구로 동북아 자연·환경보전 프로그램을 개발 및 운영하는 등 국가 간 환경문제를 협의하는 역할을 하고 있다.

지난 2005년부터 2006년 사이에 동북아시아의 자연보호를 위한 사업을 수행하였다. 이 사업의 목표는 자연보호를 위한 협력에 있어서 NEASPEC 소속 국가들을 지원하는 것이었고, 사업 기간 동안 지역의 보전전략과 행동계획을 개발하였으며, 세 고양이과 동물(아무르 호랑이, 아무르 표범, 눈표범)과 세 철새(재두루미, 흑두루미, 저어새)들에 대한 자료를 수집하였다.

다음은 한중일 3국 환경장관회의(TEMM, The Seventh Tripartite Environment Ministers Meeting)이다.

- 1998년 4월 제6차 유엔지속개발위원회 회의 기간 중 한중일 3국의 대표 간에 동북아 환경오염문제에 공동으로 대처한다는 차원에서 3국 환경장관회담 필요성 논의
- 2008년 12월 2일에는 제주도에서 개최

1999년 1월 13일 한국의 환경부장관, 중국의 국가환경보호총국장, 일본의 환경청장관 등 3개국 환경장관 간의 제1차 한중일 환경장관회담을 개최했다. 이때 공동합의문에서 "대기오염 방지 및 해양환경 보전, 기후변화협약, 환경기술 연구·개발, 공무원·민간인 등 인적교류, 상시 정보교류, 산성 강하물질 측정망 구축 등" 6개 분야를 우선 협력 대상으로 선정하였다.

1999년부터 매년 한 차례 3국이 교대로 개최하고 있다. 주로 한중일 3개국 환경관계자, 기업체 등에서 '지속 가능한 자원순환사회를 위한 정책과 실천전략'을 주제로 각국의 폐기물 억제정책 사례분석, 기업 및 지자체의 자원순환 활동사례 등을 제시하고, 3개국 협력증진방안 등을 논의한다. 지난 2008년 12월 2일에는 제주도에서 개최되었다.

동북아 환경협력회의(NEAC, Northeast Asian Conference on Environmental Cooperation)이다.

- 1992년에 한·중·일·몽골·러시아 등 동북아 5개국 환경당사자국 간 공식회의체제로 출범

NEAC가 출범한 후, 환경당국자뿐만 아니라, 지방자치단체, NGOs, 연구기관, 전문가 등 역내 모든 이해관계자가 참여하여 국가별 환경정책 및 역내 환경현안에 대해 논의하는 환경포럼 형태로 발전해 왔다. 이 회의는 생물다양성 보존, 산성비, 해양오염, 유해화학물질, 청정기술 및 청정생산, 지구환경현안 등 역내 관심사항에 대한 참가국의 정책을 소개하고 정보를 교환함으로써 상호이해의 폭을 확대하고 지역환경협력의 계기를 마련하는데

기여하였다.

(3) 중국 에너지 대외협력

에너지 외교

- 2006년 발표한 제11차 5개년(2006∼2010년)규획: "향후 중국은 에너지 외교활동을 강
  화함으로써 에너지 공급의 안전 확보에 나설 것"이라고 천명
- 2006년 7월 호금도는 G8 정상회의에 참석: "중국은 상호이익과 평등의 기초 아래 세계
  적인 에너지 안보 유지를 위해 모든 에너지 생산국·소비국과 협력하는 적극적인 에너지
  외교를 추진해 나갈 것"이라고 강조

호금도 국가주석은 2006년 4월 북경에서 연간 300억㎥의 천연가스를 투르크메니스탄에서 공급받는 약정서에 서명하였고, 또 2006년 4월, 중국은 세계 2위 생산국인 호주에서 우라늄을 2010년부터 연 2만t씩 수입하기로 결정하였다. 호주와 맺은 협정으로 중국은 2020년까지 40기(현재 9기)로 늘어날 원자로에 쓸 우라늄을 안정적으로 공급받을 수 있게 되었다.

중국의 에너지 백서는 중국 국가 개혁과 발전위원회 산하의 에너지국과 경제연구원에 의해 완성되었고, 중국 에너지 전략과 목표를 제출하게 했고 중국 에너지 정책과 조치를 천명하였다. 중국 에너지 정책의 국제적인 투명도와 인지도를 업그레이드시켜 중국과 국제 에너지 교류와 합작을 촉진시키게 될 것이다.

중국은 사우디를 포함해 중동 국가로부터 전체 원유 수입의 약 50%를 의존하고 있다. 오늘날 중국 자원외교는 중동 지역으로 편중된 석유·가스 공급원을 아프리카·남미·중앙아시아로 분산하는 정책을 기본 골격으로 삼는다.

중국은 2005년 12월 '중국-아랍협력포럼'을 창설해 정부 관료와 민간 학자들 간의 유대를 강화하고 있다. 2008년 1월에는 중국 해남도에서 제1차 '중국-아랍 에너지협력회의'를 개최하였고, 석유·천연가스를 포함한 종합적인 에너지 협력방안을 논의하였다.

중국의 아프리카 진출은 대중매체에서 많이 언급되고 있는데, 아프리카는 에너지 수입 다변화 차원에서 중국정부가 가장 많이 공을 들이는 지역이다. 2006년 11월 아프리카 48개국 정상을 북경으로 초청하여 '중국 - 아프리카 협력포럼'을 개최하였고, 2007년 5월에는 아프리카개발은행(AFDB) 연차총회를 상해에서 개최하였다. 그리고 온가보 총리는 2006년 4월 이집트, 가나 등 아프리카 7개국을 순방하였고, 호금도 국가주석은 2007년 1월 수단, 카메룬 등 8개국을 순방하면서 자원외교를 펼쳤다.

중국은 남아시아・동남아시아 국가와도 자원외교를 펼치고 있는데, 2006년 1월 인도와 에너지 분야 협력조약을 체결하였고, 2008년 3월에는 온가보 총리가 라오스가 개최하는 메콩강유역 7개국정상회담에 참가하였다.

2. 양안관계

> - 葉9條, 鄧6條, 江8點, 胡4點, 胡6點
> - 하나의 중국
> - 1국가2제도
> - 국가반분열법
> - 小三通 정책
> - 대만의 삼불(三不)정책
> - 대만의 국가통밀강령
> - 李六點
> - 삼통사류(三通四流) 정책
> - 대안의 정명(正名)운동
> - 마영구(馬英九)의 통일정책

양안관계란 '중국과 대만의 관계'를 일컫는 일반화된 용어가 되었다. 원래의 의미는 중국 복건성과 대만의 양 해안을 가리키는 것이었다. 중국정부는 대만은 중국 영토의 일부분이며 중화인민공화국정부가 세계 유일한 합법적 중국정부라고 주장한다.

2009년 7월 28일 중국 양의(楊毅) 국장은 양안 간의 영구적인 뉴스 아울렛(News oulet)을 설치하자고 제안하였다. 그는 "복잡하지 않은 간단한 문제부터 차근차근 해결해 가는 원칙으로 양안 간 언론 교류를 시행해 나가기를 희망한다."고 전했다.[71]

중국의 양안정책 역사는 '葉9條(1981)'와 '鄧6條', '江8點', '胡4點'에서 이번 '胡6點' 등으로 이어져 왔다. 양안관계를 이해할 때 다음과 같이 주요 용어에 대한 이해가 필요하다.

1) 섭구조(葉九條, 섭9조): 1981년 9월 30일 전인대 상무위원회 위원장인 섭검영(葉劍英, 한국에서는 엽검영으로 부른다.)은 대만의 평화통일에 관한 9가지 기본원칙을 천명하였다.

주요 내용은 "1. 중화민족이 분열된 불행한 국면을 빨리 마감하기 위해 중국공산당과 중국국민당 양당의 대등 담판을 거행하여 제3차합작을 실행함으로써 조국통일 대업을 완성하길 건의한다. 2. 쌍방이 공동으로 통우, 통상, 통항, 탐친, 여행 및 학술, 문화, 체육의 교류를 전개하기 위한 편리를 제공하기 위한 관련 협의를 달성하길 건의한다. 3. 국가통일후 대만은 특별행정구가 되어 고도의 자치권을 향유하며 아울러 군대를 보유할 수 있다. 중앙정부는 대만 지방사무에 간여하지 않는다. 4. 대만의 현행 사회·경제제도는 불변할 것이고, 생활방식이 불변할 것이며, 외국과의 경제·문화 관계가 불변할 것이다. 개인재산·가옥·토지·기업소유권·합법계승권 및 외국투자는 침해받지 않는다. 5. 대만 당국과 각계 대표인사들은 전국적 정치기구의 영도 직무를 맡아 국가 관리에 참여할 수 있다. 6. 대만 지방재정에 곤란이 생길 때 중앙정부가 정황을 참작하여 보조할 수 있다. 7. 대만 각 민족 인민과 각계 인사가 조국 대륙에 돌아와 정착하고자 하면 적절히 안배하여, 질시받지 않고 자유 왕래할 수 있도록 보장할 것이다. 8. 대만 공상계 인사가 조국 대륙에 투자하여 각종 경제사업을 벌이는 것을 환영하며 합법권익과 이윤을 보장할 것

---

71) http://www.newscani.com/news/138092(검색일: 2009. 8. 6.)

이다. 9. 조국의 통일은 모든 사람의 책임이다.”이다.

2) 1국가2제도(一國兩制): 1982년 9월 영국 대처 수상이 중국을 방문하였을 때, 등소평은 대처 수상에게 홍콩주권의 회수 문제는 ‘一個國家, 兩個制度’의 방안을 이용해 해결할 수 있다고 말했다. 이것으로 ‘1국가2제도(체제)’ 방안이 처음 제기되었다. 의미는 단일국가가 이질적인 2개의 체제를 유지하겠다는 것이다. 그리고 미래에 대만과 중국이 통일되어 대만에 대해서도 이 시스템을 적용하겠다는 통일방안이다. 중국은 이것을 ‘홍콩과 대만에서는 자본주의를 실시하고, 중국대륙에서는 사회주의를 실시하는 것’이라고 표현하였고, 또 헌법 제31조(1982. 12.)로 규정하고 이것을 香港處理方式이라고 하며 ‘收回主權 保持繁榮 港人治港 制度不變’의 16자 방침이다.

3) 등육조(鄧六條, 등6조): 등소평이 1983년 6월 25일 밝힌 6가지의 기본원칙이다. 주요 내용은 “1. 통일 후 북경은 군대를 파견하여 대만에 진주시키지 않으며, 대만 내정에 개입하거나 간섭하지 않으며 대만의 인사와 군사에 간섭하지 않는다. 대만은 스스로 외국으로부터 무기를 구입하여 자위능력을 보유할 수 있다. 그 외에 경제·사회제도·생활방식 및 당·정·군과 정보조직을 유지할 수 있다. 2. 통일 후 대만은 독립된 입법권을 가질 수 있고, 원칙상 현재의 법률을 유지할 수 있다. 중국의 헌법을 위반하지 않는 원칙 아래 입법기관은 스스로 법률을 제정할 수 있고, 아울러 이에 근거하여 대만을 관리할 수 있다. 3. 통일 후 대만은 독자의 사법권 및 사법기관을 보유할 수 있으며, 중국의 법률은 대만에 적용되지 않는다. 대만은 최종심판권을 보유하여 북경의 최고법원에 상소할 필요가 없다. 4. 통일 후 대만은 독립된 외교권을 보유할 수 있다. 대만은 독립된 대외경제관계를 유지할 수 있고, 외국인에게 출입경 허가증을 발급할 수 있으며, 인민에게 특별한 비자를 발급할 수 있고, 외국과 협정을 체결할 수 있다. 5. 통일 후 대만은 ‘중화인민공화국’의 칭호를 사용할 필요가 없다. 대만은 자기의 기치를 사용할 수 있고, ‘중국대만’의 칭호를 사용할 수 있다. 6. 통일 후 대만은 ‘특별행정

구’로 설치되어 완전한 자치권을 향유하여 삼민주의 또는 자본주의를 실시
할 수 있다.”이다.

　4) 중국의 ‘하나의 중국(一個中國)’: 1993년 8월 국무원이 발표한 통일백
서(統一白書)인 ‘대만문제와 중국의 통일’을 통해 대만문제 해결을 위한 기
본방침으로서 일국양제를 구체적으로 제시하였다. ‘하나의 중국’ 원칙은 일
국양제 통일방안 중 가장 핵심적인 부분이다. 중국정부의 대만에 대한 기본
적인 입장은 “중국은 오직 하나이고, 대만은 중국의 불가분한 일부분이다.
중국의 중앙정부는 북경에 있다.”는 것이다.

　5) 강팔점(江八點, 강8점): 1995년 1월 30일 강택민(江澤民) 중국공산당
총서기가 대만에 대한 8개 항의 통일방안을 제시하였다. 강택민이 행한 연
설의 제목이 “조국통일의 대업의 완성을 촉진하기 위해 계속분투하자(爲促
進祖國統一大業的完成而繼續奮鬪).”였으나, 일반적으로 ‘강팔점(江八點)’
이라 부른다. 8개 항의 주요 내용은 “1. ‘하나의 중국’ 원칙을 견지하는 것
은 평화통일을 실현하는 기초이며 전제이다. 2. 대만이 외국과 민간 성격의
경제, 문화관계를 발전시키는 것에 대해서 중국은 이의를 가지지 않는다. 3.
해협 양안의 평화통일 회담을 진행시키는 것은 중국의 일관된 주장이다. 4.
평화통일 실현에 노력하며 중국인은 중국인과 싸우지 않는다. 5. 21세기 세
계경제의 발전에 직면하여 양안 간 경제교류 및 합작을 강력히 발전시켜야
한다. 6. 중국의 각 민족 구성원들이 창조한 5,000년의 찬란한 문화는 항상
전체 중국인의 정신적 유대를 유지하는 것이며 또한 평화통일을 실현하는
하나의 중요한 기초이다. 7. 2,100만 대만동포는 대만 출신이건 타 지역 출
신 여부를 막론하고 모두 중국인이다. 대만 동포의 생활방식과 주체적인 삶
에 대한 소망은 충분히 존중되어야 하며 대만 동포의 모든 정당한 권익은
보호되어야 한다. 8. 우리는 대만당국 지도자가 정당한 신분으로 중국을 방
문하는 것을 환영하고 또한 대만 측의 초청을 받고 대만을 방문하는 것을
기대한다.”이다.

6) 小3通 정책: 2001년 1월 1일부터 대만의 금문도(金門島), 마조도(馬祖島) 2개 섬과중국 본토 간의 직접 운항, 교역, 우편교환 등 '3통(通航, 通商, 通郵)'을 허용하는 정책이다. 금문도나 마조도에 6개월 이상 거주한 대만 국민은 관광이나 사업 목적으로 중국 본토를 방문해 최대 일주일간 머물 수 있고 반대로 본토 관광객이나 기업인도 두 섬을 방문할 수 있게 되었다.

7) 호사점(胡四點, 호4점): 2005년 3월 4일 호금도 국가주석이 전국정협 10기 제3차 회의에서 민혁(民革), 대맹(臺盟), 대련(臺聯)계 위원들을 만나 양안관계 4개 원칙을 밝혔다. 이는 '강8점'을 대신하여 중국의 새로운 양안 지도원칙으로 강조되고 있다. 호금도의 양안 4원칙은 '4개결불(四個決不)' 원칙으로 명명되었다가, '강8점'을 의식하여 '호4점(胡四點)'으로 불린다. 주요 내용은 "1. '하나의 중국' 원칙은 결코 흔들리지 않을 것이다. 2. 평화통일 노력을 결코 방기하지 않을 것이다. 3. 대만 인민에게 희망을 건다는 방침은 결코 바꾸지 않을 것이다. 4. 대독 분열활동을 반대하는 것과 관련 결코 타협은 없다."이다.

8) 호육점(胡六點, 호6점): 2008년 12월 31일, 호금도는 "대만동포에게 고하는 글(1979. 1. 1.)" 발표 30주년을 기념하는 연설에서 양안관계에 대한 6가지 기본원칙을 밝혔다. 그리고 호금도는 "전 민족의 단결, 조화, 창성을 실현하기 위해 양안의 통일은 중화민족의 위대한 부흥의 역사적 필연"이라고 강조했다. 이는 양안협력을 주요 정책으로 내걸었던 대만 마영구 총통이 2008년 5월 총통에 취임한 이후 중국 최고지도자가 처음으로 양안정책에 대한 기본원칙을 밝힌 것이다. 주요 내용은 "1. 하나의 중국을 엄수하고, 정치적 신뢰를 증진한다. 2. 경제적 합작을 추진하고, 공동의 발전을 촉진한다. 3. 중화의 문화를 선양하고, 정신적 유대를 강화한다. 4. 사람의 왕래를 강화하고, 각계의 교류를 확대한다. 5. 국가의 주권을 수호하고, 외교적 사무를 협상한다. 6. 적대적 상황을 종결하고, 평화적 협의에 도달한다."이다.

9) 반(反)국가분열법: 대만의 정명(正名)운동에 대응하는 것으로서, 2005년 3월 14일 전국인민대표대회에서 통과되었다. 이 법에서는 대만이 실질적으로 독립을 추진하거나 평화적인 통일의 틀을 파괴할 경우, 중국인민해방군이 무력을 사용할 수 있도록 규정하였다. 반국가분열법은 1조 입법취지, 2, 3조 대만문제의 성격, 4조 통일의 역사적 사명, 5조 하나의 중국원칙, 6조 양안 간 안정과 평화를 위한 방안, 7조 평등한 협상과 담판의 원칙, 8조 비평화적 방식 동원조건, 9조 대만인과 대만 내 외국인의 권익 보호, 10조 공포 일시로 구성되어 있다. 특히 3조에서는 양안문제는 중국의 내전으로 야기된 내정문제라는 것을 강조하였다. 그리고 8조에서는 대만이 어떤 방식으로든 독립을 시도한다거나, 대만독립을 야기할 수 있는 주요 사건들이 발생하였을 때 혹은 평화통일의 가능성이 완전히 사라졌을 때 비평화적 수단을 사용할 수 있다고 규정하였다.

대만

- 대만의 공식 명칭은 '중화민국(Republic of China)'이다
- 13개의 원주민족(중국에서는 고산족으로 분류)
- 1988년 본성인 출신의 이등휘(李登輝)가 총통으로 취임
- 2000년 민진당의 진수편(陳水扁) 총통의 취임. 2004년 진수편 총통의 재선
- 2008년 국민당의 마영구(馬英九)가 제12대 대만 총통으로 취임

10) 대만의 삼불(三不)정책: 대만의 삼불정책으로 1985년의 삼불정책(불접촉, 불담판, 불타협)과 1988년의 삼불원칙(직접 중국과 통상하지 않음, 직접 중국과 환거래를 하지 않음, 대만지역 기업이 직접 중국과 접촉해서는 안 됨)이 있다.

11) 삼통사류(三通四流) 정책: 1987년 대만인의 친척방문을 위한 중국대륙 여행이 허용되면서 중국과 대만 사이에는 실질적인 삼통과 사류가 허용

되었다. 삼통(三通)은 양안 사이의 상업·우편·항공의 직접 교류를 일컫고, 사류(四流)는 학술·문화·체육·과학기술 방면의 교류를 일컫는다.

12) 대만의 국가통일강령: 1991년 대만정부는 '국가통일강령'을 발표하였다. 국가통일위원회는 통일을 위하여 '3불정책'을 폐기하고 대신 '통우(通郵)·통상·통항'의 3통정책 실시, 고위인사 상호 방문 등을 내용으로 하는 획기적인 '국가통일강령'을 확정하였으나 성과를 거두지 못하였다. 국가통일강령에서 대만정부는 '하나의 중국' 원칙을 직접적으로 언급하지 않았다. '대륙과 대만은 모두 중국의 영토'라고 하였다. 그리고 상호 교류와 상호 수혜의 1단계, 상호 신뢰와 협동의 2단계, 통일을 협의하는 3단계 통일과정을 제시하였다. 진수편 총통은 2006년 2월 통일정책기구인 국가통일위원회와 국시(國是)인 국가통일강령의 운용을 각각 중단한다고 밝혀 사실상 철폐를 선언하였다.

13) 대만의 통일백서: 1994년에 대만정부는 '통일백서'를 발표하였다. 대만은 중국의 '일국양제'론에 반박하면서 '일국양부(一國兩府)'를 주장하였다. 대만정부는 '하나의 중국'이란 역사적·지리적·문화적·종족적 실체를 의미하며, 반드시 정치적 실체로서 대만의 존재를 부인하는 것이 아니라고 선언하였다.

14) 이육점(李六點, 이6점): 1995년 4월 이등휘 총통은 강택민의 8개 항목에 반박하여 6개 항목을 제시하였다. 주요 내용은 "1. 현실에 입각한 통일을 추구해야 한다. 2. 중화문화를 기초로 양안 간의 교류협력을 확대하고 공존공영의 길을 모색해야 한다. 3. 상호 보완적 관계를 구축해야 한다. 4. 평등한 입장에서 공동으로 국제조직과 국제회의에 참가해야 한다. 5. 평화적인 방식에 의한 분쟁해결을 모색해야 하며, 적대상태의 종결을 선언하고 대만에 대한 무력사용포기를 선언해야 한다. 6. 홍콩과 마카오의 경제번영과 민주화 촉진을 위해 노력해야 한다."는 것이다.

15) 대만의 정명(正名)운동: 진수편 총통은 취임 이후 "해협 양안에는 서로 다른 2개의 국가가 존재한다(一邊一國)."며 '대만 주권의 독립'을 주장해 왔다. 2004년 말 대만 정부는 '정명(이름 바로잡기)' 운동을 선포하면서 '중화민국' 국호를 '대만'으로 간칭(簡稱)해야 한다는 주장을 내놓았고, '중국'과의 혼동을 피해야 한다는 명목으로 모든 해외공관과 국영 및 공영기업의 명칭에 '대만'을 삽입하도록 했다. 대만의 독립을 주장하는 민진당은 2007년 10월 당 대회에서 대만의 주권문제에 대한 국민투표를 실시, 새 헌법 제정 등의 요구를 담은 결의안을 통과시켰다. 결의안의 주요 내용은 "대만은 주권 및 독립 국가로 대만과 중국은 서로 속하거나 통치할 수 없다."며 "가능한 한 이른 시일 내 국호를 '타이완(Taiwan)'으로 바꾸고 대만이 주권 및 독립 국가임을 알리기 위해 적절한 시기에 새 헌법을 제정하고 국민투표를 개최해야 한다."고 밝혔다.

16) 마영구(馬英九)의 통일정책: 마영구 총통은 임기 내에 양안 체제를 유지하면서도 독자 노선을 걷지 않으며 무력에 반대한다는 '불통(不統), 부독(不獨), 불무(不武)' '3불' 정책을 시행할 것이며 "차기에 총통으로 당선이 되든 안 되든 대륙과 평화 협의를 체결하는 것을 배제할 수 없으며, 양안 체제는 계속 유지해 나갈 것"이라고 밝혔다. 마영구 총통은 총통 취임 이후 지금까지 3번 열린 양안 회담을 통해 중국과 대만은 통상(通商), 통항(通航), 통신(通信)이 전면적으로 이뤄지는 '대삼통(大三通)' 시대를 열었고 2009년 5월부터는 중국기업의 대만 직접투자를 허용하는 등 전면적인 경제협력을 가속화하고 있다. 그리고 2009년 6월 17일 자신의 정책 기조가 통일, 독립, 무장도 하지 않는 '불통(不統), 부독(不獨), 불무(不武)'라면서 현상유지를 원하고 있다고 밝혔다.

3. 영토분쟁

1) 조어도(釣魚島) 분쟁

조어도 제도(釣魚島 諸島)는 '센카쿠제도'라고도 불린다. 대만에서 동북쪽으로 200㎞ 거리에 있으며, 일본 오키나와에서는 남서쪽으로 300㎞ 거리에 위치한 무인 군도로서, 가장 큰 섬인 조어도를 포함해 5개의 섬과 3개의 암초로 구성되어 있으며 현재 그 영유권을 둘러싸고 중국과 대만 그리고 일본 간의 첨예한 대립이 형성되어 있는 곳이다. 1895년 중일전쟁에서 승리한 일본이 대만과 관련 부속 도서를 차지하면서 조어도를 영유하다가 1945년 일본이 패망하면서 미국의 시정권에 속하였다. 1969년 5월 섬 주변에서 석유 등이 매장되어 있는 가능성이 제기되었고, 1971년 6월 11일 대만이, 12월 30일에는 중국이 각각 영유권을 주장하기 시작하였다.

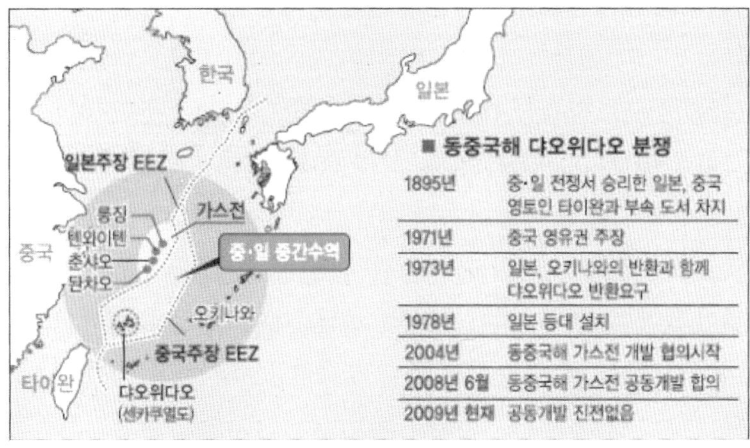

동중국해 조어도 분쟁[72]

---

72) http://kr.news.yahoo.com/service/news/shellview.htm?linkid=4&articleid=20090701044533423 h2&newssetid=1352 (검색일 : 2009. 9.9.)

1970년 미국이 오키나와를 일본에 반환하면서 조어도를 포함한다고 발표한 것이 원인이 되었다. 중 – 일 양국은 1972년 '중·일 국교정상화 교섭' 과정과 1978년 '중 – 일평화우호조약' 체결과정에서 그 논의를 잠정 보류하자고 합의하였다. 그러나 중국은 1992년 중국 영해법에 조어도는 중국의 영토라고 명기하였으며, 1997년 '중·일어업협정'에 합의할 때 이 지역에 잠정조치수역을 설치하고 양국이 공동으로 관리한다고 규정하였다. 2008년 6월에는 동중국해 가스전 공동개발에 합의하였다.

조어도 분쟁은 일본이 1978년 조어도 옆의 북소도에 등대를 설치하였는데, 이를 둘러싸고 양국 간의 군사적 긴장으로까지 전개되었다. 일본은 등대의 설치에 대해 민간단체가 임의로 한 일이라고 주장하였다. 하지만 중국과 대만은 유엔해양법협약에 따른 2백 해리 경제수역 설정과 관련, 일본 정부가 조어도 인근해저의 석유 등 자원을 확보하기 위해 이 단체를 이용한다고 주장하고 있다.

2) 남중국해(南中國海) 남사군도 분쟁

스프래틀리 군도(Spratly Islads)라 불리는 남사군도는 남중국해에 위치하고 있다. 230개 이상의 무인도, 암초, 모래톱(sand bars), 산호초로 구성된 남사군도의 총면적은 25만 평방㎞ 이상이다. 대부분의 섬들은 많은 암초와 식수의 부족으로 사람들이 거주하기에 부적절하다. 그러나 석유와 천연가스 등의 자원이 풍부하게 매장되어 있어서 중국, 대만, 베트남, 필리핀, 말레이시아, 브루나이 등의 국가들은 각 국의 영유권을 주장하며 첨예한 대립을 하고 있다.

특히 중국과 베트남간의 갈등은 더욱 심각하다. 지난 2007년 12월 16일 베트남의 수도 하노이 중국대사관 앞에서 300여명의 시위대들이 '중국타도' '국토수호' 등의 구호를 외치며 남사군도가 베트남의 영토라고 주장하였다.

중국은 역사적·법적 접근을 통해 남사군도 지역의 영유권을 주장하고 있다. 중국은 동 지역의 (영유권)경쟁국들에 비해 압도적인 군사력을 보유하고 있어 가장 유리한 위치를 점하고 있다. 중국 내 강경파 군부인사들은 실효적 지배를 위해서 조치를 실시해야 한다고 주장한다.

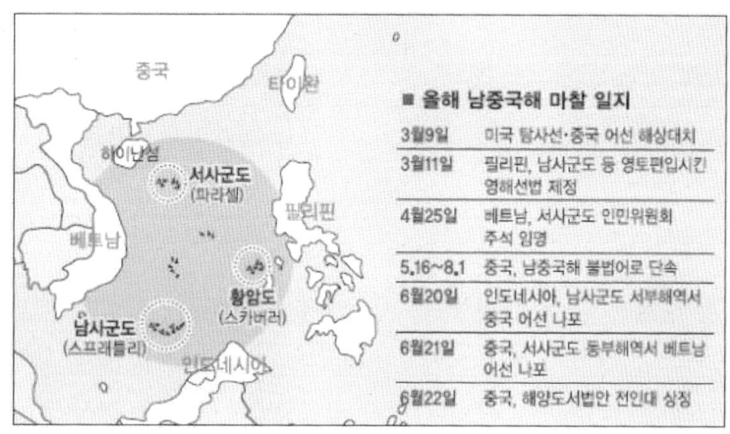

2009년도 남중국해 마찰일지[1]

각 국가들이 남사군도를 중요시 여기는 이유는 "첫째, 전략적, 지리적 가치이다. 둘째, 수산자원의 풍부함이다. 셋째, 석유와 가스 등 풍부한 천연자원이 매장되어 있을 가능성이 높다는 점" 때문이다.

특히 남사군도가 포함된 남중국해는 동아시아와 인도대륙을 잇는 요충지로서 지리적 가치가 매우 높다. 중국의 한 신문은 "인도양과 태평양 사이에 위치하는 남중국해에는 매우 중요한 지역이다. 그 곳은 중국의 대륙과 해안의 관문이기도 하다. 남사군도는 광동, 홍콩, 마닐라, 싱가포르를 연결하는 해로(海路)의 중심에 위치한다. 그 위치는 매우 중요하다."라고 하였다. 현재 남중국해에서 중국은 4개, 베트남은 29개, 필리핀·말레이시아·브루나이는 각각 3개 섬에 병력을 파견해 놓고 있다.

4. 한중(韓中) 외교관계 변화

한중 외교관계

- 1992년 8월 24일 한중수교: 단순 수교관계
- 1998년 협력동반자
- 2003년 이후 전면적 협력 동반자
- 2008년 5월 27일 전략적 협력 동반자 관계 수립
- 2008년 8월 25일 한중 정상회담에서 '외교·군사·문화 전방위적 협력 추진'에 합의
- 따오기 한 쌍 한국에 기증

한국과 중국은 2008년 한중관계 발전(격상)과 경제·통상 협력 확대, 인적·문화 교류 강화, 지역·국제무대에서의 협력 추진 등 6개 항의 공동성명을 발표하였다. 공동성명은 "전면적 협력동반자 관계로 격상, 한중FTA(자유무역협정) 적극 검토, 한반도 및 동북아의 평화와 안정을 위한 협력 강화, 무역·투자 확대를 위한 실질적 조치" 등을 담았다.

그리고 양국은 2005년 채택된 '한중 경제통상협력 비전 공동연구보고서'를 실질적인 경제·통상 협력의 토대로 활용할 수 있도록 조정하고 보완하기로 했으며, 환경보호 강화를 위해 환경산업, 황사관측, 황해 환경보전 등에서 교류와 협력을 확대키로 했다.

2008년 8월 25일 한중 정상회담에서 '외교·군사·문화 전방위적 협력 추진'에 합의하였다. 양국 정상은 '한·중 공동성명'을 기초로 전략적 협력 동반자관계를 전면적으로 추진해 나가기로 하고, 한중 간 상호 협력 확대와 지역 및 국제사회의 평화와 번영, 인류 발전을 위해 협조하기로 하였다.

양국 정상은 '정치적 신뢰증진', '호혜협력 심화', '인적·문화적 교류', '지역 및 범세계적 문제에 대한 조율과 협력 강화' 등 4가지 방향에 합의했다.

먼저 정치 분야에선 양국 고위 지도자 등의 상호 방문과 접촉을 확대하기로 했다. 그리고 최근 이어도 문제 등과 관련해 해양경계획정 문제의 조속

한 해결이 양국 관계의 장기적이고 안정적인 발전에 중요한 의미가 있다고 보고 이를 위한 회담을 가속화하기로 했다.

경제 분야에선 한중 간 교역규모를 오는 2010년까지 2년 앞당겨 2천억 달러 수준으로 늘리기 위해 정부 차원의 협력과 지원을 강화하고 양호한 투자환경 조성을 위해 노력하기로 했다. 아울러 '금융기관 상호 진출, 무역투자 정보 교류, 이동통신 등의 첨단기술, 수출입 수산물 위생관리, 노무자 권익 보장 등을 위한 협력'에 합의하고 7개 관련 양해각서를 체결했다.

인적·문화 교류 분야에선 2010년과 2012년을 각각 '중국 방문의 해'와 '한국 방문의 해'로 정하고 문화·관광·청소년·민간단체 등의 교류를 더욱 촉진해 나가기로 했다. 이와 관련해 중국 측은 주한 중국대사관의 광주 영사사무소를 총영사관으로 승격하기로 했다. 그리고 멸종 위기를 맞은 따오기 한 쌍을 한국에 기증하는 등 따오기 복원을 위한 협력을 하기로 했다.

지역 및 국제협력을 위해선 6자회담 틀 내에서의 협의와 협력을 통해 북한의 비핵화를 위한 건설적인 노력을 지속하기로 합의하고 기후변화 문제 해결과 대량파괴무기 확산 방지, 국제 테러리즘 대응 등 국제문제에 대해 상호 이해와 협력을 강화하기로 했다.

참고문헌과 읽을거리

강명상,『中共의 少數民族政策』, 서울: 隆盛出版社, 1988.

강헌만,『최신 중국경제의 이해』, 한올출판사, 2008.

공봉진, "중국 중서부발전 전략에 관한 연구," 공봉진 외 5명,『월경하는 동북아세아(장강문화편)』, 세종출판사, 2009.

공봉진,『중국지역연구와 현대중국의 이해』, 오름출판사, 2007. 10.

공봉진, "중국의 동북공정, 단대공정, 탐원공정에 관한 소고",『국제지역·통상연구』, 국제지역·통상학회, 2004. 12.

공봉진, "중국'민족식별'에 관한 비판적 고찰", 부경대 국제지역통상학연협동과정 박사학위논문, 2005. 8.

공봉진·이중희, "중국의 민족식별연구: 達斡爾族을 중심으로",『인문사회과학논총』제2권, 부경대학교인문사회과학연구소, 2002. 2.

공봉진 외 9명,『현대중국사회』, 세종출판사, 2009. 9.

금희연,『중국인의 라이프스타일』, 그린, 2000.

김도희,『전환시대의 중국 사회계층』, 폴리테이아, 2007.

김정화, "서부대개발을 위한 중국의 전략과 전망", 서강대학교 공공정책대학원 석사학위논문, 2002.

김종범,『중국도시의 이해』, 서울대학교출판부, 2000.

김태호 외 6명,『중국외교 연구의 새로운 영역』, 나남, 2008.

데이비드 핑클스틴, 메리앤 키블런,『21세기 중국의 리더십 중국 정치의 메커니즘』, 이동철, 승병철 옮김, 문화발전소, 2005.

루쉬에이,『현대중국사회계층』, 유홍준 역, 도서출판 그린, 2004.

문흥호,『대만문제와 양안관계』, 폴리테이아, 2007.

박광득, "서부대개발의 현황과 문제점",『大韓政治學會報』, Vol.10, No.2, 대한정치학회, 2002.

박광희, 『현대중국사회상』, 학고방, 2007.

박병석, 『중화제국의 재건과 해체』, 교문사, 1999.

박인성·문순철·양광식, 『중국경제지리론』, 한울아카데미, 2005.

박천동·황인수·이동철, 『현대 중국 경제의 이해』, 한올출판사, 2008.

박형기, 『친디아』, 해냄, 2005.

백영서, "중국의 국민국가와 민족문제: 형성과 변용", 한국사연구회 편, 『근대국
      민국가와 민족문제』, 서울: 지식산업사, 1995.

미야자키 마사히로, 『중국의 현재 3년 5년 10년』, 김현영 옮김, 예문, 2006.

서진영, 『21세기 중국외교정책』, 폴리테이아, 2006.

송승엽, 『중국 개혁개방 30년』, 휴먼비전, 2008.

오정수, 『중국의 사회보장』, 집문당, 2006.

옥한석 외, 『세계화 시대의 세계지리 읽기』, 한울아카데미, 2005.

우약봉 등, 『중국의 삼농 문제 회고와 전망』, 지성태 번역, 한국농촌경제연구원,
      2006.

유홍준·김지훈, 『현대중국 사회와 문화』, 그린, 2006.

윤휘탁, 『신중화주의』, 푸른역사, 2006.

윈스렌 지음, 『중국 서부를 선점하라』, 최원규 옮김, 한국경제신문, 2002.

이민자, 『중국 호구제도와 인구이동』, 폴리테이아, 2007.

이양호, 『China 2050 Project』, Hans & Lee, 2005.

이인택, 『큰중국 작은 중국인』, UUP, 2006.

이인호, 『인트로 차이나』, 천지인, 2008.

이진영, "중국의 소수민족정책", 『민족연구』 제9호, 2002.

이한석, 『중국서부대개발』, 대종출판, 2005.

이현국, 『중국 시사문화 사전』, 인포차이나, 2008.

임반석, 『중국 경제의 개혁과 발전』, 도서출판 해남, 2006.

전국경제인연합회, 『중국 동북지역 진흥정책과 발전전략』, 2006.

정교관, 『새마을운동의 서천』, 나무와 숲, 2006.

정융녠 지음, 『21세기는 중국의 시대인가』, 문화발전소, 2005.

조영남, 『후진타오 시대의 중국정치』, 나남, 2008.

조이현, 『현대중국정부와 정책』, 다산출판사, 2002.

조정남, 『현대중국의 민족정책』, 한국학술정보, 2006.

조준현, 『중국의 경제발전과 21세기 발전 전략』, 부산대학교출판부, 2003.

탁세령, "제11차 5개년 계획 확정에 따른 진출전략 수립 필요", 『수은 해외경제』,
      한국수출입은행, 2006. 4.

피터 나바로 지음, 『슈퍼파워 중국』, 권오열 옮김, 살림Biz, 2008.

후자오량, 『중국의 문화지리를 읽는다』, 김태성 옮김, humanist, 2005.

江澤民, "在新的歷史條件下, 我們 如何做到『三個代表』", 北京: 中央文獻出
版社, 2001.

費孝通, "關於我國民族的識別問題", 『中國的民族識別』, 民族出版社, 1995.

宋本眞澄 著. 魯慧忠 譯, 『中國民族政策之研究』, 民族出版社, 2003.

王柯, 『中國與國家: 中國多民族統一國家思想的系譜』, 北京: 中國社會科學出
版社, 2001.

胡申生, 『社區辭典』, 上海古籍出版社, 2006.

http://article.joins.com/article/article.asp?ctg=11&total_id=2243496 (검색일: 2009.8.
20.)

http://article.joins.com/article/article.asp?Total_ID=3076509 중앙일보,"중국의 60년
지배 실패로 티베트 쌓인 분노 터진 것"(검색일: 2008.3.26.)

http://article.joins.com/article/article.asp?Total_ID=1700942&ctg=20(검색일: 2009.
7. 30.)

http://bbs.cenet.org.cn/dispbbs.asp?boardID=92531&ID=401889&page=1 第四次
思想解放和改革或從戶籍制度改革開始?(검색일: 2009. 4. 30.)

http://blog.daum.net/_blog/BlogView.do?blogid=04dwc&articleno=10952412&
categoryId=581288#ajax_history_home(검색일: 2008. 8. 10.)

http://blog.daum.net/drynnn/17201739(검색일: 2009. 3. 5.)

http://blog.daum.net/m-silkroad-spring/5722022 (검색일: 2009.3.30.)

http://blog.daum.net/zaras/63766?srchid=BR1http%3A%2F%2Fblog.daum.net%2Fzaras
%2F63766 (검색일: 2008. 8. 8.)

http://blog.joins.com/media/folderlistslide.asp?uid=cjh59&folder=8&list_id=8110811
(검색일: 2009. 4. 21.)

http://blog.naver.com/PostView.nhn?blogId=im2959&logNo=20043807342(검색일:
2008. 9. 30.)

http://cafe.daum.net/bamboofriend/93R/58?docid=1vxP|93R|58|20020322134706&q
=%E6%CD%C0%E5%B0%AD%C1%A4%C3%A5&srchid=CCB1vxP|93R
|58|20020322134706(검색일: 2008. 9. 21.)

http://cafe.daum.net/csfsim2/NWC/6232?docid=apJt|NWC|6232|20070712161233&q
=%C1%DF%BA%CE%B1%BC%B1%E2&srchid=CCBapJt| NWC|6232|20
070712161233(검색일: 2008. 9. 30.)

http://cafe.daum.net/kangsm1008/Hiuj/3966?docid=a81a|Hiuj|3966|20080522195249&q
=%C1%DF%B1%B9%20%BB%E7%C8%B8%20%B0%E8%C3%FE&srchid
=CCBa81a|Hiuj|3966|20080522195249(검색일: 2009. 7. 15.)

http://cafe.daum.net/kcjcastor/JqcE/38?docid＝1H7Ck│JqcE│38│20090428073408&q
＝%C1%DF%BA%CE%B1%BC%B1%E2&srchid＝CCB1H7Ck│JqcE│38│20
090428073408(검색일: 2005. 5. 4.)

http://changup.donga.com/changup_magerzin/wbz_sub_inquiry_view.asp?codename
＝%C1%DF%B1%B9%C3%A2%BE%F7&seqno＝642&topcode＝magazine
(검색일:2006. 11. 20.)

http://china.enn21.com/chinaenv/zhengce/huanbaozhengce_02.htm(검색일: 2008.8. 28.)

http://cpc.people.com.cn/GB/64093/64099/7225744.html "西藏日報: 實質是分裂和
反分裂的主權問題－揭批達賴分裂集團圖謀‘西藏問題’國際化系列評論
之四"(검색일: 2008. 7. 30.)

http://forum.home.news.cn/detail.jsp?id＝64540879(검색일: 2009. 4. 30.)

http://knsi.org/knsi/admin/work/works/4%5B1%5D.%B5%BF%BA%CF%BE%C6%B
0%E6%C1%A6%C0%CC%BD%B4(6%BF%F9).pdf(검색일: 2009. 7. 24.)

http://kostec.re.kr/contents/serv_02_04.asp?menu_cls＝02&sub_cls＝&menu_num＝
04&board_num＝03&num＝5238&code1＝7(검색일: 2009. 7. 24.)

http://kr.img.search.yahoo.com/search/images?p＝%EC%A4%91%EA%B5%AD%EA
%B2%BD%EC%A0%9C%ED%8A%B9%EA%B5%AC&subtype＝Alta_Imag
e&target＝detail&b＝1&imgseq＝2&top＝frame 한겨레 2000년08월24일

http://kr.news.yahoo.com/service/news/shellview.htm?linkid＝15&articleid＝200906270
3002746610&newssetid＝511(검색일: 2009. 8. 30.)

http://kr.news.yahoo.com/service/news/shellview.htm?linkid＝4&articleid＝2009022803
145118634&newssetid＝746(검색일: 2009.7.8.)

http://kr.news.yahoo.com/service/news/shellview.htm?linkid＝15&articleid＝200909090
0140047519&newssetid＝87 (검색일: 2009.9.9.)

http://kr.news.yahoo.com/service/news/shellview.htm?linkid＝4&articleid＝2009070104
4533423h2&newssetid＝1352 (검색일: 2009. 9.9.)

http://krei.re.kr/kor/info/cha_izine_view.php?bn_idx＝13422&bc_cd＝081202&cpage
＝3&(검색일: 2009. 3. 20.)

http://media.daum.net/foreign/asia/view.html?cateid＝1042&newsid＝20070213094717
089&p＝segye (검색일: 2009. 6. 30.) 세계일보

http://media.daum.net/foreign/others/view.html?cateid＝1046&newsid＝20080412193
610432& cp＝yonhap "후진타오 ‘티베트 사태 인권문제 아니다.’(종합)"
(검색일: 2008. 4. 15.)

http://media.daum.net/foreign/asia/view.html?cateid＝1042&newsid＝20080314224905
513&cp＝hankooki 한국일보, "티베트 독립시위 유혈사태"(검색일 : 2008.

3.18.)

http://news.163.com/08/1230/10/4UDGAJU90001124J.html (검색일 : 2009.8.8.)

http://www.9tour.cn/Wiki_Map/City3/26032/1/ (검색일 : 2009.8.25.)

http://www.asiatoday.co.kr/news/view.asp?seq=231365 (검색일 : 2009.9.9.)

http://www.bricsinfo.org/bricsinfo/trend/trend_view.jsp?lid=tr&ls=10&seq=31642&serviceCode=A&sortField=bt_publish_date&sortType=DESC 성도－중경－서안 西三角 경제권 구축(검색일: 2009. 4. 30.)

http://www.dearedu.com/res/2007－6－11/r171335.html 近代中國的思想解放潮流 專題復習嶽麓版(검색일: 2009. 3. 30.)

http://www.globalview.cn/ReadNews.asp?NewsID=251 林昊 "'疆獨'分裂祖國活動及其背景"(검색일: 2008. 10. 20.)

http://www.han－tang.org/php/bbs/archiver/?tid－1590.html(검색일: 2006. 8. 2.)

http://www.hani.co.kr/arti/international/china/307053.html(검색일: 2009. 3. 30.)

http://www.hankyung.com/news/app/newsview.php?aid=2009041315411&type=&nid=&sid=0105&page=1 (검색일: 2009. 8. 30.)

http://www.konetic.or.kr/chinanews/bbs_view.asp?num=187&page=8&ho=24 (검색일: 2008.8.30.)

http://www.newscani.com/news/138092(검색일: 2009. 8. 6.)

http://www.people.com.cn/GB/32306/33232/5938895.html 朱衛華, "胡錦濤爲何重新强調"解放思想"?"2007年06月29日14:07(검색일: 2009. 1. 30.)

http://www.pep.com.cn/200410/ca530558.htm(검색일: 2006. 11. 29.)

http://www.segye.com/Articles/NEWS/INTERNATIONAL/Article.asp?aid=20090624003545&subctg1=&subctg2=(검색일: 2009. 6. 30.)

http://www.seonamforum.net/newsletter/view.asp?board_id=16&idx=1194&page=14(검색일: 2009. 3. 31.)

http://www.tjplaza.com/?article_srl=5744257(검색일: 2009. 5. 30.)

http://www.tjuc.co.kr/file/binhaixinqubeijing.pdf(검색일: 2009. 7. 20.)

http://www.xauat.edu.cn/jgsz/xsc/read.php?id=304 "愛國主義教育實施綱要"(검색일: 2008. 4. 30.)

http://www.yonhapnews.co.kr/bulletin/2009/09/08/0200000000AKR20090908102800083.HTML?did=1179m (검색일: 2009.9.9.)

http://news.mk.co.kr/outside/view.php?year=2008&no=428695 (검색일: 2008.8.30.)

색 인

실업보험 ; 169, 170, 171
실업자 ; 169
심수 ; 96
11차 5개년 규획 ; 119, 121, 122, 181
12 · 5규획 ; 126, 127

(ㅇ)

아무르강 ; 44
아미산 ; 41
안휘방 ; 23
애국주의 ; 75, 149
애국주의교육 ; 75, 151
양개대국론 ; 108, 109
양개범시 ; 77, 80
양개범시론 ; 68, 77
양계초 ; 131, 133
양안관계 ; 209
양인장 ; 35
양자문화구 ; 31
양증신 ; 143
양쯔강 ; 42
양회(兩會) ; 21
에너지 백서 ; 208
에너지외교 ; 208
SCO ; 204
NEAC ; 207
NEASPEC ; 206
여산 ; 40
여산회의 ; 40
연(沿)장강개방지대 ; 99, 100
연변개방지대 ; 99
연선정책 ; 100
연해개방구 ; 98
연해개방도시 ; 98
연해항만도시 ; 98
염황자손 ; 132
염황제 ; 147
오대산 ; 41
오방국 ; 23, 73, 91
오성홍기 ; 49
오악 ; 39
55개 소수민족 ; 50

오월문화 ; 52
오족공화 ; 130
온가보 ; 25, 59, 91, 104, 108, 111, 113, 209
온주모델 ; 103
온포(溫飽) ; 18, 69, 109
요동만 ; 47
요동반도 ; 47
요수석 ; 54
요의림 ; 89
용머리 ; 101
우쾌우호 ; 60
우호우쾌 ; 60
운남성 ; 138
6 · 4 천안문 사건 ; 79
6521프로젝트 ; 20
6 · 25강화 ; 59
워컹푸어 ; 31
원세개 ; 133
원주민족 ; 214
월광여신 ; 31
위구르족 ; 24, 134, 140, 141, 142, 143, 144
유소기 ; 65, 85, 86
유소작위 ; 27, 202
율속족 ; 139
의용군행진곡 ; 50
2020 전면적 소강사회 ; 110, 112, 197
이극강 ; 62, 91
이대쇠 ; 133
이등휘 ; 214, 215
이붕 ; 79, 90
Eastern Turkestan ; 143
이육점(이6점) ; 215
이인위본(以人爲本) ; 19, 59
211공정 ; 31
이족(彝族) ; 140
이홍지 ; 21
인민공사 ; 64
인진래 ; 60
1국가2제도 ; 21, 211
일국양부 ; 215
일국양제(一國兩制) ; 21, 211

공봉진 —————————————————————————————

┃약 력

墨兒 孔鳳振 (孔珉奎로 불림)
부산외대 중국어과 졸업
부경대 국제지역학박사(중국지역학 전공)
墨兒중국연구소 소장
국제지역통상연구원 부원장
국제지역통상학회 회장 역임
동아시아국제정치학회 편집이사(2008)
한국시민윤리학회 편집이사(2009)
부산외대, 부경대, 부산여대 외래교수

┃주 요 논 저

『중국지역연구와 현대중국의 이해』(오름, 2007), 『세계변화 속의 갈등과 분쟁』(공저, 세종출판사, 2008), 『현대중국사회』(공저, 세종출판사, 2009) 외 다수
"중국의 '民族識別'에 관한 비판적 고찰", "漢族의 민족정체성에 관한 연구", "중국 '사상해방(思想解放)' 논쟁에 관한 연구" 외 다수

초판인쇄 | 2009년 12월 28일
초판발행 | 2009년 12월 28일

지은이 | 공봉진
펴낸이 | 채종준
펴낸곳 | 한국학술정보㈜
주 소 | 경기도 파주시 교하읍 문발리 파주출판문화정보산업단지 513-5
전 화 | 031) 908-3181(대표)
팩 스 | 031) 908-3189
홈페이지 | http://www.kstudy.com
E-mail | 출판사업부 publish@kstudy.com
등 록 | 제일산-115호(2000. 6. 19)

ISBN   978-89-268-0647-0 93330 (Paper Book)
       978-89-268-0648-7 98330 (e-Book)

이담 Books 는 한국학술정보㈜의 지식실용서 브랜드입니다.